Laura C. Martin ist Kolumnistin der Atlanta Journal-Constitution und Autorin von sieben Büchern. Neben ihrer schriftstellerischen Tätigkeit leitet sie Selbstverteidigungskurse für Frauen. Laura C. Martin lebt mit ihrem Sohn und ihrer Tochter in Atlanta, Georgia.

Dieses Buch wurde auf chlor- und säurefreiem Papier gedruckt.

Titel der Originalausgabe: »A Life Without Fear«

Originalverlag: Rutledge Hill Press, Nashville, Tennessee
Umschlaggestaltung: Graupner & Partner, München
Umschlagfoto: The Image Bank/J. Ciss, München
Satz: Ventura Publisher im Verlag
Druck und Bindung: brodard & taupin
Printed in France
ISBN 3-426-84051-0

5 4 3 2 1

Laura C. Martin

Vergewaltigung

Wie Frauen sich schützen können

Aus dem Amerikanischen von Karin Dufner

Knaur

Für meine Tochter Cameron
und für alle Töchter von Müttern überall

Ganz besonders danke ich:
meiner Schwester für den Mut, mit dem sie sich ihrem tragischen Erlebnis gestellt und ihren Triumph mit anderen geteilt hat,
Jan Ahlund für ihre Freundschaft und Unterstützung während des gesamten Projekts,
Sally McMillan für ihren Glauben an dieses Buch und ihren unermüdlichen Einsatz für seine Verwirklichung, Peggy Brown für ihr Fachwissen,
Larry Stone von der Rutledge Hill Press für seine klaren Vorstellungen und seine zuverlässige Unterstützung.

Außerdem danke ich:
Joey und Sheldon Imperatori –
Imperatori Karate und den Sportlehrerinnen der Westminster School,
Wendy Palmer Patterson und
Dr. Shelley Neiderbach.

Inhalt

[illegible] Vergangenheit [illegible]

[illegible]

[illegible]

[illegible] Kam [illegible] hätte [illegible] sollen [illegible]

[illegible]

[illegible]

[illegible] gegen [illegible]

[illegible]

Schon [illegible]

[illegible]

Ich wurde [illegible]

[illegible]

[illegible]

Einleitung

30. April 1992

Es ist früh am Donnerstag vormittag. Ich sitze da, trinke Kaffee und sehe zu, wie sich die Blumen in meinem Garten der Morgensonne entgegenneigen. Die Kinder sind – wie immer fröhliches Chaos verbreitend – schon zur Schule aufgebrochen. Das Haus ist ruhig, und ich warte darauf, daß sich bei mir das altbekannte Gefühl der Zufriedenheit einstellt. Doch tief in meinem Herzen weiß ich, daß es heute nicht dazu kommen wird.

Ich werfe einen Blick auf meinen Schreibtisch und betrachte die Titel der Bücher – Stopping Rape, Talking with Kids about Date Rape, I never Called It Rape –, und am liebsten würde ich weinen. Von plötzlicher Wut gepackt, würde ich sie alle aus dem Fenster werfen und mich in dem sicheren Kokon meines Gartens verkriechen. Ich möchte über goldene Blütenblätter und duftende Blumen schreiben, möchte die Gewalt, die Wut und den Schrecken vergessen, der so vielen Frauen und Mädchen widerfährt. Aber mir ist klar, daß das für mich unmöglich ist. Inzwischen weiß ich zuviel, um mich noch abwenden zu können.

Ich weiß, daß in den Vereinigten Staaten im letzten Jahr 683 000 Frauen vergewaltigt worden sind, fast zwei Drittel der Opfer waren jünger als siebzehn Jahre (Daten für Deutschland siehe Anhang). Diese Mädchen werden mit den Realitäten einer brutalen Welt konfrontiert, noch ehe sie die Chance hatten, erwachsen zu werden. Nachdem sie die Schrecken einer Vergewaltigung durchlitten haben, werden sie jahrelang unter Alpträumen leiden, obwohl sie doch eine glückliche und unbeschwerte Kindheit verdient hätten.

Ich sehe meine Töchter an, und in mir schreit es: Niemals! Doch ich weiß, daß die Möglichkeit besteht. Es könnte ein Lehrer sein oder ein Trainer oder jemand, den sie in der Schule kennenlernen. Vielleicht auch ein Freund der Familie oder ein älterer Verwandter.

Ich sehe mir die Oberschülerinnen an, die bald an die Universität gehen werden, und weiß, daß rein statistisch jede vierte Frau in den USA im Laufe ihrer Studienzeit einer sexuellen Nötigung oder Vergewaltigung zum Opfer fallen wird (vergleichbare Zahlen liegen von Deutschland nicht vor).

Ich sehe meine Freundinnen an und weiß, die Wahrscheinlichkeit ist hoch, daß wenigstens eine von uns irgendwann im Leben vergewaltigt werden wird.

Was sollen wir also tun? Unsere Kinder in weiche Decken einhüllen und sie im Haus einsperren? Selbst zu Hause bleiben und uns hinter geschlossenen Fensterläden verstecken? So paranoid werden, daß wir es nicht mehr wagen, in die Welt hinauszutreten?

Für die meisten Frauen ist es etwas völlig Neues, sich ein Leben ohne Angst vorzustellen. Besorgt und erstaunt denken wir darüber nach und fragen uns: Ist das überhaupt möglich?

Es ist unnötig, daß wir zu Gefangenen unserer Angst werden, weil wir etwas tun können. Eine große Anzahl von Vergewaltigungen ist vermeidbar, und der Schlüssel dazu ist Information. Wir müssen in Erfahrung bringen, warum es zu Vergewaltigungen kommt, warum manche Frauen zu Opfern gemacht werden, und was wir tun können, um dem vorzubeugen. Wir müssen lernen, an uns selbst und an unser Recht auf Sicherheit und an die Unverletzlichkeit unseres Körpers zu glauben. Es wird nie genügend Polizisten, Wachleute oder Alarmanlagen geben, um uns zu beschützen. Damit Frauen ein Leben ohne Angst führen können, bedarf es radikaler gesellschaftlicher Veränderungen.

Um Vergewaltigungen Einhalt zu gebieten, müssen Frauen zusammenarbeiten. Und wir brauchen dazu Hilfe: Wir brauchen Politikerinnen und Politiker. Wir brauchen Führungspersönlichkeiten aus Wirtschaft und Kirche. Wir brauchen Lehrerinnen und Lehrer. Wir brauchen Journalistinnen und Journalisten. Wir brauchen die gesammelte Energie und Kreativität aller, die wir erreichen können. Das Problem ist offensichtlich, und auch die Lösung wird immer klarer.

Mädchen und Frauen müssen lernen, ihr Leben selbst in die Hand zu nehmen, selbstbewußt ihre Grundrechte zu verteidigen und, wenn nötig, dafür zu kämpfen. Wir müssen unsere Denkweise ändern, denn unser Leben selbst in die Hand zu nehmen, das widerspricht den Werten, nach denen viele erzogen wurden und nach denen wiederum deren Töchter erzogen werden.

Wir müssen die Erwartungen an Sexualität und die Ausbeutung, die mit ihr in unserer Gesellschaft betrieben wird, verändern. Männer und Jungen müssen wissen und begreifen, daß eine Vergewaltigung unter gar keinen Umständen zu rechtfertigen ist. Eine Frau gegen ihren Willen zum Sex zu zwingen, gleichgültig, wo sie sich befindet, wie sie gekleidet ist oder wieviel sie getrunken hat, ist ein Verbrechen gegen die Menschlichkeit und verstößt gegen die Gesetze unseres Landes.

Veränderungen werden sich erst dann abzeichnen, wenn Männer und Frauen lernen, deutlicher miteinander zu kommunizieren, einander besser zu verstehen und Beziehungen zu entwickeln, die auf Vertrauen, gegenseitiger Achtung und Liebe basieren.

Teil eins

Was Sie über Vergewaltigung wissen müssen – ob Sie wollen oder nicht

Eigentlich möchte sich niemand gern mit dem Thema Vergewaltigung befassen – darüber wollen wir lieber nichts wissen. Aber wir haben keine andere Wahl: Vergewaltigung betrifft uns alle. Sie erfüllt uns – berechtigtermaßen – mit Angst, denn in der Gesellschaft, in der wir leben, ist keine Frau sicher.

Um zu wissen, was wir gegen Vergewaltigung tun können, müssen wir erst einmal verstehen, was Vergewaltigung überhaupt ist, was Männer dazu bringt, Frauen zu vergewaltigen, und wie drängend dieses Problem für uns ist.

Wir müssen in Erfahrung bringen, warum es Frauen so schwerfällt, sich zu verteidigen, und wie unsere Kultur und unsere Erziehung dazu beigetragen haben, diese Hemmungen zu vergrößern. Wichtig für uns ist es auch, genau zu wissen, was sich abspielt, wenn ein Mann, mit dem eine Frau sich verabredet, oder ein guter Bekannter zum Vergewaltiger wird. Und außerdem müssen wir auch wissen, wie wir mit einer Frau umgehen sollen, die vergewaltigt worden ist.

Dann müssen wir noch einer weiteren, besonders tragischen Realität ins Auge sehen: Jedes Jahr werden Tausende von Kindern im Alter von unter elf Jahren Opfer einer Vergewaltigung. Also ist es unsere Pflicht als liebende und engagierte Menschen, uns zuerst zu informieren und dann alles zu tun, um der zunehmenden Zahl von Vergewaltigungen Einhalt zu gebieten.

1. Kapitel: Ein Leben in Angst

Das Telefon klingelte am Valentinstag 1984. Als ich abhob, erkannte ich die Stimme meiner Mutter kaum.
»Etwas Schreckliches ist geschehen«, sagte sie mit zitternder Stimme. »Deine Schwester ist vergewaltigt worden.«
Meine Schwester? Nein. Das konnte ich einfach nicht glauben. Aber an dem erschütternden Schluchzen meiner Mutter und an den verängstigten Augen meiner Schwester erkannte ich, daß das kein Märchen war, kein Mißverständnis, sondern die tragische Wahrheit.
Nach und nach erfuhr ich, was geschehen war. Meine Schwester war Lehrerin an einer städtischen Schule. Als sie früh an jenem Morgen dort ankam, packte sie ein Mann, der eine Skimaske trug, am Arm, hielt ihr eine Pistole an den Kopf und verlangte, sie solle wieder ins Auto steigen und zu einem nahe gelegenen verlassenen Haus fahren. Dort vergewaltigte er sie und verschwand.
Zuerst waren wir verängstigt, ungläubig und schockiert, doch schließlich gewannen Entrüstung und Wut die Oberhand. Wie konnte jemand es wagen, meiner Schwester Gewalt anzutun! Wie konnte jemand es wagen, derart ihre Privatsphäre zu mißachten und ihr körperlich Schaden zuzufügen! Und wie konnte dieser Jemand erwarten, daß sie danach einfach ihr Leben weiterführen würde, so als wäre nichts geschehen?

Die Statistiken sind beängstigend

Unglücklicherweise müssen erstaunlich viele Familien in den Vereinigten Staaten und auch in anderen Ländern diese Gefühle durchleben. Eine Studie des amerikanischen National Victim Center und des Crime Victims Research and Treatment Center zum Thema Vergewaltigung aus dem Jahr 1992 kommt zu erschreckenden Ergebnissen, die um so mehr erstaunen, da die Anzahl der Vergewaltigungen in den Vereinigten Staaten ihnen zufolge um einiges höher liegt als nach den Statistiken des Justizministeriums und des FBI. Gemäß dieser neuen Studie ist jede achte Frau in den Vereinigten Staaten bereits Opfer einer Vergewaltigung geworden. Das bedeutet 683 000 Vergewaltigungen jährlich. In einer geringeren Zeitspanne als der, die Sie brauchten, um die erste Seite dieses Buches zu lesen, ist irgendwo in Amerika eine Frau vergewaltigt worden. Alle sechsundvierzig Sekunden – Tag und Nacht und überall – wird eine Frau vergewaltigt. Vergewaltigung ist kein Verbrechen der Innenstädte mehr, nicht länger ein Verbrechen, das nur »den anderen« geschieht. Vergewaltigung ist ein Verbrechen, das in derart erschreckender Häufigkeit und beängstigender Regelmäßigkeit vorkommt, daß es uns alle betrifft.

Jede von uns kann Opfer einer Vergewaltigung werden. Die Statistiken, die sich auf Studentinnen beziehen, sind besonders entsetzlich. Stellen Sie sich vier Mädchen vor, die sich noch einmal treffen, ehe jede von ihnen zum Studieren in eine andere Stadt geht. Vielleicht sitzen sie zusammen in einem Restaurant und unterhalten sich darüber, wie aufgeregt sie sind, weil sie zum ersten Mal von zu Hause fortkommen. Jetzt beginnt für sie ein neues Leben. Doch der Statistik zufolge wird eine von ihnen im Laufe ihres Studiums Opfer einer Vergewaltigung oder einer versuchten Vergewaltigung werden, wahrscheinlich bereits im ersten Studienjahr. Sehr wahrscheinlich wird sich ihr Leben

dadurch für immer drastisch verändern. Denn eine Vergewaltigung kann keine Frau so leicht vergessen.
Vergewaltigung kennt keine Altersgrenzen. Tausende kleiner Mädchen, die noch nicht wissen, was Sexualität überhaupt bedeutet, werden vergewaltigt. Neunundzwanzig Prozent aller Vergewaltigungsopfer sind jünger als elf Jahre. Zweiunddreißig Prozent aller Vergewaltigungsopfer sind zwischen elf und siebzehn Jahre alt (Daten für Deutschland siehe Anhang).
Der Täter kann der Stiefvater, ein älterer Bruder oder der Vater sein; vielleicht auch ein Lehrer oder ein Trainer. Er ist fast in allen Fällen ein älterer Mann, dem das Mädchen vertraut. Und nach der ersten Vergewaltigung ist es wahrscheinlich, daß das Opfer wieder und immer wieder vergewaltigt wird. Die meisten Fälle von inzestuöser Vergewaltigung ziehen sich über lange Zeiträume hin, über Monate, manchmal sogar über Jahre.
Am liebsten stellen wir uns einen Vergewaltiger als Verrückten vor, der seine Verbrechen in einer finsteren Gasse begeht; in einer Stadt, die von derjenigen, in der wir leben, weit entfernt liegt. Allerdings entspricht das nicht der Realität. Acht von zehn Frauen und Mädchen kannten den Täter bereits vor der Tat.
Eine meiner Freundinnen – sie wurde vor kurzem geschieden – beschloß, nun öfter auszugehen. Sie besuchte mit einigen Freunden eine Diskothek und traf zufällig einen Mann, den sie bereits an ihrem Arbeitsplatz kennengelernt hatte. Sie verließ gemeinsam mit ihm den Club, ging noch in ein anderes Lokal und ließ sich dann von ihm nach Hause fahren. Als sie ihn hereinbat, folgte er dieser Einladung gern. Doch sobald die Tür sich hinter ihm geschlossen hatte, fing er an, sie zu betatschen, und drohte, sie zu schlagen, als sie versuchte, ihn daran zu hindern. In ihrer Todesangst hörte sie auf, sich zu wehren und gab keinen Mucks von sich, als er sie vergewaltigte. Sie zeigte die Tat nicht bei der Polizei an und versuchte, dem Mann bei der Arbeit aus dem Weg zu gehen. Monatelang vertraute sie sich

niemandem an. Sie hatte das Gefühl, irgendwie mitschuldig zu sein, da sie den Mann in ihre Wohnung eingeladen hatte.
Meine Freundin hat sehr typisch reagiert. Ganze vierundachtzig Prozent aller Vergewaltigungsopfer zeigen das Verbrechen nicht bei der Polizei an. Neunundsechzig Prozent befürchten, andere könnten ihnen vorwerfen, sie hätten die Tat selbst provoziert.
Der Gesetzgeber definiert Vergewaltigung als vaginale, orale oder anale Penetration ohne das Einverständnis der betroffenen Frau durch die Anwendung oder Androhung körperlicher Gewalt (Erläuterungen für Deutschland siehe Anhang).
Obwohl auch Jungen und Männer einer Vergewaltigung zum Opfer fallen können, ist die Mehrzahl aller Betroffenen weiblichen Geschlechts. Vergewaltigung, ein Verbrechen gegen Frauen, hat beängstigende Ausmaße angenommen. Doch trotzdem müssen sowohl Frauen als auch Männer sich damit befassen, da die Ursprünge dieser Gewalt tief in unserer Kultur verwurzelt sind.

Mythen über Vergewaltigung

Was führt dazu, daß die Anzahl der Vergewaltigungen immer mehr steigt? Ein Teil der Antwort liegt in den Mißverständnissen, die immer noch zum Thema Vergewaltigung bestehen. Denn obwohl dieses Verbrechen so häufig auftritt, wissen viele Menschen – Männer und Frauen – nicht, was Vergewaltigung genau bedeutet und wie es dazu kommt.
Viele Männer, die nach der Definition des Gesetzgebers als Vergewaltiger zu betrachten sind, beharren darauf, sie hätten niemanden vergewaltigt. Dahinter liegt die Einstellung vieler Männer und Frauen, daß gewaltsam erzwungener Geschlechtsverkehr unter gewissen Umständen zu rechtfertigen ist.

Anna studierte im ersten Semester an einer kleinen Universität im Mittleren Westen der Vereinigten Staaten. Den ganzen Sommer lang hatte sie Diät gehalten, und zum ersten Mal im Leben war sie stolz auf ihre Figur. Gemeinsam mit ihrer Freundin beschloß sie, auf eine Party zu gehen, die zu Ehren der Fußballmannschaft stattfand, und zog dazu ein trägerloses Oberteil und einen Minirock an. Zwar war sie wegen dieses ungewohnten Aufzugs ein wenig verlegen, aber sie bekam so viel Anerkennung von den anwesenden Jungen, daß sie sich bald daran gewöhnte. Als sie einer der Fußballer zu einem Spaziergang einlud, willigte Anna mit vor Aufregung hochroten Wangen ein. Sie befanden sich in einem abgelegenen Teil des Universitätsgeländes, als er sie aufforderte, sich hinzulegen. Sie weigerte sich, worauf er sie zu Boden warf und sagte, darauf wäre sie doch schon den ganzen Abend »scharf gewesen«. Warum sonst hätte sie sich wohl so angezogen?
Als sie ihn der Vergewaltigung beschuldigte, lachte er nur und meinte, jedem sei aufgefallen, daß sie sich für diese Party wie eine Nutte gekleidet habe. Dann »bekam« sie, worauf sie es angeblich »abgesehen hatte«.
Es ist ein Gemeinplatz, daß eine Frau, die sich verführerisch kleidet oder einen Mann an einen abgelegenen Ort begleitet, es auf Sex abgesehen hat.
Ein weiteres Mißverständnis im Zusammenhang mit Sex und Vergewaltigung ist, daß viele Männer und Jungen wirklich glauben, eine Frau, die »nein« sagt, meine tatsächlich »ja«. Unglücklicherweise wird dieser Mythos von denjenigen Frauen und Mädchen gefördert, die ihre Wünsche in bezug auf Sexualität nicht klar zum Ausdruck bringen. Wenn eine Frau kokettiert oder zu schüchtern ist, ihre Bedürfnisse zu äußern, verstärkt sie diesen Mythos und bringt uns alle in Gefahr.
Eine weitere falsche Einschätzung ist, daß eine Frau offenbar nicht vergewaltigt wurde, wenn sie keine Blutergüsse, Schnitt-

wunden, Abschürfungen oder andere Spuren eines Kampfes vorweisen kann. Einige der traurigsten Berichte stammen von Mädchen, die sich nach ihrer Vergewaltigung um Hilfe bemühten, aber von den Behörden oder ihrer Familie abgewiesen wurden, die kaltschnäuzig verkündeten, die Betroffene mache nicht den Eindruck, als ob sie vergewaltigt worden sei.
Oft glauben Männer und Jungen auch, daß es entschuldbar sei, eine Frau zu vergewaltigen, die sie vorher sexuell erregt habe. Viele Männer sind der Auffassung, daß sie sich nicht mehr unter Kontrolle haben, wenn sie einmal erregt sind, womit sie gewaltsam erzwungenen Geschlechtsverkehr rechtfertigen.

Warum kommt Vergewaltigung so häufig vor?

Was fördert das Zustandekommen solcher Einstellungen? Warum glauben Männer, sie seien für ihre Handlungen nicht verantwortlich, wenn sie sexuell erregt sind? Warum übernehmen Frauen die Auffassung, daß sie es verdienen, vergewaltigt zu werden, wenn sie einen Mann an einen abgelegenen Ort begleiten? Wie hat sich die Kommunikation zwischen den Geschlechtern so verdrehen können, daß ein Mann annehmen kann, eine Frau wolle in Wirklichkeit Sex, auch wenn sie aus vollem Halse »Nein!« schreit?
Ein großer Teil der Antworten liegt in der Art begründet, wie unsere Gesellschaft Vergewaltigung und Sex betrachtet. Das Wort »Vergewaltigung« ist heutzutage in aller Munde, Thema vieler Witze, Lieder und auch der Seifenopern, die viele Fernsehzuschauerinnen und -zuschauer täglich sehen.
Daß sexuelle Übergriffe so häufig vorkommen, hat zum Teil mit dem Ansturm von Gewalt zu tun, dem wir ständig durch Fernsehen, Filme und sogar die Nachrichten ausgesetzt sind. Da Vergewaltigung ein Alltagsthema geworden ist, werden wir,

was die Schrecken dieses Verbrechens betrifft, allmählich desensibilisiert.
Viele Musikstücke, die heutzutage bei Jugendlichen sehr beliebt sind, stellen Vergewaltigung und andere Gewaltakte beiläufig als normale Erscheinungen dar. Schon Kinder werden mit »weicher« Pornographie konfrontiert – im Fernsehen, in der Werbung, im Film. In den Erzeugnissen Hollywoods geht Sexualität nicht selten mit Gewalt einher, und in den Augen eines Kindes sind sie bald unlösbar miteinander verknüpft. Wenn ein Junge seine Aufklärung aus solchen Filmen bezieht, wird er möglicherweise eigenartige Vorstellungen von einer Liebesbeziehung entwickeln.
Auch Erwachsene stehen stark unter dem Einfluß sexueller Thematiken, die uns Film und Fernsehen tagtäglich vermitteln. Nur selten bekommen wir starke, unabhängige Frauen zu sehen, die gesunde Liebesbeziehungen mit Männern entwickeln. Viel zu oft ist die Heldin entweder niedlich und unterwürfig und ohne Mann verloren, oder sie ist eine hartgesottene Meckerziege, die man unmöglich lieben kann. In Filmen wie *Vom Winde verweht* sehen wir eine Heldin, die zuerst vergewaltigt wird und sich am nächsten Morgen bis über beide Ohren in ihren Angreifer verliebt. Solche Aussagen senden an Männer und Frauen aller Altersgruppen verwirrende Botschaften.
Die Freiheiten und die Wahlmöglichkeiten an unseren Universitäten sind heutzutage manchmal überwältigend. In vielen Studentenheimen herrscht inzwischen Koedukation; Männer und Frauen wohnen zusammen, nur durch Zimmerwände voneinander getrennt. Daß sich in Amerika Vergewaltigung gerade an den Universitäten ausbreitet, weist auf die Notwendigkeit hin, die Situation genauer unter die Lupe zu nehmen.
Welches Männer- und Frauenbild wir unseren Kindern vermitteln und was wir ihnen über sexuelle Beziehungen in unserer Gesellschaft sagen, ist vielleicht einer der wichtigsten Faktoren,

die zu Vergewaltigung und sexueller Gewalt beitragen. Jungen bringt man bei, stark zu sein; Mädchen lehrt man, sich lieb und unterwürfig zu verhalten. Und beiden Geschlechtern sagt man, daß sie glücklich werden, wenn sie nur diesen Rollenbildern entsprechen.

Jungen an der Schwelle zum Erwachsenwerden sagt man, daß Sexualität eine Annehmlichkeit ist – je mehr sie bekommen, desto besser können sie sich als Mann bestätigt fühlen. Schon an der Sprache, die viele Männer benutzen, wenn sie sich über Sexualität unterhalten, zeigt sich, wie weitverbreitet diese Art zu denken ist: »Bist du zum Zug gekommen?«, »Hast du Punkte gemacht?«, »Schau dir dieses Stück Arsch an!«. Wenn man Sex als reine Annehmlichkeit betrachtet, führt das zu der Einstellung, daß der Mann, wenn er mit einer Frau ausgeht und Essen, Getränke und Eintrittskarten bezahlt, als Gegenleistung sexuelle Zuwendung fordern kann. Aus diesem Grunde verabredet er sich mit einer Frau vielleicht nur deswegen, weil er von ihr Sexualität »bekommen« kann, nicht weil er sie als Person schätzt.

Wenn es ihm also nur um seine sexuelle Befriedigung und nicht um die Person geht, führt dies zu einer Entmenschlichung der Frau und läßt jeden Weg, an Sexualität heranzukommen, angemessen erscheinen – sogar Vergewaltigung. Und das macht uns angst.

Die Angst betrifft uns alle

Angst ist bei Frauen hierzulande weit verbreitet. Wir fürchten uns, und das mit gutem Grund, denn wir sind in Gefahr. Selbst wenn wir noch nie einen sexuellen Übergriff erleben mußten, kennen wir die Angst davor, und sie beeinflußt die Art, wie wir unser Leben führen. Oft sind wir angespannt und nervös, wenn wir uns auf der Straße befinden; möglicherweise bleiben wir lieber zu Hause, anstatt abends auszugehen – weil wir Angst haben. Vielleicht sehen wir sogar regelmäßig unter dem Bett oder im Schrank nach, da die Angst schon von unserem Leben Besitz ergriffen hat. Wir haben Angst um uns selbst, um unsere Schwestern und um unsere Töchter. Diese Angst lähmt uns und hindert uns daran, die Frauen zu werden, die wir sein könnten.

Kurz zusammengefaßt:

1. In Amerika gibt es zur Vergewaltigung folgende statistische Zahlen:
- Alle 46 Sekunden wird eine Frau vergewaltigt.
- Eine von acht Frauen ist bereits vergewaltigt worden.
- 29 Prozent aller Vergewaltigungsopfer sind jünger als elf Jahre.
- 32 Prozent aller Vergewaltigungsopfer sind zwischen elf und siebzehn Jahre alt.
- Acht von zehn Frauen kennen den Täter.
- Jedes Jahr geschehen in Amerika 683 000 Vergewaltigungen.
- 84 Prozent aller Vergewaltigungsopfer zeigen die Tat nicht bei der Polizei an.

(Daten für Deutschland siehe Anhang.)

2. Mythen und Unwahrheiten zum Thema Vergewaltigung lassen sich nicht ausrotten, zum Beispiel:
- Wenn sich eine Frau verführerisch kleidet, hat sie es bestimmt auf Sex abgesehen.
- Wenn eine Frau sich bereit erklärt, einen Mann an einen abgelegenen Ort zu begleiten, verdient sie es, vergewaltigt zu werden.
- Es handelt sich nicht wirklich um eine Vergewaltigung, wenn

die Frau nicht mehr Jungfrau war oder wenn sie keine Verletzungen aufweist.

- Wenn ein Mann bezahlt, schuldet die Frau ihm Sex.
- Wenn eine Frau einen Mann sexuell herausfordert oder ihn erregt, ist er für seine Handlungen nicht verantwortlich zu machen, da er sich nicht mehr unter Kontrolle hat.

2. Kapitel: Vergewaltiger und Opfer

Janice war so müde, daß sie es kaum schaffte, das Tablett wieder in die Küche zu tragen. Der wohl längste Tag ihres Lebens neigte sich seinem Ende zu. Mühsam richtete sie sich auf und rieb sich den schmerzenden Rücken.
»Du gewöhnst dich schon noch daran.« Marthas rauhe Stimme klang freundlich.
Janice drehte sich zu der älteren Frau um. »Ich weiß nicht, ob ich das durchstehe. Noch nie im Leben bin ich so müde gewesen.« Es war ihr erster Arbeitstag in dem kleinen Café in der Innenstadt. Bereits seit zwölf Uhr mittags bediente sie die Gäste, räumte das Geschirr weg und lief zwischen der Gaststube und der Küche hin und her. Aber sie wußte, daß sie nicht aufgeben durfte, denn sie war erst vor kurzem mit ihrer besten Freundin in die Stadt gezogen und hatte eine kleine Wohnung gemietet.
Als sie den Mantel anzog, um nach Hause zu gehen, blieb sie noch kurz stehen und verabschiedete sich von Martha. Sie könnte hübsch aussehen, dachte Janice, wenn sie nicht immer so ein resigniertes Gesicht machen würde.
Mit einem Seufzer drückte Martha ihre Zigarette aus. »Gott sei Dank, wieder ein Tag überstanden!« Sie rappelte sich auf. »Komm, gehen wir zusammen. Du weißt ja, daß es in dieser Stadt von Monstern nur so wimmelt.«
Janice sah sie besorgt an, und ihr Herz klopfte ein bißchen. »Hast du schon mal Ärger gehabt?« fragte sie, wobei ihre Stimme ein wenig schrill wurde.
Marthas Blick verfinsterte sich, und ihre Schultern sackten nach

vorn. »Ja, ich bin schon zweimal vergewaltigt worden. Verdammte Dreckskerle.«

Janice war schockiert. »Zweimal! Du meine Güte, Martha! Was ist denn passiert?«

Martha wandte wieder den Blick ab. »Eigentlich nicht viel. Beim letzten Mal hat mich irgend so ein Typ auf der Straße gepackt und gesagt, wenn ich schreie, tut er mir was. Dagegen kann man nichts machen. Schätze, das gehört eben dazu, wenn man in der Stadt wohnt.«

Janice konnte es immer noch nicht glauben. Auf einmal kam ihr die Stadt gar nicht mehr so traumhaft vor. »Gut, dann komm. Wenigstens können wir zusammen hier rausgehen.«

Der Mann im Schatten hatte die beiden Kellnerinnen schon seit etwa einer Stunde beobachtet. Er wußte, daß das Café bald schließen würde. Dann würden die beiden Frauen herauskommen. Er war nervös. Seine Hände, mit denen er die dunkle Skimaske umklammerte, zitterten.

Als die beiden Frauen aus der Tür traten, huschte er über die Straße und versteckte sich. Zwei Straßenecken lang verfolgte er sie, blieb aber weit genug zurück, damit sie ihn nicht bemerkten. An der ersten großen Kreuzung hielten sie an und plauderten noch ein wenig; offenbar wollten sie sich dort trennen.

Der Mann blickte von einer zur anderen. Er wußte, er würde sich jetzt entscheiden müssen, welche von beiden er weiter verfolgen wollte, aber eigentlich gab es da nicht viel zu entscheiden. Die Hübschere von beiden wirkte zwar müde, aber aufmerksam, und sah aus, als wäre sie ziemlich gut in Form. Die andere machte eher den Eindruck, als würde sie alles hinnehmen, was das Schicksal ihr zumutete. Ihre Schultern waren gebeugt, sie ging langsam, und der Mann wußte, sie würde sich nicht zur Wehr setzen.

Als Martha in die Oak Street einbog, war der Mann im Schatten dicht hinter ihr.

Es war nicht nur Schicksal, daß der potentielle Vergewaltiger Martha und nicht Janice verfolgte. Obwohl Janice viel hübscher war, entsprach sie nicht dem Frauentyp, auf den es der Mann abgesehen hatte. Martha hingegen verhielt sich wie ein Opfer, noch ehe sie zum Opfer geworden war. Ihre gesamte Körpersprache schrie geradezu: »Ich kann sowieso nichts dagegen tun!« Eine Botschaft, die der Täter rasch verstand.

Gehört Vergewaltigung unvermeidlich zum Leben einer Frau?

Frauen fordern Antworten auf grundlegende Fragen. Gehört Vergewaltigung unvermeidlich zum Leben einer Frau? Sind sexuelle Übergriffe Teil der männlichen Natur? Sind alle Frauen Opfer? Sind alle Männer Vergewaltiger? Können wir etwas tun, um eine Vergewaltigung zu verhindern?

Traurigerweise gibt es mehr Fragen als Antworten. Die Medien haben dem Thema Vergewaltigung enorme Aufmerksamkeit geschenkt, unzählige bundesweit durchgeführte Studien und Untersuchungen haben sich damit befaßt. Wir wissen, wie viele Frauen vergewaltigt werden, wie häufig Vergewaltigung vorkommt und wie alt die Opfer sind. Was wir allerdings nicht wissen, ist, *warum* Frauen vergewaltigt werden. Wir können lediglich spekulieren und uns dann fragen, warum nicht mehr unternommen wird, um diese Verbrechen gegen Frauen zu verhindern.

Einige Fragen sind leichter zu beantworten als andere. Zuerst einmal sind nicht alle Männer Vergewaltiger, nicht alle Frauen Opfer. Es gibt nichts in der allgemeinen biologischen oder psychischen Struktur des Mannes, was ihn a priori zum Vergewaltiger macht. Gleichermaßen ist der Frau nichts angeboren, was sie von vornherein zum Opfer bestimmt.

Um zu verstehen, warum so viele Frauen einer vollendeten oder versuchten Vergewaltigung zum Opfer fallen, ist es wichtig für uns, herauszufinden, was einen Mann zum Vergewaltiger macht und was die Wahrscheinlichkeit einer Vergewaltigung beeinflußt.

Für einen Vergewaltiger geht es bei einem sexuellen Übergriff vor allem um Macht, nicht um Sexualität. Es ist der Wunsch, ein anderes menschliches Wesen zu kontrollieren und zu beherrschen, der diese Männer dazu bringt, eine Frau zu vergewaltigen.

Der wichtigste Aspekt bei einer Vergewaltigung ist die Kontrolle, und in den Gedanken eines Vergewaltigers stellt sie das dominante Element dar. Ein Vergewaltiger hat es nicht auf ein romantisches Abenteuer abgesehen. Vielmehr will er eine Situation herstellen, in der er die absolute Kontrolle und Macht innehat.

Dabei verläßt sich der Vergewaltiger auf die oft unterwürfige Natur von Frauen, die ihm sein Vorhaben erleichtert. So wird der Geschlechtsakt zu einer Waffe und einem Mittel, Frauen zu erniedrigen und zu beherrschen.

Bei einer Vergewaltigung durch einen Freund oder Bekannten sind die Gründe nur wenig anders. Vielleicht hat der Mann ein größeres Interesse an einem sexuellen Kontakt, aber mit Sicherheit erstreckt sich dieses Interesse nicht auf seine Partnerin. Ein Student zum Beispiel ist wahrscheinlich am meisten daran interessiert, die Macht zu testen, die er empfindet, wenn er eine Frau durch einen sexuellen Übergriff einschüchtert.

Falls das wahr ist (wie Expertinnen und Experten aller Fachrichtungen, sei es aus der Justiz, Psychologie, Soziologie oder aus Beratungsstellen, bestätigen), hat das Aussehen einer Frau wenig mit der Wahrscheinlichkeit zu tun, zum Opfer zu werden. Wenn Männer durch sexuelle Bedürfnisse zur Vergewaltigung getrieben würden, könnte man nämlich mit Sicherheit davon ausgehen, daß kleine Mädchen und alte Frauen nicht mit der Bedrohung durch Vergewaltigung rechnen müßten.

Für einen Vergewaltiger geht es bei einem sexuellen Übergriff um Macht, nicht um Sexualität.

Allerdings wissen wir, daß sich das nicht so verhält. Frauen und Mädchen aller Altersgruppen, sämtlicher sozialer Schichten und von unterschiedlichstem Aussehen werden vergewaltigt. Vergewaltigt zu werden ist nicht im entferntesten ein Kompliment. Frauen, die sich für so schön und so sexy halten, daß Männer in ihrer Gegenwart nicht mehr an sich halten können, müssen endlich die Augen aufmachen: Einem Vergewaltiger ist es völlig gleichgültig, wie eine Frau aussieht; ihn interessiert die Kontrolle über sein Opfer. Eine Vergewaltigung hat absolut keine angenehmen Seiten. Sie ist entsetzlich, erniedrigend und zerstörend; und sie ist schmerzhaft.

Merkmale eines Vergewaltigers

Vergewaltiger unterscheiden sich äußerlich nicht vom Rest der männlichen Bevölkerung. Es gibt große, kleine, dünne, dicke, attraktive, häßliche, dunkelhaarige, blonde und glatzköpfige Vergewaltiger. Also kann man einen Vergewaltiger nicht an irgendwelchen körperlichen Merkmalen erkennen.

Männer vergewaltigen aus den verschiedensten Gründen. Viele Vergewaltiger wurden als Kinder selbst geschlagen oder sexuell mißbraucht. Manche kommen auch aus gestörten Familienverhältnissen oder mußten miterleben, wie ihre Mutter mißhandelt wurde. Oft betrachten solche Männer Vergewaltigung als Methode, Macht zu gewinnen und ihr Leben selbst zu bestimmen. Einige Vergewaltiger versuchen, diese Kontrolle zu bekommen, indem sie ihr Opfer verbal einschüchtern. Sie zwingen die Frau, bestimmte Worte und Sätze nachzusprechen, und befehlen ihr, wie sie es sagen soll. Der körperliche Zwang, den ein Vergewaltiger ausübt, reicht vom Festhalten der Frau durch sein eigenes Körpergewicht bis hin zu sadistischer Verstümmelung oder sogar Mord.

Joan stieg gerade in der Innenstadt in ihr Auto, als sich ihr ein Mann näherte und sie um Geld bat. Als sie sich weigerte, hielt er ihr eine Pistole an den Kopf, stieß sie ins Auto und fuhr zu einem abgelegenen Gelände außerhalb der Stadt. Dort mußte sie sich ausziehen. In den nächsten Stunden zwang er sie, seine perversen sexuellen Phantasien mit auszuagieren. Immer wenn sie zögerte, schoß er mit der Pistole auf ihre Füße. Verängstigt kam Joan den Befehlen nach, bis er des Spiels müde wurde. Er schlug sie zusammen, vergewaltigte sie brutal und ließ sie im Kofferraum ihres eigenen Autos zurück.

Weder sexuelle Abreaktion noch die Vorstellung, sich sexuell zu befriedigen, treibt diese Männer zu einer Vergewaltigung. Vielmehr verspüren sie den Drang, ihr Opfer zu beherrschen, zu erniedrigen und zu kontrollieren.

Gelegenheit und Einstellung

Um seinen Vorsatz auszuführen, braucht ein Vergewaltiger zwei Dinge: die Gelegenheit und ein Opfer. Er muß eine Gelegenheit finden oder schaffen, um seine Tat durchzuführen. Schließlich kann er eine Frau nicht in einem voll besetzten Restaurant, in einem Seminar oder bei einer geschäftlichen Besprechung überfallen, zu Boden werfen und vergewaltigen. Zuerst muß er sie an einen Ort bringen, wo ihn – wenigstens für eine kurze Zeit – niemand unterbrechen oder stören wird. Diese Gelegenheit muß er schaffen. Das tut er, indem er eine Frau entweder an einem abgelegenen Ort überfällt oder sie dorthin bringt. Viele Faktoren tragen dazu bei, so eine Gelegenheit für einen Täter entweder zu begünstigen oder zunichte zu machen. Manchmal werden Frauen mit vorgehaltener Waffe oder durch die Drohung, entweder ihnen selbst oder einem geliebten Menschen werde sonst etwas zustoßen, gezwungen, sich an einen solchen abgelegenen Ort zu begeben. Zuweilen geht eine Frau auch freiwillig mit, wenn sie zum Beispiel mit dem betreffenden Mann verabredet ist und deswegen keinen Grund hat, mißtrauisch zu sein.

Zum zweiten braucht ein Vergewaltiger ein Opfer; allerdings nicht irgendein Opfer. Ein Vergewaltiger hält Ausschau nach einem ganz bestimmten Frauentyp. Da er unter dem Zwang steht, Macht auszuüben, sucht er nach einer Frau, die sich leicht einschüchtern läßt und ihm gehorsam ist. Er sucht nach einer Frau, die Schwäche und Bereitschaft zur Unterordnung ausstrahlt, die unsicher wirkt, noch ehe er sich mit ihr befaßt hat. Um ein passendes Opfer zu finden, wird ein Vergewaltiger oft zuerst einige Frauen auf die Probe stellen, indem er sie nach dem Weg oder nach der Uhrzeit fragt oder indem er sie um Geld bittet. Sein weiteres Vorgehen baut der Täter dann wahrscheinlich auf der Reaktion der Frau auf. Ist die Frau überhöflich, so daß es schon fast ans Unterwürfige grenzt, und so nervös, daß ihr die Unsicherheit förmlich im Gesicht geschrieben steht, interpretiert er das möglicherweise als Zeichen dafür, daß er ein leichtes Spiel mit ihr haben wird.

Wenn wir wissen, was ein Vergewaltiger braucht, wissen wir auch, wie wir eine Vergewaltigung vermeiden können. Vergewaltigung ist nicht einfach Pech, sondern ein Verbrechen, das verhindert werden kann. Wir müssen Situationen vermeiden, die einem Vergewaltiger die Gelegenheit geben, ein Verbrechen zu begehen, und wir müssen ganz deutlich signalisieren, daß wir keine Opfer sind.

Merkmale eines Opfers

Bei den meisten Vergewaltigungen kommt es dem Täter vor allem darauf an, die Frau einzuschüchtern. Je verängstigter das Opfer sich verhält, desto mächtiger fühlt er sich. Wurde einer Frau von der Gesellschaft vermittelt, daß sie sich ruhig und gehorsam zu verhalten hat, und wird sie von ihrem kulturellen Umfeld darin bestärkt, hat ein Vergewaltiger ein leichtes Spiel mit ihr.

Frauen werden oft als »leichte Opfer« betrachtet (das heißt, leicht für den Täter). In seiner Vorstellungswelt kann sich der Täter mächtig fühlen, denn er übt in diesem Moment die Kontrolle aus. Dabei erwartet er von seinem Opfer, daß es seine Macht anerkennt und sich ihr beugt, indem es bettelt und um Gnade fleht. Denn das verstärkt natürlich noch sein Machtgefühl.

Für gewöhnlich sucht sich ein Vergewaltiger sein Opfer sorgfältig aus, und er wird sich für eine Frau entscheiden, die seiner Meinung nach die Rolle, die er sich ausgemalt hat, erfüllt. Kein Vergewaltiger wird sich ein Opfer aussuchen, das wirkt, als würde es ihm die Sache erschweren.

Jede von uns besitzt Eigenschaften, die uns zu »leichten« Opfern machen. Zwar kann man unmöglich vorhersagen, daß eine Frau aufgrund ihres Verhaltens vermutlich vergewaltigt werden wird, aber eines steht trotzdem fest: Bestimmte Charakteristika erhöhen die Wahrscheinlichkeit eines sexuellen Übergriffs.

Während gemäß der meisten Studien zum Thema Vergewaltigung die unterschiedlichsten Frauen vergewaltigt werden, weisen diejenigen, bei denen das Risiko eines sexuellen Übergriffs größer ist, folgende Tendenzen auf:

- Unterwürfigkeit
- mangelnde Selbstsicherheit

- Passivität
- Angst, nicht zu gefallen
- leicht einzuschüchtern
- Überzeugung, sich sowieso nicht wehren zu können.

Sind Sie ein leichtes Opfer?

Wie Sie auf andere Menschen und auf Streßsituationen reagieren, steht in engem Zusammenhang mit der Wahrscheinlichkeit, daß Sie Opfer eines sexuellen Übergriffs werden. Testen Sie sich selbst, indem Sie die folgenden Fragen beantworten. Vielleicht werden Sie einige Ihrer Antworten überraschen.

- Versuchen Sie zu jedem, dem Sie begegnen, gleichgültig, unter welchen Umständen, freundlich und höflich zu sein?
- Opfern Sie Ihre Wünsche und Bedürfnisse, um Streit in der Familie oder im Freundeskreis zu vermeiden?
- Glauben Sie, daß es Ihnen unmöglich wäre zu schreien oder Aufmerksamkeit zu erregen, wenn Sie Hilfe brauchen?
- Ist es Ihnen so wichtig, dazuzugehören, daß Sie manchmal unkluge Entscheidungen treffen?
- Sind Sie finanziell, aus Sicherheitsgründen oder Ihres Glükkes wegen vollkommen von einem Mann abhängig?
- Kommen Sie sich egoistisch vor, wenn Sie Zeit für sich selbst nützen?
- Erstarren Sie oder werden Sie handlungsunfähig, wenn Sie sich fürchten oder nervös werden?
- Erwecken Sie einen schüchternen, ängstlichen Eindruck, wenn Sie sich in der Öffentlichkeit bewegen?

Haben Sie die meisten dieser Fragen mit »ja« beantwortet, überlegen Sie sich jetzt möglicherweise folgendes: »Sind das nicht gute Eigenschaften? Wird von uns nicht erwartet, daß wir uns so verhalten? Ich bin gerne höflich zu anderen Menschen. Ich gebe mir große Mühe, daß es in der Familie freundlich zugeht!«

Schon von frühester Kindheit an hat man uns beigebracht, daß es Aufgabe einer Frau ist, Beziehungsarbeit zu leisten und in der Familie für Harmonie zu sorgen. Allerdings führen eben diese Persönlichkeitsmerkmale oft zu Schwierigkeiten im außerfamiliären Alltag.

Falls Sie die meisten der Fragen mit »ja« beantwortet haben, sollten Sie Ihre Denkweise und Ihre Einstellung einmal gründlich reflektieren. Vielleicht tragen diese dazu bei, daß es Ihnen an der nötigen Selbstsicherheit und Selbstachtung fehlt, um sich durchzusetzen und für Ihre eigene Sicherheit zu sorgen. Möglicherweise weisen Sie viele Merkmale des Typs eines leichten Opfers auf.

**Wenn Sie sich wie ein Opfer verhalten,
besteht die Wahrscheinlichkeit,
daß Sie auch zum Opfer werden.**

Wie sind wir zu leichten Opfern geworden?

Heutzutage wachsen die meisten Frauen in dem Glauben auf, daß es »irgendwo da draußen« einen Traumprinzen gibt, der in ihr Leben stürmt, ihr den Verstand raubt und sie bis an ihr Lebensende glücklich macht. Wenn sie nur gut genug ist, wird sie ihn einfangen können. Also verbringen wir den Großteil unseres Lebens mit dem Versuch, gut zu sein.

Mütter und Töchter, Kultur und Tradition haben Generationen

von Frauen hervorgebracht, denen man eingeredet hat, nett und selbstlos zu sein. Wenn sie einem Mann gefallen wollen, müssen sie ihre wahre Stärke, ihre Intelligenz und ihren Mut verbergen. Unglücklicherweise hält sich diese Vorstellung hartnäckig. Als sich der ehemalige Präsident Richard Nixon im Präsidentschaftswahlkampf 1992 zum Thema Politikergattinnen äußerte, sagte er folgendes: »Wenn die Ehefrau einen zu starken und intelligenten Eindruck macht, wirkt ihr Mann daneben wie ein Waschlappen.«

Solange wir den Mythos der unschuldigen, hilflosen Frau aufrechterhalten, ist unsere körperliche und geistige Gesundheit und unsere Sicherheit bedroht. Deshalb ist es unabdingbar, daß eine Frau lernt, selbst mit dem Schwert umzugehen, anstatt auf ihre Rettung durch den Ritter in schimmernder Rüstung zu warten.

Vor kurzem gab ich einige Selbstverteidigungskurse an einer Privatschule für Mädchen. Die meisten Mädchen legten sich mächtig ins Zeug und hatten offenbar Freude daran. Eine von ihnen allerdings hielt sich abseits, machte ein gelangweiltes Gesicht und interessierte sich offenbar mehr für ihren abblätternden Nagellack als dafür, Selbstverteidigung zu lernen.

Schließlich siegte meine Neugier. Ich ging auf sie zu und fragte sie, ob sie ihrer Meinung nach diese Selbstverteidigungstechniken im Notfall einsetzen könnte.

Sie zuckte die Achseln. »Ich weiß nicht, aber das ist ja auch egal.«

Ich sah sie überrascht an. »Nun, was würdest du denn statt dessen tun?«

Wieder zuckte sie die Achseln. »Dieses Zeug werd' ich sowieso nicht brauchen. Ich bin immer mit meinem Freund oder mit meinem Vater zusammen, und die beschützen mich.«

Wie leicht es ist, den Kopf in den Sand zu stecken und sich einzureden, daß jemand – ein märchenhafter Übervater – immer

für uns dasein wird. Wenn wir allerdings nicht beabsichtigen, zu Einsiedlerinnen zu werden und uns von den Realitäten der Welt abzuschotten, müssen wir die Verantwortung für unser Wohlergehen übernehmen.
Daß Frauen in so geringem Maße in der Lage sind, sich körperlich, emotional oder verbal durchzusetzen, ist einer der Gründe dafür, daß Vergewaltigung und Gewalt gegen Frauen ein weitverbreitetes Phänomen ist. Zu oft sind wir deswegen Opfer, weil wir nicht wissen, wie wir selbstbewußt und eindeutig auftreten sollen. Die meisten von uns können ihre Sicherheit und körperliche Unversehrtheit nicht verteidigen.

Was unsere Verletzlichkeit vergrößert

Wenn man in Betracht zieht, daß Frauen im allgemeinen kleiner und schwächer sind als Männer, und wenn man dazu noch bedenkt, daß wir zu Zurückhaltung und Sanftmut erzogen wurden, ist es kein Wunder, daß so viele Frauen zu Opfern sexueller Gewalt werden.
Allerdings gibt es noch weitere Faktoren, die uns verletzlicher und angreifbarer machen. Was also trägt dazu bei?

- Alkohol und Drogen
- der Versuch, sich in eine neue soziale Situation einzufügen
- Niedergeschlagenheit
- das Gefühl der Hilflosigkeit

Alkohol und Drogen haben eine betäubende Wirkung. Sie erschweren es, zu kommunizieren, eine Gefahr vorauszuahnen und die Muskeln ordentlich einzusetzen. All diese Auswirkungen stellen in einer Gefahrensituation eine Behinderung dar.
Nach einer Untersuchung der amerikanischen feministischen

Frauenzeitschrift *Ms.* zum Thema Vergewaltigung durch Bekannte »hatten etwa 75 Prozent der Männer und mindestens 55 Prozent der Frauen, die an einer Beziehungstat beteiligt bzw. davon betroffen waren, kurz vor der Tat Alkohol getrunken oder Drogen genommen«.

Alkohol und Drogen setzen die Reaktionszeit und -fähigkeit herab. Wenn Sie betrunken oder »high« sind, bemerken Sie nicht so schnell, daß Sie in Gefahr sind oder daß die Situation eskaliert.

Eine sehr gefährdete Risikogruppe sind junge Frauen, die gerade erst ihr Elternhaus verlassen haben. An der Universität oder in der ersten eigenen Wohnung wollen die jungen Frauen ihre neue Unabhängigkeit testen und ein Leben als Erwachsene führen. Mit allen Mitteln versuchen sie, weltgewandt und erfahren zu wirken – und verschätzen sich dabei oft tragisch, wenn es um Drogen, Alkohol oder die Wahl eines Partners geht.

Da sie sich solche Mühe geben, dazuzugehören, haben diejenigen Menschen, die sie als erfolgreich einstufen, ein leichtes Spiel mit ihnen. Eine Autoritätsfigur – sei es nun der Vorsitzende einer Studentenorganisation, der Kapitän der Fußballmannschaft oder ein Vorgesetzter am Arbeitsplatz – kann auf eine Frau, die mit der neuen Situation noch nicht vertraut ist, problemlos Druck ausüben.

Sogar die Tageszeit kann ihre Ausstrahlung negativ beeinflussen. Meine Schwester, die Opfer einer Vergewaltigung wurde, ist ein schrecklicher Morgenmuffel. Vor zehn Uhr vormittags ist sie nicht besonders aufmerksam. Sie wurde am frühen Morgen vergewaltigt, als sie immer noch im Halbschlaf und deshalb kaum in der Lage war, sich zu verteidigen.

Besonders gefährdet sind Frauen, wenn sie emotional instabil sind und ihr Selbstbewußtsein eine Niederlage erlitten hatte. Gründe dafür kann eine Trennung von Freund oder Ehemann, der Verlust des Arbeitsplatzes oder der Auszug aus dem Elternhaus sein. Wenn Sie sich am schlechtesten fühlen, müssen Sie, was mögliche Gefahren anbelangt, besonders aufmerksam sein. Niedergeschlagenheit kann leicht dazu führen, daß Sie in eine Opferrolle schlüpfen: Das Leben stürzt auf Sie ein, und Sie haben sowieso nicht die Kraft, etwas daran zu ändern.

Die vielleicht tragischsten Vergewaltigungsfälle sind die geschlagener Frauen. Sie werden meist in ihrem eigenen Zuhause von Freund oder Ehemann mißhandelt, und da sie oft nirgendwohin fliehen können und es keinen Ort gibt, an dem sie sich sicher fühlen, werden diese Frauen häufig von einem Gefühl der Hilflosigkeit überwältigt.

Untersuchungen belegen, daß Versuchstiere, die durch ihr Verhalten ihre Umwelt nicht beeinflussen können, irgendwann aufgeben – sie hören einfach auf zu reagieren. Menschen verhalten sich ähnlich. So glauben Frauen, die von ihrem Partner mißhandelt werden, oft, daß sie nicht die Macht haben, ihre Lage zu verändern. Sie sind vor Furcht wie erstarrt und glauben wirklich, daß es für sie keinen Ausweg gibt.

Eigentlich sind alle Frauen – wenn auch in geringerem Maße – wie erstarrt vor Furcht. Da man uns beibrachte, daß wir nicht in der Lage sind, für uns selbst zu sorgen, haben wir angefangen, es zu glauben. Wir haben die Angst als Teil unseres Alltags akzeptiert.

Oft schon wurde Vergewaltigung als Männerproblem bezeichnet, und viele meinen, Männer sollten sich selbst darum kümmern. Aber ich bin diesbezüglich anderer Ansicht. Wenn wir abwarten, bis die Männer das Problem Vergewaltigung in den Griff bekommen, sind wir immer noch von ihrem Schutz abhängig. Vergewaltigung ist ein Problem, das uns alle betrifft – beide Geschlechter, Menschen jeder ethnischen Zugehörigkeit und Altersgruppe. Wir müssen dieses Problem gemeinsam angehen und alles Notwendige tun, um es abzuschaffen. Der Autor Thoreau sagte einmal, daß, wenn man tausendmal versucht, die

Blätter des Übels auszureißen, man es nur einmal bei der Wurzel packen muß. Wir alle müssen zusammenarbeiten, um dieses Problem von der Wurzel aus in Angriff zu nehmen.
Viele wirksame Maßnahmen können rasch getroffen werden: bessere Straßenbeleuchtung, mehr Polizeibeamte und strengere Strafen für die Täter; doch die Wurzel des Übels liegt im Umgang von Männern und Frauen miteinander und auch darin, welche Erwartungen unsere Gesellschaft an die Sexualität hat und wie sie sie ausbeutet. Die Antwort ist – wie so oft – gegenseitige Liebe und Achtung.

Kurz zusammengefaßt:

1. Vergewaltigung hat etwas mit Macht und nicht mit Sexualität zu tun.
2. Deswegen kann jede Frau und jedes Mädchen unabhängig von Alter, sozialer Schicht oder Aussehen Opfer einer Vergewaltigung werden.
3. Es gibt zwei Faktoren, die die Wahrscheinlichkeit eines Übergriffs beeinflussen: Gelegenheit und Wirkung des potentiellen Opfers.
4. Deswegen können wir zu unserem Schutz vor einer Vergewaltigung beitragen, indem wir Situationen vermeiden, die einem Vergewaltiger die Gelegenheit zur Tat geben, und indem wir unsere Einstellung ändern.
5. Äußere Faktoren, die die Wahrscheinlichkeit, Opfer eines sexuellen Übergriffs zu werden, beeinflussen, sind: Alkohol, Drogen, der Versuch, sich einer neuen Lebenssituation anzupassen, Niedergeschlagenheit und ein allgemeines Gefühl der Hilflosigkeit.

Die Übungen in diesem Buch

Es ist leicht, ein Buch zu lesen und es zu verstehen. Die gelesenen Informationen auch umzusetzen ist allerdings ein weiterer Schritt. Stellen Sie sich vor, Sie hätten aus einem Buch das Tennisspielen gelernt. Sie wissen, wie man den Schläger hält, eine Rückhand schlägt, einen Ballwechsel durchhält, aufschlägt und schmettert.

Doch auch wenn Sie das alles geistig erfassen, wird es Ihnen nicht viel nützen, falls Sie nie einen Schläger zur Hand nehmen. Das gleiche gilt, wenn es um Ihre Sicherheit geht. Wenn Sie nur darüber lesen, wie Sie am besten Ihrem Ärger Luft machen, sich selbstbewußt äußern, Ihre Muskelkraft steigern oder jemandem die Finger in die Augen stoßen, werden Sie wahrscheinlich nicht in der Lage sein, die Fähigkeiten im Ernstfall einzusetzen.

Die folgenden Übungen sind als Vorbereitung dazu gedacht, daß Sie Ihre Sicherheit selbst in die Hand nehmen. Sie sind wichtig dafür, daß Ihr Leben so angstfrei und sicher wie möglich verläuft. Sie zielen nicht darauf ab, daß Sie abnehmen, hübscher wirken oder Ihre Beliebtheit steigern. Diese Übungen sollen im Notfall Ihr Leben retten. Also nehmen Sie sie ernst.

Übung 1

1. Listen Sie fünf Gründe auf, warum Sie in zehn Jahren noch am Leben sein möchten.
2. Listen Sie zehn persönliche Eigenschaften auf, die Ihnen besonders wünschenswert vorkommen. Versehen Sie diejenigen mit einem Stern, die Ihnen am meisten entsprechen, und unterstreichen Sie diejenigen, an denen Sie gerne arbeiten möchten.
3. Listen Sie fünf Ziele auf, die Sie in den nächsten fünf Jahren gerne erreichen würden.

4. Wenn Sie nur noch einen Monat zu leben hätten, wie würden Sie diesen dann verbringen? Schreiben Sie es auf.
5. Was ist Ihre Mission im Leben? Schreiben Sie auf, wer Sie gerne wären und was Ihre Wunschvorstellungen, Ziele, Wertvorstellungen und Prinzipien sind.

Übung 2

Selbstachtung ist ein unabdingbarer Bestandteil einer erfolgreichen Selbstverteidigung. Wenn Sie alles menschenmögliche tun wollen, um Ihr Leben und die Unverletzlichkeit Ihres Körpers zu verteidigen, müssen Sie sich zuerst dessen bewußt sein, daß Sie wertvoll sind. Sie sind es wert, darum zu kämpfen!

Vielen von uns sind solche Überlegungen fremd. Zufälle und Umstände haben vielleicht dazu geführt, daß wir negative Gefühle uns selbst gegenüber haben; möglicherweise haben wir aus den Augen verloren, wie wichtig und wundervoll wir wirklich sind.

Indem Sie diese Aussagen mit Überzeugung nachsprechen, werden Sie anfangen, erst an sie und schließlich auch an sich selbst zu glauben. Sprechen Sie sie jeden Tag vor dem Spiegel. Sie können auch Aussagen hinzufügen oder ergänzen, die besser auf Sie zutreffen.

1. Ich liebe mich, wie ich bin.
2. Ich bin ein guter Mensch und muß mich nicht ändern, um jemandem zu gefallen.
3. Ich bin eine starke, fähige und selbstbewußte Frau.

Übung 3

Schreiben Sie jede Nacht vor dem Zubettgehen folgenden Satz auf:

Ich vergebe mir für ______________________________

Übung 4

Stellen Sie sich vor, Sie verbringen den Tag mit Ihrer besten Freundin. In letzter Zeit fühlt sie sich schlecht, und Sie wollen sie aufmuntern und ihr Selbstbewußtsein aufbauen. Stellen Sie sich vor, was für lustige, wunderbare und liebevolle Dinge Sie zu ihr sagen und wie Sie sie verwöhnen werden. Und jetzt überraschen Sie sich, indem Sie sich behandeln, als wären Sie selbst Ihre beste Freundin. Nehmen Sie sich einen ganzen Tag nur für sich selbst Zeit.

3. Kapitel:
Stolpersteine auf dem Weg zur Sicherheit

Frances lächelte ihr Spiegelbild an. Erst seit zwei Tagen war sie nun an der Universität, und schon war sie mit einem Jungen verabredet! Zwar kannte sie ihn kaum, aber das störte sie nicht weiter. Schließlich gehörte er zu einer der angesehensten Studentenorganisationen, und sie wußte, daß sie sich auf der Party glänzend amüsieren würde.

Um sieben Uhr wartete Frances fertig angezogen auf William, der sie im Studentenheim abholte. Ein bißchen nervös und sehr aufgeregt lief sie die Treppen hinunter.

Der Abend fing gut an. William war sehr aufmerksam; vielleicht sogar ein wenig zu sehr. Sobald sie auf dem Fest angekommen waren, schenkte er ihr einen Drink nach dem anderen ein und witzelte darüber, daß sie erst im ersten Semester und noch neu an der Uni war. Als Frances sich umsah, stellte sie erstaunt fest, daß sie die einzige Erstsemester-Studentin unter den Anwesenden war. Einerseits war sie sehr stolz darauf, aber andererseits verunsicherte sie das auch ein wenig. Sie hätte gerne ein bekanntes Gesicht gesehen. Außerdem war sie den Alkohol nicht gewöhnt und fühlte sich schwindelig. Aber sie wollte unbedingt den Eindruck erwecken, daß so eine Party für sie nichts Besonderes war.

Gegen Mitternacht gingen die Gäste allmählich. William nahm Frances beim Arm und schlug vor, nach oben zu gehen. »Nur für ein paar Minuten«, sagte er. »Den ganzen Abend mußte ich dich mit anderen Leuten teilen, und ich fände es nett, wenn wir noch ein bißchen Zeit nur für uns hätten.«

Mittlerweile war Frances schon ziemlich betrunken und wollte eigentlich nur zurück ins Studentenheim, um sich ins Bett zu legen. Doch in ihrer Benommenheit fühlte sie sich auch geschmeichelt, daß William sie gerne besser kennenlernen wollte. Deshalb stand sie mühsam auf und ließ sich von ihm nach oben führen.

Als sie das Schlafzimmer am Ende des Flurs erreichten, blieb Frances in der Tür stehen. Niemand sonst war im Zimmer, und das Bett schien der einzige Sitzplatz zu sein. In ihrem Kopf läutete eine Alarmglocke. Sie drehte sich zu William um. »Ich glaube, ich gehe jetzt besser nach Hause«, sagte sie mit belegter Stimme. Ihre Sprache klang verwaschen.

Aber William tat so, als habe er sie nicht gehört, und umklammerte ihre Hand fester. Er stieß sie ins Zimmer und schloß die Tür. Dann fing er sofort an, Frances zu küssen und zu streicheln. Frances versuchte sich loszureißen, aber ihre Arme fühlten sich bleischwer an. Sie hatte keine Kraft. Roh warf William sie aufs Bett und begann sie auszuziehen. Frances brach in Tränen aus. Immer wieder sagte sie, daß er die Finger von ihr lassen solle, aber William ignorierte sie einfach.

Frances konnte kaum glauben, was hier mit ihr geschah. War so etwas auf Partys einer Studentenorganisation normal? Zwar hörte sie Stimmen aus dem Nebenzimmer, aber sie wagte es nicht, um Hilfe zu rufen. Wenn sie jetzt schrie und William vor seinen Freunden blamierte, würde sie nie mehr zu einer Party eingeladen werden. Vielleicht würde sich kein Junge mehr mit ihr verabreden wollen. Also ließ Frances die Vergewaltigung, von Schluchzen geschüttelt, über sich ergehen.

Als William endlich fertig war, stand er auf und zog sich an. Wortlos brachte er sie zurück zu ihrem Studentenheim. Dort angekommen, taumelte Frances immer noch weinend aus dem Auto. William verabschiedete sich freundlich von ihr. »Also bis Montag!« rief er und fuhr davon, als ob nichts Außergewöhnliches geschehen wäre.

Übliche Stolpersteine für Frauen

Wenn man Frauen fragt, warum sie sich nicht verteidigen können, bekommt man eine erstaunliche Menge an Ausreden zu hören. »Ich bin zu ungeschickt«, behaupten manche. »Ich würde es nie über mich bringen, zu schreien«, meinen andere. »Ich könnte nicht zurückschlagen oder weglaufen, denn normalerweise trage ich enge Röcke und hohe Absätze«, sagen die dritten.

Stellen Sie sich nur einen kurzen Augenblick vor, daß Sie angegriffen werden. Schließen Sie die Augen und malen Sie sich aus, Sie wären mit einem Mann auf einer Party, der Ihnen gesagt hat, er würde gern mit Ihnen schlafen. Er hat Sie beim Arm gepackt und schiebt Sie zur Tür hinaus und zu Ihrem Auto. Sie haben diesen Mann eben erst kennengelernt und haben Angst, er könnte Sie vergewaltigen. Aber Sie wissen, daß sich andere Leute im Nebenzimmer befinden. Könnten Sie um Hilfe schreien oder sich wehren, um zu verhindern, daß er Sie vergewaltigt? Wenn Sie den Eindruck haben, daß Sie das nicht fertigbringen würden, fragen Sie sich, warum? Haben Sie Angst vor einer Szene? Befürchten Sie, er könnte noch gewalttätiger werden, wenn Sie anfangen, sich zu widersetzen? Glauben Sie, daß er soviel stärker ist als Sie, so daß es nichts nützt, sich zu wehren? Ihre Antworten auf diese Fragen können Ihnen Aufschluß über Ihre Persönlichkeit geben. Sie stellen den Anfang der Liste aller Stolpersteine dar, die zwischen Ihnen und Ihrer Sicherheit liegen.

Indem Sie Ihre persönlichen Schwächen und Vorbehalte kennen und verstehen – die Dinge, die Ihrer Ansicht nach verhindern, daß Sie sich wehren –, können Sie diese Stolpersteine mit der Zeit überwinden. Wenn Sie erkennen, daß Sie sich verteidigen können, haben Sie den ersten Schritt zu einem Leben ohne Angst getan.

Obwohl Frauen viele verborgene Talente haben und enorme geistige und körperliche Leistungen vollbringen können, neigen die meisten dazu, ihre Unfähigkeiten in den Vordergrund zu rücken, anstatt sich mit ihren Begabungen zu brüsten. Vor lauter Angst, eine Niederlage einstecken zu müssen, denken wir uns lieber eine Entschuldigung aus, warum wir dieses oder jenes nicht zuwege bringen.

Jedesmal wenn ich einen Selbstverteidigungskurs abhalte, stelle ich erstaunt fest, wie viele Frauen mehr Zeit und Energie dafür aufwenden, um mir zu erklären, warum Selbstverteidigung zwecklos ist, anstatt sich deren Grundlagen anzueignen.

Wenn ich sage: »Lesen Sie nicht, während Sie auf einen Bus warten«, widerspricht eine Frau: »Und was ist, wenn ich am nächsten Tag eine Prüfung schreiben muß?«

Wenn ich sage: »Eine der besten Waffen zur Selbstverteidigung ist, einem Angreifer das Gesicht zu zerkratzen«, meint eine: »Und was ist, wenn ich mir gerade die Fingernägel geschnitten habe?«

Wenn ich sage: »Rennen Sie irgendwohin, wo Lichter und Menschen sind«, fragt eine: »Und was ist, wenn ich nirgends Lichter und Menschen sehe?«

Es gibt schlichtweg nicht genügend Verhaltensregeln, die jede mögliche Situation abdecken. Keine Reaktion wird in jeder Situation den gewünschten Erfolg zeigen, da sich jede Situation von der anderen unterscheidet.

Ob Sie nun denken, daß Sie es können oder daß Sie es nicht können, Sie haben recht.

Erster Stolperstein: Es ist sowieso egal, was ich tue

Boyce Appel, ein in Atlanta lebender Psychologe, gibt einen Kurs für Manager mit dem Titel »Positive Macht und Einfluß«. Nach vielen Jahren als Berater und Leiter von Seminaren stellt er die Behauptung auf, daß Menschen, die nicht glauben, daß ihr Handeln erfolgreich sein wird, auch selten Erfolg haben.

Sie können jede Situation, mit der Sie konfrontiert werden, beeinflussen. Wenn es um Ihre Selbstverteidigung geht, ist es nur dann zwecklos, aktiv zu werden, wenn Sie selbst es für zwecklos halten.

Besonders wichtig ist, daß Sie sich eines immer vor Augen führen – Sie sind niemals, in keiner Situation, hilflos, und der Mann, der Sie angreift, ist nicht unverwundbar.

Auch als Opfer eines Überfalls stehen Ihnen immer Mittel zur Verteidigung zur Verfügung: Sie haben Ihre Hände, Ihre Arme, Ihre Füße und Ihre Beine. Sie haben Ihren Körper, Ihre Stimme und Ihren Kopf. Selbst wenn man Sie fesselt und knebelt, verfügen Sie immer noch über die allerwichtigste Waffe: Ihr Gehirn. Ihr Handeln wird niemals zwecklos sein – außer Sie geben auf.

In seinen Kursen bringt Boyce Appel den Seminarteilnehmern und -teilnehmerinnen bei, sich mächtiger zu fühlen, indem sie ihr Machtpotential und ihre Fähigkeit, Einfluß auszuüben, erkennen. Jeder Mensch kann andere Menschen beeinflussen. Wir alle verfügen über diese Fähigkeit. Und um diese so effizient wie möglich einzusetzen, müssen wir sie trainieren.

Üben Sie in einer sicheren Umgebung, Situationen auf positive Weise zu beeinflussen. Suchen Sie sich einen Menschen aus, den Sie gern beeinflussen möchten. Vielleicht eine Sekretärin an Ihrem Arbeitsplatz oder eine Mitbewohnerin im Studentenheim. Sie können ihr Leben verändern. Fangen Sie an, ihr

Aufmerksamkeit zu schenken, sprechen Sie sie an, wenn Sie ihr begegnen, machen Sie ihr Komplimente über ihr Aussehen, erkundigen Sie sich nach ihrer Familie. Wenn sie niedergeschlagen wirkt, fragen Sie sie, wie es ihr geht. Der Einfluß, den Sie auf diese Frau ausüben, steht in direktem Zusammenhang damit, wieviel von Ihrer Persönlichkeit Sie in sie investiert haben. Unterhalten Sie sich nur oberflächlich mit ihr, haben Sie auch nur einen oberflächlichen Einfluß und werden bei ihr auch nicht viel bewirken.

Gelingt es Ihnen aber, wirklich zuzuhören und ehrlichen Anteil an ihren Erfolgen und Niederlagen zu nehmen, werden Sie auch für sie etwas bewirken.

Sie können Ihre Mitmenschen auf sehr verschiedene Art und Weise beeinflussen. Manche von uns sind rational veranlagt und ziehen es vor, analytisch an Menschen und Probleme heranzugehen. (Z. B.: »Ich weiß, daß du in letzter Zeit Probleme in Mathe hast. Warum erstellen wir nicht zusammen einen Arbeitsplan? Dann könntest du jeden Morgen von sechs bis acht Uhr lernen.«)

Andere sind eher emotional orientiert und wenden sich deshalb lieber den Gefühlsaspekten einer Situation zu. (»Ich weiß, daß du in letzter Zeit Probleme in Mathe hast. Das tut mir leid. Ich quäle mich auch ganz schön damit ab. Aber weißt du, Mathe ist doch sowieso total unwichtig.«)

Dann gibt es noch Frauen, die lieber frei von der Leber weg reden (»Jetzt gib dir endlich einen Tritt in den Hintern und fang an zu lernen!«), und wieder andere tasten sich zurückhaltender und vorsichtiger an das Problem heran. (»Wenn du ein bißchen Zeit übrig hast, könntest du ja heute nachmittag vielleicht mal einen Blick in dein Mathebuch riskieren.«)

Um unsere Mitmenschen wirkungsvoll zu beeinflussen, müssen wir uns eine ganze Bandbreite von möglichen Ansätzen aneignen, denn es ist ein Unterschied, ob wir neue Freundschaf-

ten schließen oder in einer Gefahrensituation unser Leben retten wollen. Wenn wir uns immer auf die Herangehensweise verlassen, die uns persönlich am meisten liegt, werden wir ständig auf Situationen treffen, in denen diese einfach nicht paßt. Also müssen Sie Ihr Repertoire erweitern. Probieren Sie verschiedene Herangehensweisen aus.
Es entspricht den Tatsachen, daß Sie in einer Gefahrensituation nicht die Muße haben werden, über die wirkungsvollste Herangehensweise zur Abwehr des Angreifers nachzudenken. Aber wenn Sie Erfahrungen gesammelt haben, wie man Menschen beeinflußt – und in ihrem Leben etwas verändert haben –, wird es Ihnen auch leichter fallen, andere einzuschätzen und somit zu wissen, welche Herangehensweise bei welchem Menschen am besten funktioniert. Haben Sie in einer sicheren Umgebung eingeübt, etwas zu bewirken, wird es Ihnen auch in einer Notlage leichter fallen.

Zweiter Stolperstein: Ich bin zu alt, schwach, ungeschickt, klein oder schüchtern, um mich zu wehren

Falls ein Mann größer ist als Sie, Kampfsporterfahrung hat und außerdem noch mit Ihrem Widerstand rechnet, werden Sie Probleme haben, sich körperlich zu wehren. Allerdings ist die Wahrscheinlichkeit, daß alle drei Faktoren zusammentreffen, ziemlich gering. Zwar können Sie Ihre Körpergröße und die des Täters oder seine körperliche Verfassung nicht beeinflussen, aber Sie können ihn überraschen.
Besonders wenn Sie klein sind, haben Sie einen gewaltigen Vorteil, denn er wird am allerwenigsten mit Ihrem Widerstand rechnen. Da ein Vergewaltiger am meisten daran interessiert ist, Kontrolle und Macht auszuüben, haben Sie schon den ersten

Schritt zur Abwehr eines Angriffs getan, wenn Sie sich von ihm nicht einschüchtern lassen.
Solange Sie einen kühlen Kopf bewahren, sind Sie nicht wehrlos, gleichgültig wie alt, unsportlich, ungeschickt oder klein Sie auch sein mögen. Ihr Gehirn ist Ihre beste Waffe. Also nützen Sie sie.
Es gibt viele Berichte über ältere Frauen, die sich erfolgreich gegen einen Angreifer gewehrt haben. Ihr Alter hat nichts mit Ihrer Fähigkeit zur Selbstverteidigung zu tun.
Wenn Sie ihn nicht durch Muskelkraft besiegen können, müssen Sie ihn austricksen. Auch wenn Sie eigentlich kein lauter Mensch sind, müssen Sie Ihre Schüchternheit lange genug überwinden, um zu schreien, eine Szene zu machen und sich zu retten.

Dritter Stolperstein: Ich kann nicht schreien

Viele Frauen sind der festen Ansicht, daß sie auch dann nicht schreien könnten, wenn sie es wirklich wollen. Wahrscheinlich ist »wollen« hier das Schlüsselwort, und vielleicht fällt es Ihnen leichter, wenn Sie es wirklich müssen. Auch wenn es Ihrer Erziehung und Ihrer Vorstellung von »Damenhaftigkeit« widerspricht, auch wenn Sie meinen, daß ein »anständiges Mädchen« so etwas nicht tut, müssen Sie dieses Stereotyp vergessen, wenn es um Ihr Leben geht. Sie sind nicht gleich eine Rockerbraut, wenn Sie brüllen, treten und schlagen, um Ihr Leben zu retten.
Damit Sie sicher sind, daß Sie im Notfall wirklich schreien können, üben Sie Schreien und selbstbewußtes Sprechen.
Sorgen Sie auf jeden Fall dafür, daß Sie *laut* schreien. Schließlich wollen Sie entschlossen und nicht verängstigt wirken.

Vierter Stolperstein: Ich kann nicht wütend werden

Wenn Sie angegriffen werden, ist Angst gefolgt von Wut das natürlichste Gefühl der Welt. Gelingt es Ihnen, Ihre Wut auszudrücken, werden Sie sich wirkungsvoller verteidigen können, als wenn Sie in Furcht verharren.

Viele Frauen zeigen ihre Wut nie. Dieses Gefühl zu unterdrükken schadet jedoch Ihrer körperlichen und psychischen Gesundheit. Gestatten Sie es sich nie, Ihre Wut herauszulassen, wird es Ihnen auch schwerfallen, im Ernstfall zornig zu werden. Falls sich Wut bei Ihnen nicht automatisch einstellt und äußert, müssen Sie es üben. Begeben Sie sich an einen sicheren Ort, wo Sie alleine sind.

Dann stellen Sie sich vor, daß Sie angegriffen werden. Ein stinkender Kerl auf der Straße versucht, Sie zu Boden zu werfen. Wie kann er das wagen! Er hat kein Recht dazu! Auf einmal haben Sie keine Angst mehr. Sie sind wütend.

Und nun stellen Sie sich vor, Sie haben sich zu ihm umgedreht und schreien ihm alles ins Gesicht, was Ihnen gerade einfällt. Was, ist egal. Es kommt nur darauf an, daß Sie anfangen, Ihrer Wut freien Lauf zu lassen.

Wut kann im Alltag hinderlich sein. In einer gefährlichen Situation kann sie allerdings sehr nützlich sein. Viele Polizistinnen und Polizisten haben mir gesagt, daß sie ihre Wut gezielt einsetzen. Sie verleiht ihnen Mut und Kraft.

Wut ist nur dann gefährlich, wenn sie unkontrolliert ausgelebt wird. Wenn Sie üben, zornig zu werden, lernen Sie auch, Ihre Wut gezielt und effektiv einzusetzen.

Eine der besten Darstellungen von aufgestauter Wut, die endlich ein Ventil findet, habe ich 1992 in dem wundervollen Film *Grüne Tomaten* gesehen. Evelyn, die Hauptfigur, ist eine mollige Frau mittleren Alters, die ihr ganzes Leben lang versucht hat,

»gut« zu sein. Doch schließlich sorgen die Umstände dafür, daß ihre Wut aus ihr hervorbricht. Sie wird sauer. Wirklich stocksauer. Mit lautem Kriegsgeheul verwandelt sie sich von einer schüchternen und zurückhaltenden in eine starke, aggressive Frau.

Fünfter Stolperstein: Ich fühle mich schuldig, wenn ich unhöflich bin

Der Versuch, höflich zu bleiben, hat wahrscheinlich schon zu mehr Vergewaltigungen geführt als alles andere. Wenn der Mann, mit dem Sie ausgehen, seine Hände nicht bei sich behalten kann, und wenn Sie ihn nicht daran hindern, weil Sie nicht unhöflich erscheinen möchten, begeben Sie sich in Gefahr.

Wenn ein Mann auf der Straße Sie bittet, ihn zur nächsten Tankstelle zu fahren, weil sein Auto eine Panne hat, und wenn Sie ihm diesen Wunsch erfüllen, weil Sie nicht unhöflich erscheinen möchten, begeben Sie sich in Gefahr.

Wenn Ihr Chef Sie bittet, länger im Büro zu bleiben und ihm bei einem Projekt zu helfen, nachdem alle anderen schon nach Hause gegangen sind, und Sie einwilligen, um ihm einen Gefallen zu tun, obwohl Sie wissen, daß er seine letzte Sekretärin vergewaltigt hat, begeben Sie sich in Gefahr.

Sie haben nicht die Möglichkeit, Ihr ganzes Leben lang immer höflich zu sein. Ihre Sicherheit hängt von Ihrer Fähigkeit ab, »nein« zu sagen und unhöflich zu sein, wenn die Situation es verlangt.

Falls es Ihnen weiterhilft, denken Sie einmal an den Mann, der Sie angreifen will. Denkt er etwa daran, was gut für Sie ist? Nimmt er etwa Rücksicht auf Ihre Gefühle?

Wollen wir lernen, uns wirkungsvoll zu wehren, müssen wir uns neue Verhaltensweisen aneignen. Wir müssen selbstbewußt auftreten und aufmerksam sein. Es ist nicht nötig, daß wir uns jedem Menschen gegenüber unhöflich verhalten und ihn lauthals beschimpfen, doch wir sind auch nicht dazu verpflichtet, einem Fremden auf der Straße den Weg zu erklären.

Trifft ein potentieller Angreifer auf eine selbstbewußte Reaktion, wird er vermutlich versuchen, Ihnen deshalb Schuldgefühle einzujagen. Vielleicht sagt er etwas wie: »Hey, Sie brauchen nicht gleich so unhöflich zu mir zu sein. Ich habe Sie doch nur nach der Uhrzeit gefragt.«

Möglicherweise wirft er Ihnen auch vor, Sie seien hartherzig, paranoid oder verrückt. Also rechnen Sie mit einer unhöflichen Antwort, die darauf abzielt, Sie einzuschüchtern. Falls Sie nichts dergleichen zu hören bekommen, ist das eine positive Überraschung, aber falls eine unangenehme Bemerkung fällt, sind Sie dagegen gewappnet.

Frauen reagieren zu leicht auf Vorwürfe und Schmeicheleien. Bleiben Sie wachsam und tappen Sie nicht in diese Falle. Vergessen Sie nicht – Sie schulden diesem Fremden auf der Straße nichts. Wenn Sie den Obdachlosen, den Armen und den Gestrandeten in dieser Gesellschaft helfen wollen, tun Sie das zum Beispiel im Rahmen einer karitativen Organisation, die während Ihrer ehrenamtlichen Tätigkeit für Ihre Sicherheit garantiert.

Einigen Frauen fällt es besonders schwer, unhöflich zu jemandem zu sein, den sie kennen, auch wenn es sich nur um eine flüchtige Bekanntschaft handelt. Dieser Umstand ist zum Teil für die ungeheuer große Anzahl von »Beziehungstaten« verantwortlich.

Auch junge Mädchen haben oft Schwierigkeiten, zu jemandem, den sie kennen, »nein« zu sagen; vor allem dann, wenn es sich um eine Autoritätsperson handelt. Deswegen müssen Kinder lernen, wann sie »nein« sagen und wann sie einem Erwachsenen gehorchen sollen. Der Satz »Lassen Sie mich in Ruhe!« sollte

ihnen ebenso selbstverständlich über die Lippen kommen wie »bitte« und »danke«.
Gute Manieren gehören zu Situationen, in denen ein gepflegter, zivilisierter Umgangston herrscht. Eine drohende Vergewaltigung ist jedoch in keinster Weise zivilisiert und erfordert deshalb ein anderes Verhalten.
Überleben ist wichtiger als Höflichkeit.

> **»Obwohl Einfühlungsvermögen und Kontaktfreudigkeit bei einer Frau zum Gelingen von Beziehungen und zu einer freundlichen Atmosphäre in der Familie beitragen, führen diese Eigenschaften draußen in der Welt oft zu unerwünschten Übergriffen.«**
>
> Jean Shinoda Bolen, *The Goddess in Everywoman*

Sechster Stolperstein: Ich will mich nicht lächerlich machen

Zuweilen sind wir so in eine Situation involviert, daß es uns schwerfällt, den Überblick zu bewahren. Eines der lächerlichsten Beispiele dafür ist eine Geschichte, die mir einmal mit einer Vase voller Blumen und einem Auto passiert ist.
Vor einigen Jahren sollte ich die Blumen für ein Fest arrangieren, das ich zusammen mit ein paar Freundinnen veranstaltete. Stundenlang steckte ich zähneknirschend den Strauß zusammen, und das Ergebnis war beeindruckend.
Für die Autofahrt zur Party hatte ich die Blumen vorsichtig neben mich auf den Beifahrersitz gelegt. Plötzlich scherte vor mir ein anderer Wagen aus. Nur einen Sekundenbruchteil zögerte ich und dachte, daß mein Blumenarrangement herunterstürzen und auseinanderfallen würde, wenn ich jetzt auswich. Doch glücklicherweise siegte mein gesunder Menschenver-

stand, ich wich aus und stieß nicht mit dem anderen Auto zusammen. Die Blumen waren ruiniert, und ich war selbstverständlich sehr enttäuscht. Allerdings wäre die Alternative undenkbar gewesen.

Wenn man darüber nachdenkt, ob das eigene Leben oder ein Blumengesteck wichtiger ist, kann man eigentlich nur darüber lachen. Und trotzdem verlieren viele von uns in vergleichbaren Situationen den Überblick. Stellen Sie sich eine andere Situation vor.

Malen Sie sich aus, Sie befänden sich mit einem jungen Mann im Haus einer Studentenorganisation. Er fängt an, Sie zu belästigen und sexuell zu bedrängen. Was sind Ihre Alternativen? Um Hilfe zu schreien und sich vielleicht lächerlich zu machen? Oder vergewaltigt zu werden, sich möglicherweise mit Aids anzustecken und eventuell schwanger zu werden?

Oder stellen Sie sich vor, Sie stünden in der Vorhalle eines riesigen alten Gebäudes und warteten auf den Aufzug. Als endlich einer kommt, ist nur noch ein kräftig aussehender, brutal wirkender junger Mann darin, der Ihnen Angst einjagt. Ihre Alternativen? Sie können einsteigen und riskieren, vergewaltigt, angegriffen oder ausgeraubt zu werden – nur damit Sie ihn nicht beleidigen. Oder Sie machen vielleicht einen lächerlichen und ängstlichen Eindruck und warten sicher und wohlbehalten auf den nächsten Aufzug.

Wenn man die Beispiele so plakativ darstellt, sind die Wahlmöglichkeiten lächerlich offensichtlich. Denken Sie über die folgenden Situationen nach.

Würden Sie lieber:

1. lächerlich wirken, indem Sie zum Badezimmerfenster hinauskriechen ... oder Ihre »Würde« bewahren, indem Sie sich auf einer Party vergewaltigen lassen;
2. paranoid erscheinen, weil Sie lieber zu einer Freundin gehen,

anstatt nach Hause zu fahren, da Sie den Eindruck haben, daß Ihnen jemand folgt ... oder tapfer sein und riskieren, daß der Mann Ihnen bis zur Garage nachfährt und Sie überfällt, ehe Sie es ins Haus schaffen;
3. für kindisch gehalten werden, weil Sie Ihren Vater anrufen und ihn bitten, Sie von der Party abzuholen ... oder sich von einem betrunkenen und aufdringlichen jungen Mann nach Hause fahren lassen, der Sie unterwegs vergewaltigt;
4. sich von dem Mann an der Tür, der angeblich ein Paket abliefert, für das Sie unterschreiben sollen, auslachen lassen, weil Sie die Tür nicht öffnen ... oder ihn hereinbitten und dann feststellen, daß er zwar kein Paket bei sich hat, aber von der Polizei wegen verschiedener Vergewaltigungen gesucht wird.

Siebter Stolperstein: Ich könnte nie jemandem weh tun

Das ist ein schwieriges Problem. Für gewöhnlich neigen Frauen dazu, andere zu unterstützen, sich um sie zu kümmern und sie liebevoll zu behandeln. Obwohl Frauen es sich meist nicht vorstellen können, jemandem absichtlich Schmerz zuzufügen, müssen Sie sich – ehe Ihnen etwas zustößt – mit diesem Gedanken auseinandersetzen. Die Frage lautet, ob Sie in der Lage wären, Ihre Körperkraft und Ihre Fähigkeiten dazu einzusetzen, jemandem weh zu tun, um Ihr Leben zu retten oder eine Vergewaltigung zu verhindern.

Niemand kann diese Frage für Sie beantworten, denn sie ist sehr persönlich. Vielleicht aber erleichtert es Ihnen die Entscheidung, wenn Sie sich folgendes überlegen:

Wenn jemand Sie in der Absicht, Ihnen zu schaden, angreift, hat er sein Recht auf faire Behandlung verwirkt. Niemand ist be-

rechtigt, Ihnen auf irgendeine Weise zu schaden, sei es dadurch, daß er Sie verbal bedroht, daß er Sie zwingt, etwas gegen Ihren Willen zu tun, oder daß er Ihnen physisches oder psychisches Leid zufügt.
Stellen Sie sich vor, Sie eilen eines späten Nachmittags zu Ihrem Auto. Die Straßen sind verlassen, kein Mensch ist zu sehen. Da Sie müde sind und es eilig haben, nach Hause zu kommen, bemerken Sie den Mann nicht, der zwischen Ihrem und dem nächsten Auto kauert.
Plötzlich springt er hervor und reißt Sie an sich, ehe Sie überhaupt wissen, wie Ihnen geschieht. Selbstverständlich sind Sie zuerst zu Tode erschrocken, doch dann überfällt Sie eine unglaubliche Wut. Aus dem Selbstverteidigungskurs erinnern Sie sich, daß Sie ihm am besten die Finger in die Augen stoßen. Das wird ihm so weh tun, daß er Sie sofort loslassen wird. Bringen Sie das fertig? Ja! Schließlich schert er sich einen Dreck um Sie! Warum also sollten Sie Rücksicht auf ihn nehmen? Das hier ist kein freundschaftliches Tennisspiel, und er wird sich nicht an vorher festgesetzte Regeln eines Ballwechsels halten. Er wird das Spiel völlig unter seiner Kontrolle behalten wollen, wenn Sie nicht für Ihre Rechte kämpfen.

Wieviel Gewalt können Sie anwenden?

Sie haben das Recht, sich zu verteidigen. Sie haben das Recht, alles Notwendige zu tun, um sich zu retten. Das Recht zur Selbstverteidigung berechtigt Sie, soviel Gewalt gegen einen Angreifer anzuwenden, wie er gegen Sie einsetzt – oder Ihnen androht (StGB §§ 32–35).
Belästigt Sie ein Mann, indem er eine anzügliche Bemerkung macht oder Sie fragt, ob Sie mit ihm ausgehen wollen, haben Sie nicht das Recht, ihm den Kiefer zu brechen oder ihm das Knie

auszurenken. Dieser Grad der Gewaltanwendung wäre angesichts der Ihnen drohenden Gefahr übertrieben.
Kommt ein Mann allerdings auf Sie zu, packt Sie bei der Kehle und fängt an, Sie zu würgen, dürfen Sie alles Ihnen Mögliche tun, um sich zu retten. Denn hier handelt es sich um eine lebensbedrohliche Situation.

Kurz zusammengefaßt:

1. Frauen sind stärker, schneller, klüger und kräftiger, als sie es sich zutrauen.
2. Führen Sie sich vor Augen, was Sie für Ihre Sicherheit tun können, anstatt sich über die Dinge Sorgen zu machen, die Ihnen nicht möglich sind.
3. Wenn Sie einen kühlen Kopf behalten und Ihre Kraft und Energie richtig einsetzen, können Sie sich wirksam verteidigen.
4. Wenn Sie eine Szene machen, um sich zu retten, bedeutet das noch lange nicht, daß Sie sich schlecht benehmen. Gutes Benehmen und Ihr Überleben sind zweierlei Dinge, die nichts miteinander zu tun haben.
5. Sie können etwas bewirken. Sie müssen Ihr Wissen und Ihre Fähigkeiten einsetzen, um sich zu schützen.
6. Wenn Sie angegriffen werden, ist es vollkommen natürlich, daß Sie sich zuerst fürchten und dann wütend werden. Es ist in Ordnung, wütend zu werden.
7. Sie sind nicht dafür verantwortlich, daß jeder, dem Sie begegnen, Ihnen gegenüber positiv eingestellt ist.
8. Es ist besser, sich ein bißchen lächerlich zu machen, als vergewaltigt zu werden.
9. Verzetteln Sie sich nicht in Details; bewahren Sie den Überblick und fällen Sie dann Ihre Entscheidungen.

10. Wenn jemand Sie angreift, hat er sein Recht auf faire Behandlung verwirkt.
11. Sie haben das Recht, sich zu verteidigen.

Die Übungen 1 und 2 helfen Ihnen dabei, Ihre Macht zu erkennen und sich Ihrer körperlichen und verbalen Kraft bewußt zu werden. Weitere Körperübungen finden Sie im zehnten Kapitel; Übungen zur Verbesserung kommunikativer Fähigkeiten im fünften Kapitel.
Übung Nummer 3 ermöglicht es Ihnen, in einer sicheren Umgebung zu trainieren, wie Sie Ihrem Ärger Luft machen können.

Übung 1

Die Kraft in sich spüren.

Gleichgültig, für wie klein, mager oder zierlich Sie sich auch halten mögen, Sie haben trotzdem das Potential, eine gewaltige Macht auszuüben. Keine von uns nützt wirklich ihr volles körperliches Potential. Wenn Sie glauben, daß Sie nicht sehr kräftig sind, überzeugen Sie sich durch diese Übung vom Gegenteil (sie ist auch wunderbar dazu geeignet, Spannungen und Wut abzubauen).
Kaufen Sie sich in einem Spielwarenladen einen Baseballschläger aus Plastik. Dann nehmen Sie eine aufgeschlagene Boulevardzeitschrift (irgendeine, aber ich empfehle ein Pornoheft) und legen Sie sie aufs Bett. Dann greifen Sie zum Schläger und schlagen die Zeitschrift in Fetzen. Der gewaltige Knall, den Sie mit dem Schläger erzeugen, wird Sie überraschen. Das hat den Vorteil, daß Ihre Schläge genauso kräftig klingen, wie Sie sind.

Übung 2

Wenn es Ihnen peinlich ist, Schreien zu üben, gehen Sie ins Bad und drehen voll den Wasserhahn auf. Das Geräusch der Lüftung und das plätschernde Wasser wird Ihre Schreie übertönen. Also fangen Sie an zu schreien. Zuerst beginnen Sie mit dem Wort »Nein!«, und dann rufen Sie mit Nachdruck alles, was Ihnen gerade einfällt. Besonders beliebt sind zum Beispiel »Hände weg!« oder »Lassen Sie mich in Ruhe!«. Sie können aber einfach nur aus vollem Halse schreien.

Übung 3

Eine sichere Methode, Wut auszudrücken.

Schließen Sie sich alleine in einem Raum ein. Das kann Ihr Schlafzimmer, das Bad oder die Waschküche sein, wo das Dröhnen von Waschmaschine und Trockner alles andere übertönt.

Fangen Sie damit an, alles aufzuzählen, was Sie wütend macht. Erklären Sie einen Gegenstand zu dem Menschen, gegen den sich Ihre Wut richtet, und sprechen Sie ihn direkt an. Stellen Sie sich zum Beispiel vor, das Kopfkissen wäre Ihr Ehemann, und sagen Sie ihm dann alles, was Ihnen stinkt.

Sagen Sie zum Beispiel: »Es macht mich wütend, daß dich das Fußballspiel mehr interessiert als das schöne Abendessen, das ich für dich gekocht habe! Den ganzen Nachmittag bin ich am Herd gestanden, und ich erwarte von dir, daß du das auch würdigst und dich mit mir beschäftigst.«

Sagen Sie, was Sie wollen. »Ich möchte, daß du mich umarmst und mich küßt und mir sagst, was für eine gute Köchin ich bin, und daß du dir kaum vorstellen kannst, wie ich das alles an einem Nachmittag gemacht habe. Ich möchte, daß du mir sagst, du könntest nie einen Haushalt führen, und daß du wirklich bewunderst, wie ich alles im Griff habe.«

Wenn möglich, machen Sie ein kleines Rollenspiel mit einer

Freundin. Lassen Sie sie die Rolle Ihres Mannes (oder Freundes oder einer anderen Person) spielen. Dann soll sie Ihnen genau das sagen, was Sie gerne von Ihrem Partner hören wollen. Es ist zwar nur Theater, aber es wirkt.
Allerdings ist die wirksamste Methode diejenige, daß Sie sich mit Ihrem Partner zusammensetzen und ihm offen und ehrlich Ihre Gefühle mitteilen. Damit gehen Sie ein Risiko ein, denn Sie wechseln die Rolle, behaupten sich und zeigen Ihre Gefühle. Doch ansonsten laufen Sie Gefahr, daß sich Ihre Wut in Ihnen aufstaut.

4. Kapitel: Selbstwertgefühl aufbauen, selbstbewußt werden

Robin eilte die Straße entlang. Immer wieder schaute sie sich ängstlich um, und ständig ging ihr dabei die Warnung ihrer Mutter durch den Kopf: »Komm nicht zu spät zurück. Ich möchte nicht, daß du nach Einbruch der Dunkelheit noch allein in der Stadt unterwegs bist.«

Zum ersten Mal im Leben wünschte sich Robin, sie hätte auf ihre Mutter gehört.

Als sie um die Ecke bog, ging sie noch ein wenig schneller. Bis zum nächsten U-Bahnhof mußte sie noch zwei Straßen überqueren, und es war schon fast dunkel.

Auf einmal trat ein Mann aus einer Seitenstraße und stellte sich ihr in den Weg. Er hielt die Hand auf. »Haben Sie ein bißchen Kleingeld übrig? Ich bin arbeitslos und habe zwei hungrige Kinder daheim.«

Robin zögerte. Er sah wirklich verhungert aus, und sie hatte Mitleid mit den Kindern.

Während sie noch überlegte, kam der Mann näher, und Robin entdeckte einen Blick in seinen Augen, der ihr gar nicht gefiel. »Komm schon, Mädchen, du würdest doch keine Kinder verhungern lassen.« Mit diesen Worten streckte er die Hand aus, als wolle er sie am Arm packen.

Da hatte Robin genug. Sie richtete sich zu voller Größe auf und erhob die Stimme: »Wenn Sie Hilfe für Ihre Kinder brauchen, gehen Sie doch heute abend zur Armenhilfe in der St.-Lukas-Kirche. Dort wird man Ihnen helfen.«

Der Mann blickte sie drohend an. »Ich wette, du hast genug dabei, um uns für eine ganze Woche durchzufüttern. Was für

eine egoistische Göre bist du denn, zwei Kinder hungern zu lassen!«
Aber Robin ließ sich nicht einschüchtern. Sie setzte sich wieder in Bewegung und überquerte die Straße. »Wenn Sie mich nicht sofort in Ruhe lassen, rufe ich nach der Polizei. Und übrigens, wenn Sie sich wirklich solche Sorgen um Ihre Kinder machen, sollten Sie nach Hause gehen und sich um sie kümmern.«
Rasch ging Robin weiter und betrat den ersten geöffneten Laden. Der Mann schrie ihr nach und beschimpfte sie als kaltherzig und grausam, aber Robin ignorierte ihn, denn sie wußte, daß sie klug gehandelt hatte.

Die Bedeutung des Selbstwertgefühls

Um sich verteidigen zu können, müssen Sie zuerst einmal glauben, daß Sie die Verteidigung überhaupt wert sind. Viele Frauen sind von Selbstzweifeln zerfressen und halten so wenig von sich, daß sie sich in alles fügen, was das Schicksal ihnen beschert.
Besonders trifft das zu, wenn es um Vergewaltigung geht. Vergewaltigung ist das einzige Verbrechen, bei dem dem Opfer Schuldgefühle gemacht werden, und Schuldgefühle sind ein großes Hindernis, wenn Sie ein gesundes Selbstvertrauen entwickeln wollen. Schuldgefühle sind bei Vergewaltigungsopfern so weit verbreitet, daß viele Frauen niemandem erzählen, daß sie vergewaltigt worden sind. Noch größer ist die Anzahl derer, die das Verbrechen nicht anzeigen.
Ein gesundes Selbstvertrauen zu entwickeln ist unbedingt wichtig, wenn Sie ein Leben ohne Angst führen wollen. Und trotzdem ist es die Angst, die viele von uns daran hindert, an sich selbst zu glauben. Wir fürchten uns davor, zu versagen, und dann

fürchten wir uns davor, die Menschen, die wir lieben, könnten uns aufgrund dieses Versagens zurückweisen.

Selbstwertgefühl bedeutet, daß Sie erkennen und wertschätzen, wer Sie sind, und dies völlig unabhängig von Ihrer Familie, Ihrem Beruf oder Ihren finanziellen Verhältnissen.

Stellen Sie sich Ihr Selbstwertgefühl vor wie ein Bankkonto. Abhängig von dem, was Sie tun, zahlen Sie etwas ein, oder Sie heben etwas ab. Wenn Sie zum Beispiel mit Ihren Freundinnen in eine Kneipe gehen und Ihre zweijährige Schwester allein zu Hause lassen, haben Sie sich ziemlich schäbig verhalten und dadurch eine große Summe von Ihrem Selbstwertgefühl-Konto abgehoben.

Wenn Sie andererseits eine Einladung zu einem Konzert absagen, um Ihre beste Freundin, die sich gerade von ihrem Freund getrennt hat und Sie braucht, zu trösten, haben Sie eine ordentliche Summe auf Ihr Konto eingezahlt.

Menschen vergrößern ihr Selbstwertgefühl auf die unterschiedlichste Art und Weise. Manchen ist es am wichtigsten, daß man ihnen vertraut, und wenn sie sich das Vertrauen eines Freundes oder einer Freundin verdienen, fühlen sie sich mit sich im reinen.

Andere wiederum finden es am wichtigsten, gebraucht zu werden. So hat zum Beispiel eine Mutter, die sich um ihr Neugeborenes kümmert, ein hohes Selbstwertgefühl, weil sie weiß, daß das Kind sie braucht und daß sie seine Bedürfnisse erfüllen kann.

Nach den Grundsätzen von Ehrlichkeit und Unbestechlichkeit zu leben kann auch zu einem erhöhten Selbstwertgefühl beitragen. Wenn wir ehrlich bleiben, auch wenn wir uns durch Lügen scheinbar große Schwierigkeiten ersparen, und auch angesichts einer großen Versuchung stark bleiben, zahlen wir etwas auf unser Selbstwertgefühl-Konto ein.

Eigentlich sind die Regeln ganz einfach. Zu Ihrem Selbstwert-

gefühl tragen Sie bei, indem Sie sich so verhalten, daß Sie stolz auf sich sein können. Stolz können wir auf unsere Kreativität, unsere Selbstdisziplin, unsere Ausdauer, unsere Fähigkeiten sein. Wichtig ist, daß wir die guten Seiten an uns erkennen und stolz auf unsere Leistungen sind.
Unser Konto schmilzt dahin, wenn wir uns und andere betrügen und die Grundsätze von Ehrlichkeit, Treue, Vertrauen und Ehre mißachten.
Und was ist der Lohn? Einer Umfrage des Gallup-Instituts zufolge führen die Menschen mit einem hohen Selbstwertgefühl ein erfüllteres, reicheres Leben. Sie verfügen über einen stärker ausgeprägten Familiensinn und besser funktionierende zwischenmenschliche Beziehungen. Außerdem sind sie produktiver und neigen weniger zur Abhängigkeit von Drogen. Mit ihrer Zeit und mit ihrem Geld gehen sie großzügiger um und investieren dies in wohltätige Zwecke und ehrenamtliche Arbeit.

Schritte hin zum Selbstbewußtsein

1. Lernen Sie sich selbst kennen. Das können Sie entweder allein oder mit der Hilfe einer guten Freundin oder eines Familienmitglieds tun. Nehmen Sie Bleistift und Papier und unterteilen Sie das Blatt in zwei Spalten. Auf die eine Seite schreiben Sie »gut« und auf die andere »weniger gut«, und dann schätzen Sie sich selbst ehrlich ein.

In der ersten Spalte können Sie diejenigen Eigenschaften aufführen, die Sie an sich mögen. Sind Sie kreativ? Ehrlich? Liebevoll? Fröhlich? Listen Sie alles auf! Auf Ihre guten Eigenschaften sollten Sie stolz sein.
Lassen Sie in der zweiten Spalte die gleiche Ehrlichkeit walten. Dort können Sie beispielsweise »ungeduldig«, »faul« oder son-

stige Eigenschaften aufführen, an denen Sie Ihrer Meinung nach noch arbeiten müssen.
Und nun beschreiben Sie in ein paar Sätzen, wie Sie am liebsten sein möchten. Wenn Sie es sich vorstellen können, dann können Sie es auch erreichen.

2. Verzeihen Sie sich – machen Sie sich klar, daß uns allen Fehler unterlaufen. Seien Sie nachsichtig mit sich selbst, und vergeben Sie sich Ihre kleinen Unzulänglichkeiten.

In einer meiner liebsten Geschichten gehen zwei Mönche zusammen auf Reisen. Als sie an einen Fluß kommen, steht eine schöne Frau am Ufer. Der ältere Mönch bietet ihr an, sie übers Wasser zu tragen, und sie nimmt dankbar an. Am gegenüberliegenden Ufer setzt er sie ab, und die beiden Mönche gehen wieder ihrer Wege.
Nach einer Weile kann der jüngere Mönch nicht mehr an sich halten: »Bruder, wie konntest du diese Frau übers Wasser tragen, obwohl du doch ein Gelübde abgelegt hast, nie eine Frau zu berühren?«
Der ältere Mönch sieht ihn an. »Ich habe die Frau am Ufer zurückgelassen. Aber es sieht ganz so aus, als trügest du sie immer noch bei dir.«
Erkennen Sie, wann es an der Zeit ist, loszulassen. Hören Sie auf, Ihre Fehler mit sich herumzuschleppen.
Falls Sie dazu neigen, sich mit Selbstvorwürfen zu quälen, versuchen Sie es einmal so: Legen Sie einen Block und einen Bleistift neben Ihr Bett. Am Ende jedes Tages schreiben Sie: »Ich verzeihe mir ...«, und ergänzen Sie den Satz mit dem, was Ihnen dazu einfällt. Haben Sie die Kinder angeschrien? Sind Sie eingedöst, anstatt auf eine Prüfung zu lernen? Haben Sie einfach aufgelegt, als Sie mit Ihrer Mutter telefonierten? Gleichgültig, was Sie getan haben, Sie verdienen Verzeihung. Lernen Sie aus Ihren Fehlern.

3. Seien Sie nachsichtig mit sich. Behandeln Sie sich selbst, wie Sie Ihre Kinder oder Ihre beste Freundin behandeln. Machen Sie sich klar, daß auch guten Menschen vollkommen grundlos schlimme Dinge geschehen. Wenn das Leben Sie in die Mangel nimmt, gehen Sie sanft mit sich um und halten Sie durch.

Falls Ihnen wirklich alles über den Kopf wächst, gönnen Sie sich einige der kleinen Freuden des Lebens. Schlafen Sie mal so richtig aus. Kaufen Sie sich auf dem Markt einen Blumenstrauß. Legen Sie sich in die Badewanne, und lesen Sie ein gutes Buch. Behandeln Sie sich selbst wie einen Menschen, der Liebe und Aufmerksamkeit verdient, dann werden Sie sich auch bald so fühlen.

4. Stellen Sie sich der Herausforderung. Lernen Sie, Schwierigkeiten direkt anzugehen und sie zu lösen. Den meisten von uns fällt es leichter, Konfrontationen auszuweichen, als sie beizulegen. Das gilt für Probleme am Arbeitsplatz ebenso wie für zwischenmenschliche Beziehungen und auch für Schwierigkeiten mit uns selbst. Stellen Sie sich einmal vor, Sie und Ihre Mutter streiten sich jedesmal, wenn Sie sich sehen. Das Thema spielt offenbar keine Rolle; Sie gehen einander schlichtweg auf die Nerven.

Falls Ihnen etwas daran liegt, daß diese Streitereien aufhören, haben Sie zwei Möglichkeiten: Sie können Ihrer Mutter aus dem Weg gehen, oder Sie können versuchen herauszufinden, warum Sie streiten, und das Problem an der Wurzel packen. Die erste Möglichkeit ist leichter, aber es wäre traurig, wenn Sie Ihrer Mutter für den Rest Ihres Lebens aus dem Weg gehen müßten. Die zweite Möglichkeit ist um einiges schwieriger, hat dafür jedoch erhebliche Vorteile. Indem Sie herausfinden, warum Sie und Ihre Mutter streiten, haben Sie Wege eröffnet, die Ihnen beiden die Chance zur Weiterentwicklung geben. Wenn Sie sich

Ihrem Problem stellen und es lösen, haben Sie eine ansehnliche Summe auf Ihr Selbstwertgefühl-Konto eingezahlt.

5. Glauben Sie an sich. Jeder freut sich, wenn er von Menschen, die ihm wichtig sind, geliebt und unterstützt wird. Aber vergessen Sie nicht, daß Sie allein auf diese Welt gekommen sind und daß Sie sie schließlich auch allein wieder verlassen werden. Sie sind auch ohne andere Menschen vollständig, und Sie brauchen niemanden, der Lücken in Ihrem Leben füllt.

Glücklicherweise gibt es in Ihrem Leben wahrscheinlich Menschen, die zu Ihnen halten, gleichgültig, was Sie tun. Allzuoft haben wir Angst, unsere Fehler zuzugeben, weil wir befürchten, daß nahestehende Menschen uns dann nicht mehr lieben und respektieren. Doch falls diese Menschen wirklich unserer Liebe würdig sind, werden sie zu uns halten, gleichgültig, welche Fehler wir gemacht haben. Liebe ohne Bedingungen ist eines der wertvollsten Geschenke in diesem Leben.

Um zu beweisen, daß Sie an sich selbst glauben, stellen Sie eine Liste all der Dinge auf, die Sie sich zutrauen. Fangen Sie mit den leichtesten an: Ich traue mir zu, pünktlich in der Uni oder am Arbeitsplatz zu erscheinen. Ich traue mir zu, dafür zu sorgen, daß es mir körperlich gutgeht.

Dann können Sie auf allgemeinere, weltanschauliche Aussagen übergehen: Ich traue mir zu, meine Kinder auf die bestmögliche mir bekannte Art zu erziehen. Ich traue mir zu, meine persönlichen Prinzipien von Ehre, Vertrauen und Unbestechlichkeit aufrechtzuerhalten.

Gleichgültig, was Sie sich zutrauen, schreiben Sie es auf. Wenn Sie eine Liste vor sich haben, können Sie viel leichter sagen: »Ja, ich bin wirklich vertrauenswürdig. Ich glaube an mich.«

Durch das Vertrauen in sich und in die Liebe der Menschen, die Ihnen nahestehen, können Sie Ihre Furcht vor dem Verlassenwerden überwinden und sich zu der Frau entwickeln, die Sie gern sein möchten.

6. Akzeptieren und lieben Sie sich. Wenn Sie sich kennen, an sich glauben und sich Ihre Fehler verzeihen, können Sie anfangen, sich anzunehmen und sich zu lieben. Geben Sie sich Mühe, die Dinge zu ändern, die Ihnen am wenigsten gefallen, aber führen Sie sich vor Augen, daß es Eigenschaften gibt, die Sie nicht ändern können.

Beispielsweise sind Ihr Alter, Ihre ethnische Herkunft und die Beschaffenheit Ihres Körpers unveränderlich. Vielleicht gefällt es Ihnen nicht, vierzig, fünfzig oder sechzig Jahre alt zu sein, aber Sie müssen sich damit abfinden. Möglicherweise sind Sie damit unzufrieden, daß Sie klein sind oder große Füße und Basedow-Augen haben, aber auch dagegen sind Sie machtlos. Sie haben nur Einfluß darauf, wie Sie mit dem Älterwerden und gewissen Schönheitsfehlern umgehen. Verbringen Sie allerdings Ihren Tag damit, daß Sie über das Älterwerden jammern, dann verschwenden Sie Zeit und Energie und plündern gleichzeitig Ihr Selbstwertgefühl-Konto. Lernen Sie, mit sich zu leben. Nehmen Sie Unzulänglichkeiten an und lieben Sie das, was Ihnen an sich selbst vollkommen erscheint.

7. Springen Sie über den eigenen Schatten. Das eigene Selbstwertgefühl aufzubauen ist eine befreiende Erfahrung, denn es erlöst uns von der ständigen Angst und Sorge darüber, wer wir sind und wohin wir wollen. Mit einem gesunden Selbstwertgefühl können wir uns selbstbewußt und liebevoll um uns und auch um die Menschen kümmern, die uns etwas bedeuten.

Mit einem gefüllten Selbstwertgefühl-Konto können wir es uns leisten, anderen etwas abzugeben. Und die Zinsen werden sich rasch vermehren.

Selbstbewußte Frauen

Eine erfolgreiche Selbstverteidigung hängt vor allem davon ab, daß Sie eine starke, selbstbewußte Frau sind. Allerdings muß dieses Selbstbewußtsein auf einem gesunden Selbstwertgefühl aufgebaut werden. Menschen, die zwar selbstbewußt sind, aber sich selbst eigentlich nicht achten, sind für gewöhnlich arrogant, aufdringlich und hochmütig. Nur Menschen, die an sich und ihren Wert als Individuum glauben, können ihr Selbstbewußtsein geschickt und charmant einsetzen.

Mein Ideal einer selbstbewußten Frau wird von einer Freundin verkörpert, die ich seit einigen Jahren kenne. Wendy wirkt keinesfalls maskulin; sie ist einfach eine starke Frau. Ich mag ihre Art zu stehen – die Füße in leichtem Abstand zueinander, die Arme locker hängend, den Kopf nach vorne geneigt, als wolle sie wirklich jedes Wort hören, das ich ihr sage. Obwohl sie so ruhig und sanft ist, ist sie sich doch ihrer selbst so sicher, daß sie auch in Krisenzeiten steht wie ein Fels in der Brandung.

Sie weiß, woran sie glaubt, akzeptiert ihre eigenen Unzulänglichkeiten und ist stolz auf das, was sie tut, und auf das, was sie ist. Ich bin stolz darauf, sie zur Freundin zu haben, und ich wende mich an sie, wenn ich Rat brauche.

Selbstbewußt zu sein hat nichts mit Zorn oder Unhöflichkeit zu tun. Es bedeutet lediglich, daß Sie positiv eingestellt, willensstark und sich ihrer Rechte sicher sind, damit Sie zu jedem Thema Ihren Standpunkt vertreten können.

In seinem Buch *Sage Nein ohne Skrupel* schreibt Manuel J. Smith, daß uns allen die gleichen Grundrechte eigen sind:

- Sie haben das Recht auf Unabhängigkeit von der Gnade anderer.

- Sie haben das Recht zu sagen, daß Ihnen etwas gleichgültig ist.
- Sie haben das Recht, sich um Ihre eigenen Bedürfnisse zu kümmern, ehe Sie sich mit denen Ihrer Mitmenschen befassen.
- Sie haben das Recht, sich selbst zu mögen, auch wenn andere das vielleicht nicht tun.

Selbstsicherheit in zwischenmenschlichen Beziehungen

Vielen von uns ist angesichts dieser Grundrechte nicht ganz wohl, denn sie klingen egoistisch und ichbezogen. Allerdings sind viele von uns auch von Kindheit an dazu erzogen worden, unsere Rechte zugunsten harmonischer Beziehungen aufzugeben. Man hat uns gelehrt, zu jedem Menschen höflich zu sein und die Bedürfnisse und Wünsche anderer unseren eigenen voranzustellen.

Da zwischenmenschliche Beziehungen für Frauen sehr wichtig sind, hat man uns beigebracht, andere nicht zu brüskieren. Wir vergewissern uns immer, daß andere Menschen uns mögen, selbst wenn sie uns nicht sonderlich sympathisch sind.

Wir sind nett zu dem übellaunigen Verkäufer im Supermarkt; wir sind nett zu dem Jugendlichen, der uns im Straßenverkehr schneidet; wir hören höflich – und eine halbe Ewigkeit – dem Menschen von der telefonischen Meinungsumfrage zu, der uns in dieser Woche schon zum drittenmal beim Abendessen gestört hat.

Zwischenmenschliche Beziehungen sind uns so wichtig, daß wir uns zuweilen naiv und vertrauensselig verhalten.

Etwa vierzig Prozent aller vergewaltigten Frauen geben an, sie hätten mit ihrem Vergewaltiger wieder Geschlechtsverkehr gehabt.

Untersuchung über Vergewaltigung durch Bekannte

Wir alle wollen helfen

Früher konnte man einfach jemanden von der Straße hereinholen, ihm eine warme Mahlzeit und für ein paar Tage Arbeit geben, und beide Parteien hatten etwas gewonnen. Heutzutage können wir nicht mehr so vertrauensselig und naiv sein. Wir müssen uns vorsehen und die Augen offenhalten, wenn wir es mit Menschen zu tun haben, die wir nicht sehr gut kennen. Obwohl Vorsicht und Freundlichkeit einander nicht notwendigerweise ausschließen müssen, müssen wir doch Wege finden, gut zu unseren Mitmenschen zu sein, ohne uns dabei in Gefahr zu bringen.

Vor einigen Jahren beschloß ein älteres Ehepaar bei mir im Viertel, einem Fremden zu helfen, der vor der Tür stand und Arbeit suchte. Da der Mann Hilfe offenbar nötig hatte, gaben sie ihm eine Schaufel und sagten ihm, er könne einen Tag lang im Garten arbeiten. Doch der Mann vergalt ihnen ihre Freundlichkeit, indem er der Frau die Schaufel auf den Kopf schlug. Er tötete sie und fügte ihrem Mann schwere Verletzungen zu.

Obwohl dieses Beispiel recht extrem ist, kommt es doch häufig genug zu solchen Vorfällen, so daß Vorsicht dringend angebracht ist.

Sobald Sie einen Mann in Ihre Wohnung lassen, verschaffen Sie ihm die Gelegenheit, unbeobachtet von Zeugen ein Verbrechen zu begehen. Lassen Sie die falschen Leute herein, kann Ihr

Zuhause für Sie von einem Zufluchtsort zu einem Gefängnis werden.
Wenn jemand vor Ihrer Tür erscheint und Einlaß begehrt, müssen Sie selbstbewußt auftreten, um ihn zu verscheuchen. Lassen Sie sich nicht unter Druck setzen, die Tür zu öffnen. Uniformen und Ausweise können zwar recht offiziell aussehen; aber man kann sie in jedem Laden für Faschingskostüme bekommen. Sie müssen an Ihre Rechte glauben; vor allem an Ihr Recht, »nein« zu sagen. Und Sie müssen auf diese Rechte bestehen. Möglicherweise kommen Sie sich ein wenig lächerlich vor, wenn Sie sich schreiend durch eine geschlossene Tür unterhalten. Doch es ist besser, sich lächerlich zu fühlen, als sich hinterher Vorwürfe zu machen. (Weitere Informationen darüber, wie Sie sich zu Hause schützen können, finden Sie im elften Kapitel.)

Selbstbewußtsein im Umgang mit Autoritätspersonen

Wenn Sie eine selbstbewußte Frau werden, entwickeln Sie Kräfte, von denen Sie bislang nie etwas geahnt hatten. Indem Sie in vielen verschiedenen Situationen für Ihre Rechte eintreten, können Sie mit Menschen und Ereignissen viel effizienter umgehen und zu Ihrer persönlichen Sicherheit beitragen.
Ein selbstbewußtes Auftreten wird Ihnen zu Hause, in der Universität und am Arbeitsplatz weiterhelfen. Vielleicht können Sie so Ereignisse abwenden, die für Sie entsetzliche Folgen gehabt hätten.
Stellen Sie sich beispielsweise vor, Sie machen Überstunden, um ein Thesenpapier fertigzustellen, das Ihr Chef am nächsten Tag braucht. Als Sie gerade das Büro abschließen, kommt einer der leitenden Angestellten der Firma auf Sie zu und macht Ihnen ein Kompliment über Ihren Rock, der ziemlich kurz ist. Er

kommt noch näher, und Sie fühlen sich allmählich sehr unbehaglich. Dann nimmt er Sie beim Arm und sagt, er könne sich dafür einsetzen, daß Sie die Beförderung bekommen, auf die Sie es schon lange abgesehen haben.

Nun können Sie auf verschiedene Weisen reagieren. Sie können a) schreien, ihm sagen, er solle seine dreckigen Finger wegnehmen, ihm zwischen die Beine treten und ihm das Nasenbein brechen; b) gar nichts sagen und mitgehen; c) entschlossen seine Hand entfernen, ihm sagen, er solle Sie nie mehr anfassen, und ihn darauf hinweisen, daß sexuelle Belästigungen in dieser Firma unerwünscht sind; d) unter Tränen an seiner Hand ziehen und ihn anflehen, Sie in Ruhe zu lassen.

Möglichkeit a) ist eindeutig übertrieben. Es handelt sich schlichtweg um eine kopflose, undurchdachte Reaktion. Schließlich schweben Sie nicht in großer Gefahr, und Sie haben überreagiert. Wenn seine Annäherungsversuche drastischere Formen angenommen hätten, wäre dieses Vorgehen möglicherweise gerechtfertigt gewesen, aber noch nicht in diesem Augenblick.

Möglichkeit b) ist die gefährlichste. Auf diese Weise riskieren Sie eine Vergewaltigung im Hinterzimmer. Es handelt sich um eine passive Reaktion, die daraus besteht, daß eine Frau einfach so tut, als könne ihr nichts geschehen, oder daß sie sich damit abfindet und annimmt, sie könne sowieso nichts dagegen unternehmen.

Möglichkeit d) ist wirkungslos, da er sich ohnehin gerade in seiner Macht sonnt. Warum sonst würde er seine Stellung in der Firma riskieren, um zu bekommen, was er will? Durch Flehen und Betteln gießen Sie nur Öl ins Feuer. Sie geben ihm zu verstehen, daß Sie ihn um den Gefallen bitten, er solle Sie in Ruhe lassen, und verteidigen nicht Ihr Recht auf Ihren Körper. Unter diesen Umständen ist Möglichkeit c) die einzige logische Alternative. Indem Sie direkt mit ihm kommunizieren und ihm

genau sagen, was er tun und lassen soll, demonstrieren Sie, daß Sie an sich und Ihre Grundrechte glauben.
Vielen von uns fällt es sehr schwer, sich gegen eine Autoritätsperson zu behaupten, doch besonders beängstigend – und gefährlich – ist es für kleine Mädchen. Da sie daran gewöhnt sind, Lehrern und anderen Erwachsenen zu vertrauen, erkennen sie oft die Gefahr nicht, wenn sie von einem Erwachsenen ausgeht. Deshalb sollten Mädchen und Jungen von frühester Kindheit an lernen, an sich selbst und ihr Wissen darüber, was richtig oder falsch ist, zu glauben. Allein die Übung, selbstbewußt »Nein!« zu sagen, trägt zur Stabilisierung des Selbstbewußtseins eines Kindes bei.

Sind Sie selbstbewußt?

In jedem Alter ist Selbstbewußtsein unabdingbar, wenn man sich schützen will. Selbstbewußte Menschen strahlen aus, daß sie sich verteidigen können. Und diese Ausstrahlung ist genau das Gegenteil dessen, wonach ein potentieller Vergewaltiger Ausschau hält. Spielen Sie das Machtspielchen mit? Versuchen Sie,

- die Gefühle anderer nicht zu verletzen?
- alles indirekt auszudrücken, um keinen vor den Kopf zu stoßen?
- abzuwarten, ehe Sie sich äußern, für den Fall, daß Ihre Meinung auf einem Irrtum beruht oder von den anderen nicht geteilt wird?
- in den meisten Fällen lieber doch nicht zu sagen, was Sie meinen?
- so viele Menschen wie möglich sooft wie möglich zufriedenzustellen?

- Konfrontationen aus dem Weg zu gehen, selbst wenn Sie auf diese Weise Ihre Rechte aufgeben?

Falls Sie diese Fragen mit »ja« beantwortet haben, sehen Sie sich einmal die Eigenschaften von Menschen an, die Macht haben. Sie

- wissen, daß sie so fair und ehrlich sein können, wie sie wollen, und trotzdem immer jemand beleidigt sein wird.
- teilen sich direkt und offen mit.
- kümmern sich mehr darum, Resultate zu erzielen, als Fehler zu vermeiden.
- sagen genau das, was sie sagen wollen.
- wissen, daß es wichtiger ist, dem eigenen Anspruch an Integrität zu genügen, als den Leuten zu gefallen.
- wissen, daß Konfrontationen sich nicht vermeiden lassen und daß diese auch Weiterentwicklung stimulieren können.

Und was ist so gut daran, wenn man Macht hat und selbstbewußt ist? Warum sollten wir versuchen, uns diese Eigenschaften anzueignen? Menschen mit Macht berichten, daß sie

- mit sich selbst im reinen sind;
- effektiver mit Menschen und mit ihrer Zeit umgehen;
- nicht ständig das Gefühl haben, daß andere sie ausnützen;
- wissen, daß sie nicht über die Maßen naiv und vertrauensselig sind;
- sich vor Gefahren schützen, indem sie »nein« sagen.

»Ich habe mehr Selbstbewußtsein als Talent, und ich glaube, Selbstbewußtsein ist das, was am ehesten zum Erfolg führt.« Dolly Parton

---

Wie selbstbewußt sind Sie?

Wenn Sie das nächste Mal mit mehreren Frauen zusammen sind, machen Sie diesen Test. Bitten Sie jede, ihren Namen auszusprechen, aber verraten Sie nicht, worum es geht. Wahrscheinlich werden Sie überrascht feststellen, daß die meisten bei der letzten Silbe die Stimme heben, als ob sie eine Frage stellten. Wiederholen Sie die Aufgabe so, daß diesmal jede ihren Namen selbstbewußt ausspricht.

Selbstbewußtsein und Macht sind Ihnen nicht angeboren, und diese Eigenschaften sind für keine von uns unerreichbar. Wir können sie lernen und einüben, bis sie Teil unserer Persönlichkeit werden. Zu lernen, machtvoll, ehrlich und selbstbewußt zu werden, unterscheidet sich kaum vom Erlernen einer anderen beliebten Fähigkeit. Sie brauchen dazu Zeit und Geduld, und Sie werden anfangs mit Sicherheit Fehler machen.

Zu Beginn werden Ihnen bestimmt Mißgeschicke unterlaufen. Möglicherweise befassen Sie sich zu intensiv mit einem Aspekt, der in Wirklichkeit nicht solch großer Aufmerksamkeit bedarf. Vielleicht überschlägt sich Ihre Stimme, oder sie versagt, wenn Sie jemandem mitteilen wollen, was Sie über ein bestimmtes Thema denken. Es kann auch sein, daß Sie ein schlechtes Gewissen bekommen, wenn Ihnen jemand sagt, daß Sie doch früher so liebenswert gewesen waren, und dann fragen Sie sich vermutlich, ob diese Sache mit dem Selbstbewußtsein überhaupt die ganze Mühe wert ist.

Sie ist es wert. Wenn wir anderen demonstrieren, daß wir an uns selbst glauben, haben wir den ersten Schritt hin zu offenen, ehrlichen Beziehungen getan.

Eine selbstbewußte Frau zu werden, das bedeutet nicht, sich in einen Mann zu verwandeln. Statt dessen werden wir starke Frauen. Und diese Kraft ist ein einzigartiges Geschenk an uns

selbst und das beste Erbe, das wir unseren Töchtern vermachen können.
Oliver Wendell Holmes hat einmal gesagt: »Was hinter uns liegt und was vor uns liegt, ist angesichts dessen, was in uns liegt, verschwindend geringfügig.«

Kurz zusammengefaßt:

1. Damit Sie sich erfolgreich verteidigen können, müssen Sie erst einmal daran glauben, daß Sie es wert sind, verteidigt zu werden.
2. Menschen mit einem stabilen Selbstwertgefühl haben erfülltere zwischenmenschliche Beziehungen, sind produktiver, neigen weniger zu Drogenabhängigkeit und gehen großzügiger mit ihrer Zeit und ihrem Geld um.
3. Wenn Sie ein gesundes Selbstwertgefühl entwickeln wollen, müssen Sie sich selbst kennen, sich selbst verzeihen und sich selbst lieben.
4. Obwohl sich Sicherheit und Freundlichkeit nicht gegenseitig ausschließen, müssen wir Wege finden, freundlich zu unseren Mitmenschen zu sein, ohne uns dabei in Gefahr zu begeben.
5. Besonders für junge Menschen ist es oft schwierig, die Gefahr zu erkennen, die von einer Autoritätsperson ausgeht.
6. In jedem Alter ist Selbstbewußtsein unbedingt notwendig, wenn man sich schützen will.
7. Selbstsicherheit hat nichts mit Wut oder Unhöflichkeit zu tun. Es bedeutet nur, positiv, willensstark und selbstbewußt zu sein.
8. Ein selbstsicheres Auftreten hilft Ihnen, effektiver mit anderen Menschen und mit Ihrer Zeit umzugehen.
9. Selbstsichere Menschen teilen sich direkt und offen mit,

kümmern sich mehr um Ergebnisse als um die Vermeidung von Fehlern und wissen, daß Konfrontationen unvermeidlich sind und Weiterentwicklung bewirken.
10. An sich selbst zu glauben ist die Basis für selbstsicheres Auftreten.
11. Anderen zu demonstrieren, daß wir an uns selbst glauben, ist der erste Schritt hin zu offenen, ehrlichen Beziehungen.

Anmerkung: Durch Selbstsicherheitstraining kann jede Frau nur gewinnen, gleichgültig, ob sie nun leitende Angestellte einer Firma, ob sie Lehrerin oder Mutter ist. Viele Therapeutinnen bieten eintägige Workshops oder Wochenendseminare zu diesem Thema an. Wenn möglich, sollten Sie an einem teilnehmen. Vielleicht ist es eine Erfahrung, die Ihr Leben verändert.
Aber es gibt auch viele Übungen, die Sie allein zu Hause machen können.

Übung 1

In seinem Bestseller *Die sieben Wege zur Effektivität* meint Stephen R. Covey, es gebe zwei Methoden, wie wir Kontrolle über unser Leben bekommen können:

Wir können ein Versprechen abgeben und es halten;
Wir können uns ein Ziel setzen und es erreichen.

Weiterhin schreibt er: »... während wir anfangen, Verpflichtungen, selbst kleine, einzugehen und einzuhalten, entwickeln wir allmählich eine innere Integrität, die uns unsere Kontrolle über unser Leben bewußtmacht und uns vor Augen führt, daß wir den Mut und die Kraft haben, einen größeren Anteil der Verantwortung für unser Leben zu übernehmen.«

Dieses Buch enthält ausgezeichnete grundlegende Erkenntnisse, und ich kann es sehr empfehlen.

Übung 2

Viele Frauen leiden unter mangelndem Selbstwertgefühl, da sie den Eindruck haben, in ihrem Leben nichts bewirken zu können. Die Ereignisse brechen über sie herein, und sie werden vom Strudel des Lebens mitgerissen.
Doch Sie können etwas tun, um sich mehr in Harmonie mit der Welt und weniger abhängig von Ihren Mitmenschen zu fühlen. Folgende kleine Schritte tragen dazu bei, daß Sie das Gefühl bekommen, Ihr Leben in größerem Maße selbst bestimmen zu können:

- Was geschieht mit Ihrem Geld? Schreiben Sie wenigstens einen Monat lang alles auf, was Sie ausgeben.
- Lesen Sie eine Woche lang jeden Tag die Zeitung. Verlassen Sie sich nicht darauf, daß Ihnen jemand erzählt, was in der Welt vor sich geht. Informiert zu sein ist die Verantwortung eines erwachsenen Menschen.
- Erledigen Sie Ihre eigene Kontoführung.
- Planen Sie einen Abend für sich und den Menschen, der Ihnen am meisten bedeutet. Sie reservieren Tisch und Eintrittskarte und sorgen für die Fahrgelegenheit.

Übung 3

Befreien Sie sich von vagen Gefühlen.
Besorgen Sie sich einige Eisstiele aus Holz, und schreiben Sie auf jeden eine Ihrer Eigenschaften, die Sie nicht mögen und die Sie daran hindern, Selbstsicherheit zu entwickeln. Das können allgemeine Dinge sein, wie zum Beispiel, daß Sie nicht »nein« sagen können oder daß Sie Konfrontationen aus dem Weg gehen; vielleicht sind es auch ganz spezielle: »Ich kann Joe nicht

sagen, daß mich sein Singen nervt«, oder: »Ich verspreche dem Programmdirektor immer, daß ich alles erledige, auch wenn ich keine Lust habe.« Gleichgültig, von welchen Eigenschaften Sie sich befreien wollen, schreiben Sie sie auf.
Dann kleben Sie die Eisstiele zu einer Art Skulptur zusammen. Nachdem der Leim getrocknet ist, vernichten Sie die Skulptur. Sie können sie von einer Brücke werfen, sie mit dem Auto plattfahren oder mit der Faust zertrümmern. Auf jeden Fall wird es ein wunderbar befreiendes Gefühl sein, sie loszuwerden, und Sie werden wieder neue Kraft haben, Ihre Selbstsicherheit weiterzuentwickeln.

Übung 4

Üben Sie, herausfordernd auszusehen. Recken Sie das Kinn wie eine Königin, schlendern Sie lässig einher wie ein Matrose. Gehen Sie, als gehöre Ihnen die Welt. Spielen Sie Theater, und versetzen Sie sich in die folgenden Figuren hinein:

- Die Science-fiction-Frau: Sie sind unverwundbar und unglaublich stark.
- Die Herzkönigin aus Alice im Wunderland.
- Thelma und Louise aus dem gleichnamigen Film.
- Superman, jetzt ist es Superfrau!

5. Kapitel: Vergewaltigung durch Freunde und Bekannte

Jim war der aufregendste Mann, den Lisa je kennengelernt hatte. Er sah gut aus, kam aus einer wohlhabenden Familie und war genau der Typ Mann, wie ihn Lisa schon immer hatte heiraten wollen. Seit einem Monat gingen sie jetzt miteinander, und Lisa hatte schon Pläne geschmiedet – große Pläne. Sie fand Jim so rührend aufmerksam, und das gefiel ihr, denn es gab ihr das Gefühl, geliebt zu werden.

Wenn sie zusammen ausgingen, bestand er darauf, alles für sie zu tun. Er hielt ihr die Türen auf und entschied, wohin sie gingen und wann. Zugegeben, er war ziemlich launisch und manchmal grundlos eifersüchtig, aber Lisa war sich sicher, daß sich das ändern würde.

Als er sie am Freitag vom Studentenheim abholte, begrüßte er sie fröhlich. »Hey, stell dir vor, Mutter und Vater sind weggefahren, und wir haben das große Haus nur für uns. Schau mal! Champagner zur Feier des Tages!«

Lisa lachte. »Sollen wir das alles etwa an einem Abend trinken?« fragte sie und war, obwohl sie immer noch lachte, doch ein wenig erstaunt. Jim wußte schließlich, daß sie keinen Alkohol trank!

Jim grinste sie an. »Nun, man weiß ja nie, was noch alles passieren kann.«

Irgend etwas in seinem Ton ließ Lisa aufhorchen. Er klang zwar nicht bedrohlich, aber sie fühlte sich auf einmal unwohl.

Jim hielt ihr die Autotür auf. »Habe ich richtig gesehen? Du hast dich doch nicht etwa heute nachmittag mit Frank unterhalten?«

Eine düstere Vorahnung befiel Lisa, aber sie versuchte, sich

nichts anmerken zu lassen, denn sie befürchtete, der Nachmittag könnte sonst verdorben sein. »Es war doch nichts weiter, Jim. Er hat mich nur etwas wegen der Englischarbeit gefragt.«
Jim knallte die Tür zu und stampfte zornig ums Auto herum. »Ich habe es dir doch schon so oft gesagt! Ich habe dir gesagt, du sollst dich nicht mehr mit ihm abgeben! Warum tust du nicht, was ich dir sage? Ist das etwa zuviel verlangt?«
Tränen stiegen Lisa in die Augen. »Es tut mir leid, Jim. Ich wußte nicht, daß dir das etwas ausmacht.« Sie sprach ganz leise.
Den restlichen Nachmittag war Jim schlechter Laune. Sobald sie im Haus seiner Eltern in einem Vorort angekommen waren, fing er an zu trinken. Lisa wanderte im Haus umher und träumte von dem Tag, an dem sie hierhergehören würde. Von Zeit zu Zeit warf sie Jim einen ängstlichen Blick zu, aber er sah sich ein Fußballspiel im Fernsehen an.
Auf einmal hatte Lisa eine Idee. Vielleicht konnte sie Jims Laune aufhellen, indem sie ihn küßte und streichelte. Nervös schluckte sie. Sie stammte aus einer Kleinstadt, und ihre Eltern hatten ihr nur selten erlaubt, auszugehen. Deswegen wußte sie auch nicht, was genau bei einer Verabredung mit einem Jungen von ihr erwartet wurde, denn bislang hatte sie immer Jim die Initiative überlassen.
Als sie hinter Jim trat, drehte er sich nicht einmal zu ihr um. Er schien sie gar nicht bemerkt zu haben. Mit zitternden Händen legte sie ihm die Arme um die Schultern und küßte ihn aufs Ohr. Plötzlich wirbelte er herum und zog sie aufs Sofa.
»Du bittest mich wohl um Verzeihung, Kleine?« Er lallte. Dann küßte er sie roh. Lisa schnappte überrascht nach Luft. Auf einmal drückte er sie aufs Sofa und fing an, ihre Brüste zu betatschen. Sie wehrte sich.
»Was soll das? Du hast doch damit angefangen! Und jetzt machst du mir keinen Rückzieher mehr.«
Mit klopfendem Herzen starrte Lisa ihn an. Wovon redete er

nur? Glaubt er wirklich allen Ernstes, sie wollte mit ihm schlafen? Und plötzlich bekam sie Angst. »Bitte, Jim! Hör auf! Bitte, hör auf!«
Mit dem Gewicht seines Körpers drückte Jim sie zu Boden und zerrte an ihren Kleidern. Lisa wurde wütend. Als sie schrie, machte ihr das Geräusch angst. Jim preßte ihr die Hand auf den Mund.
»Was soll das? Was ist, wenn jemand dich hört? Die denken ja noch, daß ich dich vergewaltige oder so was.«
Lisa wand sich, bis er die Hand von ihrem Mund nahm. Mit vor Angst zitternder Stimme schrie sie: »Das ist Vergewaltigung. Und jetzt laß mich verdammt noch mal los, oder ich schreie, bis das ganze Viertel zusammenläuft.«
Jim stand auf und strich seine Kleidung glatt. »Verschwinde! Du wirst niemals in einem Haus wie diesem wohnen.«
Lisa raffte ihre Sachen zusammen und rannte zur Tür hinaus. Sie war sich sicher, daß sie auch niemals in einem solchen Haus wohnen wollte.

Wem kann ich trauen?

Einer jungen Frau, die das Elternhaus verläßt, macht der Gedanke, sie könne von einem Mann, mit dem sie ausgeht, vergewaltigt werden, wahrscheinlich am meisten angst. Die Vorfreude auf die Freiheit wird allzuoft von Furcht überschattet. Die Universität, der erste Arbeitsplatz, die erste eigene Wohnung verlieren angesichts der Bedrohung durch Vergewaltigung viel von ihrem Glanz.
Alle Frauen sind sich dieses Gefühls bewußt, und die Reaktionen reichen von einem vagen unbehaglichen Gefühl bis zu ausgesprochenem Verfolgungswahn. Die Medien haben uns mit reißerischen Berichten über Vergewaltigungen durch Be-

kannte überschüttet. Gerade dieses Thema hat eine entsetzliche Faszination, denn solche Übergriffe kommen unglaublich häufig vor. Nach Daten des National Victim Center ist eine von acht Frauen bereits Opfer einer Vergewaltigung geworden, und achtzig Prozent der Täter waren dem Opfer bekannt (Daten aus Deutschland siehe Anhang).

Die Situation an den Universitäten ist noch erschreckender, denn eine von vier Studentinnen in den Vereinigten Staaten ist Opfer einer Vergewaltigung oder einer versuchten Vergewaltigung geworden.

Ihren möglichen Vergewaltiger kann eine Frau bei vielen Gelegenheiten kennenlernen. Vielleicht ist es ein Kollege oder jemand, mit dem sie in einem Lokal oder auf einer Party ins Gespräch kommt. Vielleicht wird er ihr auch durch eine Freundin vorgestellt, oder sie begegnet ihm in einem Seminar.

Vergewaltigung bei einer Verabredung ist etwas enger gefaßt, denn es ist eine Vergewaltigung durch jemanden, mit dem Sie freiwillig Zeit verbringen, mit dem Sie freiwillig ausgegangen sind. Möglicherweise ist es sogar ein Mann, der Ihnen gefällt, denn ansonsten hätten Sie sich ja nicht mit ihm verabredet. So wie Lisa genießen Sie wahrscheinlich seine Gesellschaft und träumen sogar von einer gemeinsamen Zukunft.

Frauen interessieren sich aus Tausenden von Gründen für Männer: Geld, Stellung, Ruhm und Aussehen sind alles Faktoren, die unser Interesse beeinflussen. In den Medien wimmelt es von Berichten über Frauen, die so von Reichtum und Ruhm geblendet waren, daß sie einer schwerwiegenden Fehleinschätzung unterlagen. Erinnert sei an die Anklage und Verurteilung des Boxers Mike Tyson wegen Vergewaltigung, dessen Geschichte durch alle Medien ging.

Zuweilen ist es sogar die Ausstrahlung einer gewissen Gefährlichkeit, die einen Mann für uns attraktiv macht. Auf manche Frauen hat ein aggressiver, besitzergreifender Mann eine ge-

wisse Anziehungskraft, da sie sich in seiner Gegenwart momentan beschützt fühlen.
Aber ist die Frau vor ihm sicher? Einem solchen Mann sollte sich eine Frau mit äußerster Vorsicht nähern und vor allem an ihre eigene Sicherheit denken. Gehen Sie niemals mit einem solchen Mann ein Risiko ein.
Obwohl es keine Richtlinien gibt, anhand derer eine Frau einen potentiellen Vergewaltiger erkennen kann, weisen doch einige Persönlichkeitsmerkmale auf mögliche Schwierigkeiten hin. Bei den meisten dieser Eigenschaften geht es um Machtverhalten und Kontrolle. Allerdings bedeutet das nicht, daß ein Mann, der Ihnen die Tür aufhält, Sie auch vergewaltigen wird, aber jedes der Charakteristika der folgenden Auflistung sollte Sie argwöhnisch machen. Je mehr dieser Eigenschaften der Mann, mit dem Sie verabredet sind, aufweist, desto eher sollte Ihnen daran gelegen sein, einen möglichst großen Abstand zwischen sich und diese Person zu bringen.

Warnsignale – Persönlichkeitsmerkmale eines potentiellen Vergewaltigers

- Er muß unter allen Umständen und in jeder Situation bestimmen – wohin Sie gehen, was Sie essen, was Sie anziehen, mit wem Sie Umgang haben.
- Er will mit Ihnen allein sein und isoliert Sie von Ihren Freunden und Bekannten.
- Er hat einen Hang zur Grausamkeit – verbal oder physisch.
- Er ist grundlos eifersüchtig.
- Er wird wütend, wenn Sie im Restaurant den Geldbeutel zücken, selbst Auto fahren wollen oder Unternehmungen planen.
- Er mißbraucht Alkohol oder Drogen und versucht, Sie auch

dazu zu nötigen. Weigern Sie sich, stellt er Sie als naiv und kindisch hin.

- Er betrachtet Frauen als das »schwächere Geschlecht« und meint, sie seien nur dazu da, ihm das Leben angenehm zu machen.
- Er besteht darauf, daß Sie ihn von hinten bis vorne bedienen und impft Ihnen Schuldgefühle ein, wenn Sie es nicht tun.
- Er fordert Ihre ungeteilte Aufmerksamkeit, selbst wenn es unangebracht ist, beispielsweise im Seminar.
- Er ist emotional labil und nicht in der Lage, negative Empfindungen und Wut unter Kontrolle zu halten.
- Macht fasziniert ihn (beispielsweise Waffenwahn oder Abhängigkeit von Pornographie).
- Er verhält sich überfreundlich oder plump vertraulich und behandelt Sie, als kenne er Sie besser, als das in Wirklichkeit der Fall ist.
- Er ignoriert Ihren persönlichen Freiraum, rückt näher an Sie heran, als Ihnen lieb ist, oder legt Ihnen im unpassenden Augenblick die Hand aufs Knie, auf den Schenkel etc.

Finden Sie heraus, wie er reagieren würde!

Wenn Sie bei einem Mann, mit dem Sie eine Verabredung planen, unsicher sind, sorgen Sie für eine Situation, in der Sie ihn auf einige Eigenschaften eines potentiellen Vergewaltigers abklopfen können. Überreagiert er, oder wird er aggressiv, nehmen Sie sich in acht!

- Finden Sie heraus, ob er Sie kontrollieren will, indem Sie
  - vorschlagen, die Planung der abendlichen Unternehmung zu übernehmen;
  - vorschlagen, ihn mit Ihrem Auto abzuholen.

- Finden Sie heraus, ob er Sie von Ihren Freunden isolieren will, indem Sie
  - vorschlagen, gemeinsam mit einer Freundin und deren Freund auszugehen.
- Finden Sie heraus, wie er zu Alkohol und Drogen steht, indem Sie
  - ihm sagen, daß Sie weder trinken noch Drogen nehmen.
- Finden Sie heraus, wie gut er Sie wirklich kennt, indem Sie
  - ihn anschwindeln, zum Beispiel: »Ich bin in Wirklichkeit ziemlich schüchtern.«
- Finden Sie seine Haltung gegenüber Frauen heraus, indem Sie
  - ihm von Ihrem Schwager erzählen, der Hausmann ist.
- Finden Sie heraus, ob er eifersüchtig ist, indem Sie
  - ihm erzählen, Ihr Exfreund habe Ihnen einen Brief geschrieben.
- Finden Sie heraus, ob Macht ihn fasziniert, indem Sie
  - ihn fragen, was er von Waffengesetzen hält.
- Finden Sie heraus, wie hoch seine Frustrationstoleranz ist, indem Sie
  - ihn eine Viertelstunde warten lassen, wenn er Sie abholt.
- Finden Sie heraus, ob er Ihren persönlichen Freiraum respektiert, indem Sie
  - besonders viel Abstand zwischen sich und ihm lassen, wenn Sie neben ihm sitzen oder stehen.

Planen Sie, mit jemandem auszugehen, den Sie nicht sehr gut kennen, beobachten Sie, wie er sich in Gegenwart anderer verhält, und achten Sie darauf, was er Ihnen verbal und nonverbal mitteilt. Oft beschließt ein Mann, sich eine Frau zu beschaffen, und sieht sich dann erst nach einem passenden Opfer um. Möglicherweise kommt er sogar auf Sie zu und unterzieht Sie einer Prüfung, ehe er Sie um ein Rendezvous bittet.

Vielleicht erteilt er Ihnen kleine Aufträge oder bittet Sie, ein bestimmtes Kleid anzuziehen oder sich eine bestimmte Frisur zu machen. Wie Sie auf seine »Prüfung« reagieren, beeinflußt womöglich sein weiteres Verhalten.

Falls Sie sich nicht wehren, wenn er Ihnen die Hand auf Schenkel oder Gesäß legt, hält er Sie wahrscheinlich für ein leicht zu überwältigendes Opfer. Vergessen Sie nicht, daß er Ihre Reaktionen sicherlich ebenso gründlich studiert wie Sie die seinen. Liegt Ihnen nichts an einem körperlichen oder sexuellen Kontakt mit diesem Mann, stellen Sie das von vornherein klar.

Entscheiden Sie sich, mit ihm auszugehen, seien Sie vorsichtig, bis Sie ihn besser kennenlernen. Verabreden Sie sich nur in der Öffentlichkeit, und versuchen Sie, mehr über seine Reaktionen herauszufinden. Eine kleine Umkehrung der Rollen kann verblüffende Folgen haben. Was wird er tun, wenn Sie

- für ihn im Restaurant bestellen?
- den Wein zum Essen auswählen?
- ihm die Tür aufhalten?
- den Film aussuchen, das Popcorn kaufen und entscheiden, wo Sie sitzen wollen?

Vorsicht vor eskalierender Gefahr!

Wenn es mit einem Mann, mit dem Sie verabredet sind, Schwierigkeiten geben wird, kündigt sich das für gewöhnlich schrittweise an. Die Situation verwandelt sich allmählich von einer angenehmen oder wenigstens neutralen in eine, in der Ihnen große Gefahr droht.

Andrea Parrot von der Cornell-Universität ist Spezialistin für Vergewaltigungen durch Bekannte. Sie hat die fünf Stadien herausgearbeitet, in denen sich eine Vergewaltigung unter der Anwendung oder Androhung von Gewalt entwickelt:

1. Der persönliche Freiraum des Opfers wird mißachtet. (Er sitzt zu nahe, tanzt zu eng, faßt Sie ständig an, legt Ihnen den Arm um die Schultern oder die Hand aufs Bein.)
2. Die Frau behauptet sich nicht, sagt dem Mann nicht, daß sie es nicht mag, wenn er so nahe rückt oder sie anfaßt. (Vielleicht möchte sie keinen Unfrieden stiften oder hofft, daß nichts Schlimmeres geschehen wird. Möglicherweise ist sie sich nicht sicher, ob das wirklich ein Gefahrensignal ist, und zögert deswegen, etwas zu sagen. Vielleicht gefällt ihr dieser Körperkontakt auch, solange es dabei bleibt.)
3. Der Täter bedrängt die Frau noch stärker. Er läßt beispielsweise seine Hand von ihrem Schenkel auf ihr Gesäß oder ihre Brust rutschen. (Er testet ihre Reaktion. Wenn sie immer noch nichts sagt, glaubt er wahrscheinlich, daß er es geschafft hat. An diesem Punkt steigert sich allmählich seine Erregung.)
4. Der Mann und die Frau befinden sich schließlich an einem abgelegenen Ort, an dem die Frau keine Hilfe zu erwarten hat. (Vermutlich erfindet er irgendeine Ausrede, um die Gesellschaft anderer Menschen zu verlassen und mit ihr allein zu sein. Oft behauptet er, sie würden sich noch mit Freunden treffen, oder seine Eltern wären zu Hause. Sie befindet sich wahrscheinlich noch in einem Stadium, in dem sie alles Negative verleugnet und sich vormacht, daß mit dem Mann alles in bester Ordnung ist. Vielleicht wagt sie es auch nicht, sich zu weigern. Möglicherweise ist sie »high« oder betrunken und deswegen zu apathisch, um eine vernünftige Entscheidung zu fällen, oder zu müde, um auf ihrem Standpunkt zu beharren.)
5. Es kommt zur Vergewaltigung.

Nicht jede Vergewaltigung durch einen Bekannten verläuft nach diesem Muster. Allerdings trifft es auf viele zu, weshalb Sie auf einige dieser Warnzeichen bei Ihrem Verehrer und auch bei sich selbst achten sollten. Bedrängt er Sie körperlich? Faßt er Sie ständig an? Können Sie es ihm mitteilen, wenn Ihnen das unangenehm ist?

Sie müssen ebenso auf Ihre eigenen Reaktionen achten wie auf die seinen. Falls Sie sich in Gegenwart des Mannes, mit dem Sie verabredet sind, unbehaglich fühlen und es Ihnen schwerfällt, ihm das zu sagen, begeben Sie sich in Gefahr. Jetzt wäre es der richtige Zeitpunkt, sich aus dem Staub zu machen. Vertrauen Sie nicht darauf, daß Sie ihn später von seinem Vorhaben abbringen können. Stellen Sie sich vor, wie schwer es Ihnen fallen wird, ihn abzuwehren, falls er sich nackt auf Sie wirft, wenn Sie es nicht einmal über sich bringen, ihm zu sagen, daß er die Hand von Ihrem Knie nehmen soll.

Es gibt viele Gründe, warum Sie sich nicht trauen, gegenüber einem Mann, mit dem Sie verabredet sind, eindeutig aufzutreten. Vielleicht sind Sie schon seit Monaten nicht mehr mit einem Mann weggewesen und wollen Ihre Chance nicht verderben. Vielleicht wollen Sie sich anpassen. Vielleicht möchten Sie sich nicht lächerlich machen.

Doch gleichgültig, was Ihre Gründe auch sein mögen, es ist unbedingt notwendig, daß Sie die Augen offenhalten, um diese Gefahr in jedem Stadium zu erkennen. Es ist viel leichter, einem Mann zu sagen, er solle Sie in Ruhe lassen, wenn er nach Ihrem Busen greift – als ihm den Finger ins Auge zu bohren, wenn er Sie vergewaltigen will.

Seien Sie nicht naiv und vertrauensselig. Falls Sie Ihren Begleiter nicht gut kennen und ihn nicht bereits in verschiedenen Situationen erlebt haben, seien Sie vorsichtig.

Lucy kannte Brad bereits aus der Schule. Er war ein Jahr älter als sie und hatte sie immer wie seine kleine Schwester behandelt. Als sie ihm kurz nach ihrer Ankunft in der Universität auf dem Universitätsgelände begegnete, freute sie sich, denn er lud sie zu einer Party am Freitag ein. Lucy rief sogar ihre Mutter an und erzählte ihr, sie werde mit Brad ausgehen. Die Mutter solle sich keine Sorgen machen, denn schließlich kenne sie ihn schon aus der Schule. Die Mutter war beruhigt.
Als Brad Lucy am Freitag abholte und ihr sagte, die Party fände in einem Haus am Seeufer etwa zwanzig Kilometer entfernt statt, wurde ihr etwas mulmig. Doch Brad zerstreute ihre Bedenken sofort, indem er sie neckte: »Du hast doch nicht etwa Angst, mit einem Jungen von nebenan auszugehen?« Dann zog er sie an sich und küßte sie. Lucy lachte und freute sich über die Aufmerksamkeit. Auf der Fahrt zum See mußte sie dicht neben ihm sitzen.
Doch als sie bei der »Party« ankamen, war das Haus menschenleer. Aber Brad zuckte nur die Achseln und meinte, die anderen würden schon noch kommen. Er schenkte sofort ein paar Drinks ein und wurde ziemlich bald handgreiflich. Inzwischen hatte Lucy Angst bekommen und bat, er möge sie nach Hause fahren. Doch Brad lachte nur und fing an, an ihren Jeans zu zerren. Lucy klammerte sich an ihre Kleidung und flehte: »Bitte nicht, Brad. Bitte fahr mich nach Hause.«
Als Brad ihr befahl, den Mund zu halten, und ihr ins Gesicht schlug, reagierte Lucy hysterisch. Sie schrie und weinte, aber Brad drohte ihr nur, sie noch einmal zu schlagen. Dann vergewaltigte er sie.
Als er sie endlich zur Uni zurückgefahren hatte, rannte Lucy sofort zum nächsten Telefon und erzählte schluchzend ihrer Mutter, was vorgefallen war. Die Mutter kam sofort und nahm sie mit zurück nach Hause. Lucy flehte ihre Mutter an, nichts weiterzuerzählen, denn Brads Familie war in der Gegend sehr

angesehen. Sie ging deshalb nicht davon aus, daß man ihr glauben würde. Widerstrebend erklärte sich die Mutter schließlich einverstanden.

Lucy litt unter Schuldgefühlen und kam sich völlig hilflos vor. Zwar versuchte sie, ihr Studium wiederaufzunehmen, aber sie gab es nach wenigen Wochen auf und kehrte in ihre Heimatstadt zurück. Sie war apathisch und stark depressiv. Zwei Monate nach der Vergewaltigung unternahm Lucy einen Selbstmordversuch mit Schlaftabletten.

Eine Vergewaltigung – gleichgültig, ob durch einen Fremden oder einen Bekannten – wird Ihr Leben aller Wahrscheinlichkeit nach für immer verändern. Nach den Ergebnissen der *Ms.*-Untersuchung zum Thema Vergewaltigung durch Bekannte denken dreißig Prozent aller Vergewaltigungsopfer nach dem Vorfall an Selbstmord.

Eine Vergewaltigung ist eine Tragödie; Sie fühlen sich beschmutzt und – falls der Täter jemand war, den Sie kannten und mochten – verraten. Aber Sie müssen sich immer und immer wieder sagen, daß es eine gerechtfertigte Vergewaltigung nicht gibt. Gleichgültig, was Sie tun, Sie verdienen es nicht, vergewaltigt zu werden.

Vergewaltigung an der Universität*

Es gibt viele Gründe, eine tragische Kombination von Faktoren, die für das gehäufte Vorkommen von Vergewaltigung an den Universitäten verantwortlich sind. Oft unterlaufen jungen Frauen, die zum erstenmal das Elternhaus verlassen und auf die neue Freiheit euphorisch reagieren, schwerwiegende Fehler mit häufig tragischen Folgen.

In Wirklichkeit aber ist die wahre Unabhängigkeit nicht das erste eigene Zimmer oder Auto. Unabhängigkeit bedeutet, daß Sie sich auf sich selbst verlassen können – auf Ihre Fähigkeiten und auf Ihr eigenes Urteil.

Wenn Sie Ihr Elternhaus verlassen, bedeutet das nicht, daß Ihr Leben nun frei von allen Regeln verläuft; Sie müssen vielmehr die Regeln Ihrer Eltern durch Ihre eigenen ersetzen. In den meisten Fällen werden Ihre eigenen Regeln eher auf Ihre Lebensumstände zutreffen.

Niemand wird Ihnen mehr sagen: »Nein, du darfst nicht mit ihm ausgehen, denn mir gefällt nicht, wie er aussieht und sich benimmt.« Jetzt sind Sie die einzige, die den betreffenden Mann beurteilen kann. Sie müssen sich fragen: »Soll ich mit diesem Mann ausgehen? Sorgt er dafür, daß ich mich nervös oder unbehaglich fühle? Würde ich in seiner Gegenwart Angst bekommen?«

Sie können sich von Ihren Eltern, von Freundinnen und von vielen anderen Menschen beraten lassen, aber die letztendliche Entscheidung liegt bei Ihnen.

Eine Studentin ist bei ihrer Ankunft an der Universität am meisten gefährdet. Da sie sich noch nicht auskennt, versucht sie verzweifelt, nicht unangenehm aufzufallen und weltgewandt zu

* bezieht sich auf amerikanische Verhältnisse; ist nicht übertragbar auf Deutschland. (A. d. R.)

wirken. Deshalb lassen viele dieser Frauen oft nicht die nötige Vorsicht walten, wenn sie entscheiden, wohin sie gehen und mit wem sie Umgang pflegen.

Auch Alkohol und Drogen spielen in diesem Zusammenhang eine wesentliche Rolle. Nach Ergebnissen der *Ms.*-Studie »haben 75 Prozent der Männer und wenigstens 55 Prozent der Frauen, die als Täter oder Opfer an einer Vergewaltigung durch Bekannte beteiligt waren, kurz vor der Tat getrunken oder Drogen genommen«.

Alkohol und Drogen verlangsamen Ihre Reaktionszeit. Wenn Sie betrunken sind, können Sie nicht mehr so schnell auf eine Gefahr reagieren oder erkennen, ob sie eskaliert. Außerdem vermindert Alkohol Ihre Körperkraft und erschwert es Ihnen, sich klar und deutlich mitzuteilen.

Der dritte Faktor, der im Zusammenhang mit Vergewaltigungen durch Bekannte zum Tragen kommt, ist die Verfügbarkeit eines Ortes, an dem die Tat begangen werden kann – also die Gelegenheit. Autos, Zimmer im Haus von Studentenorganisationen und im Studentenheim und verlassene Strände oder Wälder sind gefährlich, wenn Sie sich in Begleitung des falschen Mannes befinden.

Häufig fährt der Täter mit seinem Opfer im Auto an einen abgelegenen Ort. Die Frau träumt wahrscheinlich von einem romantischen Spaziergang am Strand oder einem liebevollen Gespräch unter dem Sternenhimmel. Doch ihm liegt nur daran, sie an diesen abgelegenen Ort zu bringen, um mit ihr zu schlafen. Deswegen besteht er meist darauf, sein Auto zu nehmen, denn dann ist sie von ihm abhängig, um wieder nach Hause zu kommen.

Eine tragische Kombination: Die Absicht, zu vergewaltigen, ein abgelegener Ort, Alkohol- und Drogenmißbrauch.

Bildung und Kommunikation

Die meisten Männer können sich eine Vergewaltigung durch Bekannte nicht vorstellen – nicht einmal diejenigen, die sich bereits selbst dieses Verbrechens schuldig gemacht haben. Nach der *Ms.*-Studie definieren vierundachtzig Prozent aller Vergewaltiger ihre Tat nicht als Vergewaltigung.

Eines der hauptsächlichen Probleme im Zusammenhang mit Vergewaltigung durch Bekannte ist, daß so viele Männer nicht begreifen, daß es sich dabei wirklich um eine Vergewaltigung handelt. Sie haben gelernt, Sexualität als Eroberungsspiel zu verstehen; wenn sie Glück haben, »machen sie Punkte«. Und so trägt in den Augen vieler Männer ein bißchen Widerstand zum Vergnügen bei. Sie reden sich ein, daß sie sich nur ziert, wenn sie »nein« sagt. In Wirklichkeit meint sie bestimmt »ja«.

Teilen Sie sich Ihrem Begleiter also deutlich und unmißverständlich mit. Setzen Sie Grenzen, bevor einer von Ihnen beiden von Leidenschaft übermannt wird. Wenn Sie »nein« sagen, sorgen Sie dafür, daß das auch nachdrücklich klingt. Hört er trotzdem nicht auf, Sie zu bedrängen, sagen Sie ihm, daß das in Ihren Augen eine Vergewaltigung darstellt.

Wenn eine Frau zu irgendeinem Zeitpunkt »nein« zum Geschlechtsverkehr sagt, hat sie das Recht, daß man ihr glaubt. Läßt ein Mann trotzdem nicht von ihr ab, begeht er ein Verbrechen: Er versucht, sie zu vergewaltigen.

Eine gerechtfertigte Vergewaltigung gibt es nicht, auch wenn zu diesem Thema viele Mythen bestehen. Die beliebteste Entschuldigung ist, Männer und Jungen hätten sich einfach nicht

in der Gewalt, wenn sie zu stark erregt würden. Ein weiterer Mythos besagt, eine Frau, die einen Mann sexuell herausfordere, verdiene es, vergewaltigt zu werden.
Keine Frau verdient es, vergewaltigt zu werden. Jeder Mensch ist selbst dafür verantwortlich, sich zu kontrollieren, gleichgültig, wie sehr er oder sie auch von Leidenschaft, Wut oder negativen Gefühlen überkommen werden mag.
Obwohl man dem Opfer nie die Schuld an einer Vergewaltigung durch Bekannte geben darf, können wir doch einiges tun, um die Wahrscheinlichkeit einer Vergewaltigung zu verringern.

Falls Sie den Mann, mit dem Sie verabredet sind, nicht sehr gut kennen oder Grund haben, sich in seiner Gegenwart unbehaglich zu fühlen

- verabreden Sie sich mit ihm nur an sicheren, belebten Orten; vermeiden Sie abgelegene Treffpunkte.
- nehmen Sie entweder Ihr eigenes Auto oder organisieren Sie selbst, wie Sie zum Treffpunkt und danach wieder nach Hause kommen.
- kleiden Sie sich angemessen. Informieren Sie sich, wie die anderen sich anziehen werden, und wählen Sie einen ähnlichen Stil, bis Sie Ihren Begleiter besser kennen.
- lassen Sie die Finger von Alkohol und Drogen. Wenn Sie sich in Gegenwart dieses Mannes nicht vollkommen sicher fühlen, müssen Sie all Ihre Sinne beisammen haben. Betäuben Sie sich also nicht mit Alkohol.
- hören Sie auf Ihre innere Stimme. Fühlen Sie sich mit Ihrem Begleiter unbehaglich, gehen Sie nach Hause.
- teilen Sie sich Ihrem Begleiter ehrlich und in aller Deutlichkeit mit. Sagen Sie ihm von vornherein, was Sie erwarten und was nicht.

- unternehmen Sie, wenn möglich, etwas im Freundeskreis, bis Sie den Mann besser kennen. In Gesellschaft anderer sind Sie sicher.
- bevor Sie ausgehen, planen Sie den Ablauf. Verabreden Sie mit jemandem, daß er oder sie Sie abholt, falls Sie eine Mitfahrgelegenheit brauchen. Sorgen Sie wenigstens dafür, daß Sie genügend Geld für ein Taxi dabeihaben. Lernen Sie die Nummer Ihrer Telefon-Kreditkarte auswendig oder nehmen Sie genügend Kleingeld zum Telefonieren mit.
- glauben Sie an sich selbst. Treffen Sie keine Verabredung mit jemandem, mit dem Sie eigentlich nichts zu tun haben wollen. Ein Abend allein zu Hause ist um einiges besser als einer mit einem Mann, der Ihnen unsympathisch ist und in dessen Gegenwart Sie sich unwohl fühlen.

Niemand darf einer Frau vorwerfen, sie sei selbst schuld, daß sie vergewaltigt wurde. Eine Frau, die raucht oder in der Sonne liegt, verdient es schließlich auch nicht, an Krebs zu erkranken. Keine von uns verdient eine Vergewaltigung, aber wir müssen unser Leben verantwortungsvoll gestalten, um die Wahrscheinlichkeit, daß es dazu kommt, zu verringern.
Aus Studien und Umfragen unter Studenten im ganzen Land (USA) wissen wir, daß Männer einige Verhaltensweisen als Signal dafür interpretieren, daß eine Frau mit ihnen Geschlechtsverkehr haben will, auch wenn das überhaupt nicht in ihrer Absicht liegt. Darunter fallen zum Beispiel:

- wenn sie sich aufreizend kleidet;
- wenn sie einwilligt, ihn in seine Wohnung zu begleiten;
- wenn sie Alkohol oder Drogen konsumiert;
- wenn sie ihn einlädt, mit ihr auszugehen;
- wenn er Restaurantrechnung, Kinokarte etc. bezahlt.

Eine sexuelle Beziehung, die nicht nur auf Oberflächlichkeit basiert, muß auf gegenseitigem Respekt und auf der Achtung der Wünsche des Gegenübers beruhen. Falls Sie beide auf sexueller Ebene vollkommen verschiedene Bedürfnisse haben, ist es besser, wenn Sie sich trennen, ehe Sie zuviel in die Beziehung investieren, denn die Sexualität wird zwischen Ihnen immer ein Problem bleiben.
Wenn ein Mann sich einer Frau gegen ihren Willen sexuell nähert, ist das eine Vergewaltigung, und Vergewaltigung ist ein Verbrechen. Vielleicht halten manche Männer das für unfair. Möglicherweise denkt ein Mann, er habe das Recht, sich einer Frau aufzudrängen, doch das Gesetz besagt, daß er sich der Vergewaltigung schuldig macht, wenn er mit einer Frau gegen deren Willen Geschlechtsverkehr hat. Dabei spielt es keine Rolle, was sie trägt, wie viele Liebhaber sie bereits hatte, ob sie ihn erregt oder ob sie ihm versprochen hat, mit ihm zu schlafen. Vielleicht ist sie unfair mit ihm umgesprungen und hat einige schwere Fehler begangen, aber sie verdient es trotzdem nicht, vergewaltigt zu werden. Viele Männer teilen diese Auffassung nicht. Aber gleichgültig, wie leidenschaftlich sie sich auch dagegen wehren, bleibt das Gesetz doch bestehen: Vergewaltigung ist ein Verbrechen, und wenn ein Mann eine Frau vergewaltigt, kann er dafür ins Gefängnis kommen.
Der Gedanke an eine Haftstrafe wirkt auf junge Männer zweifellos sehr abschreckend und motiviert sie, sich sexuell zurückzuhalten. Männer können sich einigen Ärger ersparen, wenn sie sich an einige grundlegende Richtlinien halten:

- Zwingen Sie eine Frau nie gegen ihren Willen zum Geschlechtsverkehr. Wenn sie aufhören will, hören Sie auf. Es gibt keine Entschuldigung, wenn Sie Ihre Gefühle und Triebe nicht unter Kontrolle haben und auf eine Frau Druck ausüben.

- Wenn eine Frau »nein« sagt, gehen Sie davon aus, daß sie dies auch meint.
- Wenn Sie von einer Frau doppeldeutige Signale über ihre sexuellen Bedürfnisse empfangen, fragen Sie nach, und halten Sie sich an ihre Aussagen. Will sie weiter gehen, als es Ihnen recht ist, teilen Sie ihr das mit.
- Reden Sie sich nicht ein, Sie wüßten besser als die Betreffende selbst, was eine Frau will. Sitzen Sie nicht dem alten Mythos auf, eine Frau brauche nichts weiter als Sex.

Wenn Sie von mehr als einem Täter angegriffen werden

Bei diesen Vergewaltigungen sind fast immer Alkohol und Drogen im Spiel. Oft wird die Tat vorausgeplant; die Täter warten nur auf ein Opfer und eine günstige Gelegenheit.
Die Regeln zur Vermeidung einer Vergewaltigung durch einen Einzeltäter treffen ebenso – vielleicht noch in höherem Maße – zu, wenn Sie von mehreren Männern bedroht und belästigt werden. Halten Sie sich nie allein in Gegenwart mehrerer Männer auf, sondern bleiben Sie in der Nähe einer Freundin. Falls sie von einer Party früher nach Hause gehen möchte und Sie sonst niemanden kennen, gehen Sie auch. Bleiben Sie nicht allein auf der Party. Falls Sie allein mit einer Gruppe von Männern sind, von denen Sie sich bedroht fühlen, behalten Sie die Kontrolle. Trinken Sie nicht, und nehmen Sie keine Drogen, wenn Sie mit den Örtlichkeiten oder der Situation nicht vertraut sind. Gehen Sie so schnell wie möglich weg.
Sind Sie gezwungen, sich körperlich zur Wehr zu setzen, werden Sie auf größere Schwierigkeiten stoßen, als wenn Sie es nur mit

einem einzelnen Täter zu tun haben; das trifft besonders dann zu, wenn die Angreifer sportlich trainiert sind.

Aber vergessen Sie nicht: Sie sind nicht hilflos. Sie können schreien, Aufmerksamkeit erregen und den Männern unmißverständlich klarmachen, daß sie im Begriff sind, eine Vergewaltigung zu begehen – und eine Vergewaltigung ist ein Verbrechen. Versuchen Sie, mit einem der Täter Blickkontakt aufzunehmen, und bitten Sie ihn, Hilfe zu holen. Gelingt es Ihnen, wenigstens einen von ihnen auf Ihre Seite zu ziehen und sich aus der Rolle des Objekts zu befreien, schaffen Sie es vielleicht, der Situation ein Ende zu bereiten.

»In den Jahren zwischen 1983 und 1986 lagen die Anzeigen gegen Fußball- und Basketballspieler von Universitäten, die der Nationalen College-Liga (NCAA) angeschlossen sind, etwa 38 Prozent höher als bei sonstigen männlichen Studenten.«

Richard Hofmann,
Sportreporter bei der *Philadelphia Daily News*

Es ist kaum zu glauben

Es ist schwieriger, die Gefahr zu erkennen, die sich in einer Situation mit einem Bekannten entwickeln kann, als dies bei einem Fremden der Fall wäre. Da uns die Menschen, die wir kennen, das Gefühl der Sicherheit geben, sind wir uns der Gefahr normalerweise nicht bewußt und reagieren vielleicht nicht so nachdrücklich, wie es in der Situation angebracht wäre.

Das Mädchen, das in einem Zimmer in einem Studentenwohnheim vergewaltigt wurde – nebenan befanden sich Menschen, die ihr hätten helfen können –, schrie nicht, da sie keine Szene machen wollte. Ein anderes Mädchen wurde von einem Jungen vergewaltigt, der weder größer noch stärker war als sie selbst. Aber sie wehrte sich nicht, denn sie »wollte ihm nicht weh tun«. Und wieder ein anderes Mädchen fühlte sich schuldig und ließ die Vergewaltigung über sich ergehen, als der Junge, mit dem sie verabredet war, ihr sagte, er könne sich einfach nicht mehr beherrschen.

Wir sind in keiner Weise für das Wohlergehen unserer Vergewaltiger verantwortlich. Zuallererst müssen wir uns um unsere eigene Sicherheit kümmern. Schließlich sind diesen Männern unsere Bedürfnisse und Wünsche völlig gleichgültig. Vergewaltigung ist ein scheußliches, erniedrigendes Verbrechen, und die Täter verdienen unsere Freundlichkeit und Anteilnahme nicht.

Kurz zusammengefaßt:

1. Oft ist es schwierig, die Gefahr zu erkennen, die von einem Bekannten ausgeht, besonders wenn es sich um eine Autoritätsperson wie einen älteren Verwandten oder einen Lehrer handelt.
2. Potentielle Vergewaltiger im Bekanntenkreis weisen für gewöhnlich bestimmte Verhaltensmerkmale auf, die man erkennen kann. Viele dieser Eigenschaften stehen mit dem Bedürfnis nach Macht und Kontrolle in Zusammenhang.
3. Finden Sie heraus, wie ein Mann, mit dem Sie sich verabreden möchten, unter verschiedenen Bedingungen reagiert, ehe Sie mit ihm ausgehen.
4. Seien Sie vorsichtig bei eskalierender Gefahr, und reagieren Sie bei: Mißachtung des persönlichen Freiraums; unerwünschtem Körperkontakt; dem Versuch, Sie an einen abgelegenen Ort zu bringen.
5. Männer und Frauen müssen mehr über Vergewaltigung ler-

nen. Männer sollten wissen, daß eine Vergewaltigung unter allen Umständen ein Verbrechen ist.

6. Eine gerechtfertigte Vergewaltigung gibt es nicht.
7. Wenn Sie den Mann, mit dem Sie sich verabreden, nicht sehr gut kennen, stellen Sie für sich einige Verhaltensregeln auf: Treffen Sie sich nur an belebten Orten, kümmern Sie sich um eine Fahrgelegenheit, kümmern Sie sich um jemanden, den/die Sie im Notfall anrufen können, teilen Sie sich Ihrem Begleiter klar und nachdrücklich mit.
8. Vermeiden Sie Situationen, die einen Mann zu der Fehleinschätzung bringen könnten, es sei in Ordnung, sich Ihnen sexuell aufzudrängen. Willigen Sie nicht ein, ihn in seine Wohnung zu begleiten, betrinken Sie sich nicht, lassen Sie nicht zu, daß er für alles bezahlt, kleiden Sie sich nicht aufreizend.
9. Frauen, die aus dem Elternhaus ausziehen, müssen die Regeln ihrer Eltern durch ihre eigenen ersetzen.
10. Konsumieren Sie in Situationen oder in Gegenwart von Menschen, die Ihnen nicht vertraut sind, weder Alkohol noch Drogen.
11. Seien Sie besonders in Gegenwart von mehreren Männern vorsichtig.
12. Vergessen Sie nicht, daß Sie unveräußerliche Rechte haben und für diese kämpfen können.

Anmerkung: Es ist ein bedauerliches Symptom unserer Gesellschaft, daß eine Frau sich vorbereiten muß, ehe sie eine Verabredung mit einem Mann trifft. Allerdings kann ein bißchen Planung genau den Unterschied zwischen dem Beginn einer wunderbaren Beziehung und dem Beginn eines Alptraums bedeuten.

Übung 1

Wenn ein Mann Sie fragt, ob Sie mit ihm ausgehen möchten, und Sie sich nicht sicher sind, ob Sie zusagen sollen, machen Sie eine Liste all der Eigenschaften, die Ihnen an ihm gefallen. Dann machen Sie eine Liste all derjenigen Eigenschaften, die Sie nicht an ihm mögen. Vergleichen Sie Ihre Liste mit der auf Seite 92 f.

Mir gefällt:

____

____

____

Mir gefällt nicht:

____

____

____

Nun fragen Sie sich ehrlich: Ist er aggressiv? Fordernd? Eifersüchtig? Ist er gegenüber Ihren Gefühlen und Bedürfnissen sensibel? Können Sie sich vorstellen, daß Sie es in Gegenwart dieses Mannes mit der Angst zu tun bekommen? Können Sie ihm vertrauen, daß er Sie nicht in eine Situation bringt, in der Sie sich unwohl fühlen?

Übung 2

Üben Sie, eine Verabredung abzulehnen. Viele Frauen verabreden sich mit Männern, auf deren Gesellschaft sie eigentlich keinen Wert legen, nur weil sie den Betreffenden nicht verletzen wollen. Aber Sie können sich nicht um jeden Menschen auf der Welt kümmern. Wenn jemand Sie bittet, mit ihm auszugehen, und wenn Sie aus irgendeinem Grund keine Lust dazu haben, sagen Sie einfach: »Nein danke«, und unternehmen

Sie etwas mit Ihren Freundinnen. Vielen von uns fällt das sehr schwer. Man hat uns eingetrichtert, daß ein Mann – irgendein Mann – besser ist, als allein zu Hause zu bleiben.

Übung 3

Wenn Sie überlegen, ob Sie mit einem Mann ausgehen sollen, setzen Sie sich hin und entwerfen Sie ein ideales und ein schlimmstmögliches Szenario für diesen Abend. Treffen Sie Vorkehrungen, damit es nicht zum Schlimmsten kommt.

Am besten sollte dieser Abend so verlaufen: ______________________

____

____

____

Schlimmstenfalls könnte dieser Abend so verlaufen: ______

____

____

____

Damit es nicht dazu kommt, werde ich: ____________

____

____

____

6. Kapitel: Wie kann ich einem Opfer helfen?

Als meine Schwester vergewaltigt wurde, hätte ich am liebsten die Bettdecke über den Kopf gezogen und geweint. Ich wollte niemanden sehen, ich wollte nicht darüber sprechen, und ich wollte auf keinen Fall meiner Schwester gegenübertreten. Doch dann wühlte ich mich aus Verantwortungsgefühl und Liebe zu meiner Schwester unter meinen Decken hervor und fuhr zu ihr. Auf der Fahrt überlegte ich, was ich sagen sollte. Ich hoffte und betete, daß mir einige weise Worte einfallen würden. Als ich ankam, hatte ich mich schon wieder einigermaßen gefaßt.

In der Auffahrt standen bereits einige Autos, woraus ich schloß, daß sich Freunde und Verwandte schon versammelt hatten. Langsam ging ich ins Haus, und als meine Schwester mir entgegenkam, brach ich in Tränen aus. Während wir dastanden und einander fest umarmten, drang mir der Schrecken, den sie erlebt hatte, wie ein Messer mitten ins Herz, und ich wußte, es würde nie mehr so sein wie vorher.

Es war fast wie bei einer Beerdigung. Die Leute hatten Essen mitgebracht, saßen in kleinen Gruppen beieinander und unterhielten sich leise. Niemand lachte oder plauderte. Die Tragödie hatte uns zusammengeschweißt, wir alle wollten helfen und wünschten uns verzweifelt, daß alles bald wieder beim alten sein würde.

Alles zu tun, damit es bald wieder wie vorher ist, ist eine häufige Reaktion derjenigen, die versuchen, einem Vergewaltigungsopfer zu helfen. Allerdings ist es nicht immer die beste Reaktion. Das wichtigste ist, daß Sie einem Opfer Liebe und Unterstützung anbieten, doch Sie können noch mehr tun, um einer Freundin über diese traumatische Erfahrung hinwegzuhelfen.

»Nichts isoliert einen Menschen mehr als der Schmerz durch einen Übergriff. Das Opfer ist gezwungen, sich und seine Welt zu hinterfragen, denn der Übergriff hat sein Urvertrauen zerstört: Das Gefühl, vertrauen zu können, und das Gefühl, das eigene Leben unter Kontrolle zu haben.«

The Crime Victims Book
von Dr. Morton Bard und Diane Sangrey

Während wir lernen, eine Vergewaltigung dadurch zu vermeiden, daß wir stark, selbstbewußt und selbstsicher sind, müssen wir ebenfalls lernen, mit den Überlebenden dieses Verbrechens mitfühlend, einfühlsam und fürsorglich umzugehen.

Jede Frau sollte wissen, wie sie einem Vergewaltigungsopfer helfen kann. Genauso wie wir die Mund-zu-Mund-Beatmung, das Stillen einer Blutung oder Rettungsschwimmtechniken lernen, müssen wir wissen, wie wir mit einem Vergewaltigungsopfer umgehen. Wenn eine Frau von Freundinnen und Verwandten unterstützt wird, kann das für sie den Unterschied zwischen jahrelangem Leid oder dem Lernen aus dieser Erfahrung und persönlicher Weiterentwicklung bedeuten.

Der Umgang mit einer Frau, die durch einen sexuellen Übergriff traumatisiert wurde, ist schwierig. Die meisten von uns reagieren in dieser Situation zuerst einmal ichbezogen: Wir trauern, weil einer Frau, die wir kennen, so etwas geschehen ist, aber wir fühlen uns auch in stärkerem Maße verletzlich. Besonders wenn das Opfer eine Frau aus unserer unmittelbaren Nachbarschaft ist, denken wir uns zuerst: »Es hätte auch mich treffen können.« Niemand stellt sich gern dieser Tatsache. Als ich zuhörte, wie

meine Schwester von ihrer Vergewaltigung erzählte, konnte ich mich der traurigen Realität nicht entziehen, daß auch guten Menschen schreckliche Dinge widerfahren.
Wenn wir uns mit den Opfern befassen, ist – zumindest kurzfristig – unsere friedliche Existenz bedroht. Deswegen würden wir uns am liebsten abwenden; wir wollen, daß alles wieder ruhig und friedlich ist. Doch nur wenn wir uns der Realität Vergewaltigung stellen und uns mit ihren Ursachen und Folgen auseinandersetzen, werden wir dafür sorgen können, daß sie aufhört zu existieren.

Aber ich will nicht, daß es jemand erfährt

Nur etwa die Hälfte aller vergewaltigten Frauen sprechen mit einer Freundin, ihrer Familie oder den Strafverfolgungsbehörden über ihr Erlebnis.
Es gibt viele Gründe, warum Frauen eine Vergewaltigung oder einen sexuellen Übergriff nicht anzeigen: Wegen der Art dieses Verbrechens glauben viele Frauen, sie hätten die Vergewaltigung selbst verschuldet.
Einige machen sich auch Sorgen über die Reaktion ihrer Familie. Nach einer Studie des National Victim Center aus dem Jahr 1992 befürchten neunundsechzig Prozent aller Frauen, die Opfer eines Übergriffs wurden, die Schuld an der Vergewaltigung zu bekommen. Möglicherweise haben sie Schuldgefühle, weil sie allein mit einem Mann eine Party oder ein Lokal verlassen haben, weil sie vielleicht aufreizend gekleidet waren, oder weil sie Alkohol oder Drogen konsumierten.

Helen wußte, daß ihre Eltern mit Richard nicht einverstanden waren, doch mit einem Achselzucken sagte sie sich, daß sie das nicht interessierte. Sie waren immer so streng und wollten nicht, daß sie sich amüsierte. Deswegen hatte sie ihnen auch gesagt, sie werde Sally besuchen. Aber in Wirklichkeit würde Richard sie am Einkaufszentrum abholen. Er hatte ihr einen lustigen Abend versprochen, »einen Abend, den sie nie mehr vergessen würde«, wie er es ausdrückte, und Helen zitterte schon vor Aufregung.

Als Richard sie abholte, küßte er sie heftig auf den Mund. »Bist du bereit?« fragte er.

»Bereit für was?« lachte Helen.

»Sei kein Frosch, Helen. Ich weiß, daß du es schon die ganze Zeit willst. Und heute haben wir unsere große Chance.«

Auf einmal wurde Helen klar, wovon er redete, und sie zitterte wie Espenlaub. »Nein, Richard, ich will nicht. Halt an, ich möchte aussteigen.«

Aber Richard packte sie nur am Arm und zog sie heftig zu sich hinüber. »Jetzt benimm dich nicht wie ein Baby. Warum bist du heute abend mitgekommen, wenn du es nicht willst?«

Er fuhr aus der Stadt hinaus und hielt oben auf einem Hügel am Ende eines alten, selten befahrenen Feldweges an. Inzwischen war Helen in Tränen ausgebrochen. Sie flehte ihn an, sie nach Hause zu fahren, aber er ignorierte sie. Erst nachdem er sie vergewaltigt hatte, brachte er sie nach Hause.

Unter Schock und benommen vor Schmerzen, taumelte Helen aus dem Auto. Als ihre Mutter ihr die Tür öffnete, fiel Helen ihr wild schluchzend in die Arme. Mit tränenerstickter Stimme erzählte sie ihre Geschichte.

Die Eltern hörten ihr zu. Dann sagte ihr Vater: »Nun, Helen, es tut uns leid, daß dir so etwas passieren mußte. Aber wir haben dir doch gesagt, du sollst nicht mit diesem Jungen ausgehen. Wir wußten, daß es soweit kommen würde. Ich glaube, jetzt hast du deine Lektion gelernt.«

Leider ist Helens Geschichte nicht ungewöhnlich. Gerade jüngere Vergewaltigungsopfer müssen sich oft mit vorwurfsvollen Fragen auseinandersetzen: »Nun, was erwartest du, wenn du dich so anziehst?« Diese jungen Mädchen, die unsere besondere Fürsorge verdienen, bekommen oft vermittelt, mit ihrer Schuld und ihrer Schande allein auf der Welt zu sein.

Junge Frauen beschließen häufig, niemandem von einer Vergewaltigung zu erzählen, da sie meinen, daß ihnen sowieso keiner glauben wird – besonders dann, wenn der Täter unter ihren Altersgenossen ein hohes Prestige genießt oder sehr beliebt ist. Manche Frauen zeigen sogar eine Vergewaltigung deswegen nicht an, weil sie den Täter nicht in Schwierigkeiten bringen wollen.

Wieder andere Frauen verzichten auf eine Anzeige, weil sie sich einem Rechtssystem, in dem Vergewaltiger nur schwierig zu verurteilen sind, hilflos ausgeliefert fühlen. Da man diesen Frauen keine Anonymität garantiert, wollen sie nicht riskieren, daß ihr Name in den Nachrichten auftaucht und andere Menschen von dem Verbrechen erfahren.

Eine Vergewaltigung anzeigen

Eine Vergewaltigung anzuzeigen ist nicht nur für die Genesung des Opfers wichtig; ohne eine Anzeige wird der Täter nicht festgenommen. Wenn ein Mann immer wieder Frauen vergewaltigt und keine ihn anzeigt, wird er immer frecher werden und immer weniger Angst vor Entdeckung haben.

Eine Vergewaltigung kann man auf verschiedene Art und Weise anzeigen. Laut Aussage von Andrea Parrot, Autorin von *Acquaintance Rape and Sexual Assault*, kann eine Frau Strafanzeige stellen oder den Täter in einem Zivilprozeß auf Schmerzensgeld und Übernahme der Therapiekosten verklagen. (Zur

Rechtslage in Deutschland geben die Frauenbeauftragten bei der Polizei Auskunft; siehe Anhang.) Ist sie Studentin, kann und sollte sie das Verbrechen bei der Universitätsleitung melden.
Jedesmal, wenn eine Frau eine Vergewaltigung nicht anzeigt, jedesmal, wenn wir ein Opfer nicht unterstützen, tragen wir dazu bei, daß sich der Mythos hält, ein Mann habe das Recht, eine Frau zum Geschlechtsverkehr zu zwingen. Jedesmal, wenn wir uns einreden, Vergewaltigung stelle in unserer Gesellschaft kein Problem dar, tragen wir dazu bei, daß sich dieses Problem vergrößert.

Nur 16 Prozent aller Vergewaltigungsopfer zeigen das Verbrechen bei der Polizei an – Studie des National Crime Center aus dem Jahr 1992.

Wie können wir helfen?

Die psychischen Folgen eines Gewaltverbrechens dürfen nicht unterschätzt werden. Dr. Shelley Neiderbach, Gründungsmitglied und Präsidentin der Crime Victims' Counseling Services Inc. vertritt die Auffassung, daß ein Vergewaltigungsopfer eine Reihe verschiedener Gefühle durchlebt: Schuld, Wut, Scham, Demütigung, Angst, Furcht und Hoffnungslosigkeit. Untersuchungen belegen, daß die Opfer von Verbrechen zehnmal häufiger schwere Depressionen entwickeln als der Durchschnittsbürger. Manchmal treten diese bis zu zehn Jahre nach dem Verbrechen auf, und die Genesung hängt hauptsächlich davon ab, wieviel Unterstützung der- oder diejenige erhält.
Auf jeden Fall ist eine Vergewaltigung ein schweres Trauma, und die betroffene Frau sollte therapeutisch betreut werden. In mancherlei Hinsicht ähnelt eine Vergewaltigung einem Todesfall.

Eine vergewaltigte Frau wird jäh aller Illusionen beraubt und muß sich mit ihrer eigenen Sterblichkeit auseinandersetzen. Für viele von uns bedeutet das den Tod unseres Idealismus, den Verlust des Vertrauens und das Ende unserer Naivität.

Der Studie der Zeitschrift *Ms.* zufolge sagen zweiundachtzig Prozent der Vergewaltigungsopfer, das Erlebnis habe sie für immer verändert.

Obwohl eine vergewaltigte Frau immer von Gesprächen mit einer ausgebildeten und erfahrenen Therapeutin profitieren wird, spielt auch die Unterstützung durch eine Freundin eine wichtige Rolle.

Susan Salasin schreibt in *Caring for Victims: An Interview with Steven Sharfstein*: »Es gibt nichts Besseres, als einem Opfer mitfühlend die Hand zu reichen. Zeigen Sie Ihre Anteilnahme … Hören Sie zu. Das wichtigste ist zumindest anfangs die Fähigkeit, die Gefühle eines leidenden Menschen auszuhalten. Freunde und Verwandte von Vergewaltigungsopfern neigen dazu, sich nach den ersten Wochen ›auszublenden‹. Wir alle wollen, daß so rasch wie möglich wieder Normalität einkehrt, und deswegen rationalisieren wir oft, daß ›sie es offenbar sehr tapfer trägt‹.«

Die Organisation Crime Victims' Counceling Services in New York City fand heraus, daß achtzig Prozent der Menschen, die den Opfern von Verbrechen helfen, unter ähnlichen Reaktionen litten: »Nervosität oder Angst; erhöhtes Mißtrauen gegenüber anderen; ein geringeres Gefühl der Sicherheit zu Hause und auf der Straße. Trotzdem bedauern es die meisten Helfer nicht, daß das Opfer sich an sie gewendet hat.«

Shelley Neiderbach,
Invisible Wounds

Bei dem Opfer zu bleiben, immer wieder über die Tat zu sprechen und ständig daran zu denken, verstärkt unser Gefühl der Verwundbarkeit. Meist wünschen wir uns, die ganze Episode würde sich wie durch Zauberhand in Luft auflösen.
Ziehen wir uns aber zu früh zurück, fühlt sich die betroffene Frau isoliert und allein nicht in der Lage, mit ihren Gefühlen umzugehen. Vergessen Sie nicht, daß bei vielen Frauen die Genesung lange dauert. Bleiben Sie bei ihr, solange sie Sie braucht.

Eine Frau, die Opfer einer Vergewaltigung wurde, braucht Hilfe, wenn sie die folgenden Symptome entwickelt:

- Konzentrationsstörungen,
- verändertes Eßverhalten – sie ißt entweder zuviel oder zuwenig,
- Schlafstörungen.

Wenn Sie eine Freundin haben, die vergewaltigt worden ist, können Sie ihr helfen, indem Sie folgendes tun:

- Glauben Sie ihr und machen Sie ihr keine Vorwürfe. Sagen Sie ihr, daß sie sich richtig verhalten hat, weil sie noch am Leben ist. Gleichgültig, wie sie sich verhalten hat, es war eine weise Entscheidung.
- Hören Sie ihr zu. Lassen Sie sie ihre Geschichte erzählen; lassen Sie sie wüten, toben, weinen und schreien.
- Unterstützen Sie sie. Seien Sie Zeugin ihrer Gefühle und Worte, ohne zur Richterin zu werden. Sagen Sie: »Ich höre, wie wütend du bist«, und nicht: »Ich verstehe, daß du so wütend bist, ich wäre es an deiner Stelle auch.«
- Rufen Sie sofort beim Notruf für vergewaltigte Frauen an. Die Wahrscheinlichkeit, einen Täter zu fassen, erhöht sich, wenn Sie Beweismittel sicherstellen können. Bitten Sie Ihre

Freundin, sich nicht Hände und Haare zu waschen, sich nicht die Zähne zu putzen und auch nicht zur Toilette zu gehen. Heben Sie alle Kleidungsstücke auf, die sie zum Zeitpunkt der Vergewaltigung trug. Bei einer Untersuchung wird man versuchen, Spuren von Blut, Sperma, Speichel und Haar des Täters zu finden.

- Begleiten Sie sie ins Krankenhaus, zum Notruf, zur Polizei etc. Vielleicht weiß sie nicht, daß sie Sie braucht, aber sie braucht Sie.
- Versorgen Sie sie körperlich wie jede andere Verletzte oder Kranke. Kochen Sie, bleiben Sie über Nacht, machen Sie sauber, kümmern Sie sich um die Kinder.
- Seien Sie willens, sich mit ihrer eigenen Vergangenheit und ihren Gefühlen auseinanderzusetzen. Verschlimmern Sie ihr Trauma nicht mit Ihren eigenen Problemen. Sprechen Sie mit anderen darüber, wie Sie ihr helfen können. Auch für Sie ist es eine traumatische Erfahrung.
- Ermutigen Sie sie, sich an eine ausgebildete Therapeutin zu wenden.
- Helfen Sie ihr, ihr Leben so rasch wie möglich wieder in den Griff zu bekommen. Fangen Sie mit kleinen Dingen an. Lassen Sie sie entscheiden, was sie essen oder was sie anziehen will. Dann gehen Sie zu wichtigeren Dingen über: Wann soll sie es ihrer Familie erzählen? Will sie den Täter verklagen?
- Sagen Sie ihr nicht, sie soll vergessen. Lassen Sie sie das Trauma auf ihre Weise bearbeiten. Es gibt keine Abkürzungen zur Genesung. Es braucht Zeit und Mut, mit dem Schock eines sexuellen Übergriffs fertig zu werden.
- Besuchen Sie mit ihr einen Selbstverteidigungskurs. So bekommen Sie beide das Gefühl, Ihr Leben in die Hand zu nehmen und Macht und Stärke zu entwickeln. Außerdem können Sie beide auf diese Weise Ihre Wut in einem sicheren Rahmen ausleben.

Niemand wünscht einem anderen Menschen Leid. Niemand freut sich über den Schmerz, den eine Tragödie bedeutet. Doch durch traumatische Erfahrungen entwickeln sich viele von uns geistig und emotional weiter.

Durch einige Tage des Leides können Sie mehr über sich erfahren als durch Jahre friedlicher Harmonie. Erst wenn wir das Gefühl haben, ganz unten zu sein, lernen wir, aus welchem Holz wir geschnitzt sind. In harten Zeiten können wir über uns selbst hinauswachsen.

Bei einer Tragödie können Sie selbst entscheiden, wie nahe Sie diese an sich heranlassen wollen. Sie können sich von ihr niederschmettern lassen und gestatten, daß Sie zu einer zornigen, verbitterten Frau werden, oder Sie können annehmen, daß diese Tragödie – ohne Ihr Verschulden – geschehen ist, und daraus lernen. Eine Tragödie kann uns Mitleid mit den Opfern lehren, denen bereits etwas Schreckliches widerfahren ist, und mit denjenigen, denen es erst noch geschehen wird.

Jede Frau, die – gleichgültig wie – eine Vergewaltigung überlebt, verdient unseren Respekt. Sie hat bewiesen, daß in ihr ein starker Überlebenswille steckt.

Den Willen, zu überleben, kann Ihnen niemand beibringen oder geben. Sie müssen ihn in sich entdecken und nähren. Manche Menschen werden mit einem starken Überlebenswillen geboren und können deshalb ihr Leben mit aller Kraft verteidigen; anderen fällt das nicht so leicht.

Notruftelefone für Vergewaltigungsopfer

In fast jeder größeren Stadt gibt es eine Notrufnummer (siehe Anhang).

7. Kapitel: Den Kindern zuliebe

Margaret war eine ausgezeichnete Fußballspielerin. Trotz ihrer neun Jahre träumte sie bereits davon, einmal in der Oberschulmannschaft zu spielen. In jeder freien Minute übte sie draußen im Garten dribbeln und Tore schießen.

Am Donnerstag nachmittag sagte sie ihrer Mutter, der Trainer habe sie gebeten, heute ein bißchen länger zu bleiben, damit er ihr ein paar Tricks beibringen könne. »Aber du mußt dir keine Sorgen machen. Er hat gesagt, er wird mich nach Hause fahren.«

Margarets Mutter lächelte. »Das ist aber fein, Liebling.« Sie freute sich zwar sehr, daß ihre Tochter eine so ehrgeizige Fußballerin war, aber als alleinerziehende Mutter hatte sie nicht immer Zeit, Margaret zum Training zu fahren.

Als Margaret endlich nach Hause kam, war es bereits dunkel. Die Mutter, die sich schon Sorgen gemacht hatte, war erleichtert, als sie die Hintertür klappen hörte. »Wie war's im Training?« rief sie, aber Margaret nuschelte nur: »Ganz nett«, lief in ihr Zimmer und schloß die Tür.

Die Mutter eilte ihr nach. »Hast du was?« fragte sie.

Doch Margaret antwortete nur mit leiser Stimme. »Es ist alles in Ordnung. Das Training war nur ziemlich anstrengend.«

Im Laufe der nächsten Wochen jedoch wurde immer deutlicher, daß mit Margaret etwas nicht in Ordnung war. Sie machte einen deprimierten und unruhigen Eindruck und hatte – was noch besorgniserregender war – auf einmal das Interesse am Fußball verloren. Sie weigerte sich, am Training und an den Turnieren teilzunehmen, und wollte auch nicht darüber sprechen.

Da ihre Mutter glaubte, daß es sich nur um eine vorübergehende Phase handelte, bestand sie darauf, daß Margaret weiter das Training besuchte. Doch schließlich wurde es so schlimm mit Margaret, daß die Mutter beschloß, sich selbst mit dem Trainer zu unterhalten. Eines Tages ging sie früher als sonst von der Arbeit weg, um Margaret vom Fußballplatz abzuholen.
Es dauerte einige Zeit, bis sie Margaret gefunden hatte. Offenbar waren die anderen schon nach Hause gegangen. Nur Margaret und ihr Trainer waren noch da, und als die Mutter sie entdeckte, stieß sie einen Schrei aus. Sie standen – fast verborgen vor Blicken – hinter einigen Bäumen, und der Trainer betatschte das kleine Mädchen und zerrte an ihren Kleidern. Margaret liefen Tränen die Wangen hinab.

Im April 1992 veröffentlichte das Crime Victims Research and Treatment Center neue Zahlen zum Thema Vergewaltigung, und zu aller Entsetzen waren sie fünfmal so hoch wie die des Justizministeriums aus dem Jahre 1985. Das erschreckendste Ergebnis allerdings war die unglaublich hohe Zahl von kleinen Mädchen, die hierzulande Opfer einer Vergewaltigung geworden waren.

Bei 29 Prozent aller Vergewaltigungen ist das Opfer jünger als neun Jahre; bei 32 Prozent zwischen elf und siebzehn Jahre alt. Das bedeutet, daß 61 Prozent aller Vergewaltigungsopfer in den Vereinigten Staaten siebzehn Jahre und jünger sind.

Wie spreche ich mit Kindern über Vergewaltigung?

Ich hätte nie gedacht, daß ich mich mit meinen Kindern zusammensetzen und mit ihnen über Vergewaltigung würde sprechen müssen. Selbstverständlich wollte ich mit ihnen über Sexualität reden und hatte mir schon seit Jahren ausgemalt, wie ich ihnen das Wunderbare daran erklären würde. Allerdings wurde mir erst vor einigen Jahren klar, wie viele Kinder hierzulande Opfer einer Vergewaltigung werden.

Also blieb mir als verantwortungsvoller Mutter keine Wahl. Ich mußte mit meinen Kindern offen über sexuellen Mißbrauch und Vergewaltigung sprechen – was das Wort bedeutet, wer die Täter sind, und was sie tun können, um sich zu schützen.

Für Kinder ist eine Vergewaltigung nur schwer vorstellbar, besonders wenn es sich bei dem Täter um jemanden handelt, den sie kennen – wie es bei der überwiegenden Mehrzahl aller Vergewaltigungen von Kindern der Fall ist. Man darf die Folgen, die eine Vergewaltigung oder sexueller Mißbrauch für Kinder beiderlei Geschlechts hat, nicht unterschätzen. Viele der Mädchen wissen nicht einmal, daß sie vergewaltigt worden sind. Möglicherweise willigt ein Mädchen in den Geschlechtsverkehr mit dem Lehrer ein, weil sie es nicht gewöhnt ist, sich einer Autoritätsperson zu widersetzen. Vielleicht ist es ihr einfach nicht möglich, sich zu wehren, da sie verwirrt und verängstigt ist oder sich sogar schuldig fühlt. Manchmal laufen vergewaltigte Kinder und Jugendliche von zu Hause fort oder flüchten sich in Drogen- und Alkoholkonsum; einige begehen sogar Selbstmord.

Daß Sie mit Ihren Kindern über Vergewaltigung sprechen, ist ebenso wichtig, wie mit ihnen über Drogen, Alkohol, Sexualität oder Aids zu reden. Da unter Jugendlichen, was Vergewaltigung durch Bekannte betrifft, ein erhebliches Informationsdefizit

herrscht, ist es unbedingt notwendig, sich mit ihnen darüber zu unterhalten.
Die Grundlage für ein Gespräch über Vergewaltigung und Sexualität (oder jedes andere wichtige Thema) ist absolute Offenheit und Ehrlichkeit. Sie müssen Ihren Kindern sagen, daß

- Sie ihnen zuhören, wenn sie Ihnen etwas anvertrauen;
- Sie ihnen glauben;
- Sie für sie da sind.

Dann müssen Sie Ihren Worten entsprechend handeln. Ein offenes Gespräch zwischen Eltern und Kindern kann sowohl Ihnen als auch Ihren Töchtern und Söhnen viel Leid ersparen. Nehmen Sie sich Zeit, um mit Ihren Kindern zu sprechen, und sprechen Sie wirklich *mit* Ihnen. Halten Sie keine Predigten und Vorträge. Das Wissen, ein sicheres Heim zu haben, in das sie sich zurückziehen können, ist für Kinder sehr wichtig.
Beachten Sie es, wenn sich das Verhalten Ihres Kindes ändert. Wenn Ihre Tochter (oder Ihr Sohn – auch Jungen können Opfer sein) unruhig wird, abnimmt oder einen deprimierten Eindruck macht, finden Sie heraus, woran es liegt. Fordern Sie keine Antworten, ermutigen Sie Ihr Kind zum Sprechen, und durchdenken Sie seinen Alltag, um festzustellen, ob alles in Ordnung ist.

Gespräche mit kleinen Kindern (fünf bis zehn Jahre)

Wenn Sie ein Elternteil eines kleinen Kindes sind, müssen Sie mit ihm über Vergewaltigung und sexuellen Mißbrauch sprechen. In diesem Alter sind Jungen und Mädchen gefährdet, und wir können nicht nur dasitzen und beten, daß unser Kind verschont bleiben wird. Statt dessen müssen wir vorbeugende Maßnahmen ergreifen und unseren Kindern beibringen, wie sie sich schützen können.

Vergessen Sie nicht, daß Vergewaltigung etwas mit Macht zu tun hat; ein Vergewaltiger sucht sich ein Opfer, das ihm schwach vorkommt und das sich leicht einschüchtern läßt, und Kinder erfüllen diese Voraussetzungen am besten.

Für das Gespräch mit Ihrem Kind wählen Sie einen Zeitpunkt, wenn Sie sich entspannt fühlen und nicht unter Zeitdruck stehen. Auch Ihr Kind sollte ausgeglichen und erholt sein. Was Sie zu sagen haben, ist zu wichtig, um nur halb gehört zu werden.

Zuerst können Sie Ihrem Kind einige Fakten mitteilen, zum Beispiel:

- Auch guten Menschen können schlechte Dinge geschehen.
- Auf der Welt gibt es Menschen, die Schlechtes tun.
- Es gibt gutes und schlechtes Anfassen. Nur ein Arzt/eine Ärztin hat das Recht, dich an den Geschlechtsteilen anzufassen, und selbst dann kannst du fragen, ob ich dabeisein darf, wenn dir dies angenehmer ist.
- Es gibt Erwachsene, die Kinder an ihren Geschlechtsteilen anfassen, und die Kinder leiden dann darunter. Das ist eine schlechte Sache.
- Wenn jemand so etwas tut, mußt du »Nein! Laß mich in Ruhe!« sagen. Selbst wenn es jemand ist, den du kennst oder

gern hast. Niemand hat das Recht, deine Geschlechtsteile anzufassen oder etwas zu sagen, daß du dich unwohl fühlst.

- Wenn jemand etwas tut, daß du dich unwohl fühlst, also zum Beispiel deine Geschlechtsteile anfaßt oder darüber komische Bemerkungen macht, erzähl es mir.

Kinder müssen sich unbedingt darüber im klaren sein, daß es Menschen gibt, die ihnen Schaden zufügen oder unangenehme Gefühle auslösen können. Sie müssen wissen, daß sie das Recht haben, »nein« zu sagen.

Das müssen Sie ihnen immer wieder sagen, denn es ist von zentraler Bedeutung, daß Ihr Kind es versteht. Es nur einmal zu erwähnen genügt nicht. Ihr Kind muß verstehen, daß es Ihnen immer erzählen soll, wenn jemand etwas sagt oder tut, wobei es sich unwohl fühlt. Es muß wissen, daß Sie ihm zuhören und es ernst nehmen. Was letzteres anbelangt, sind Sie Ihrem Kind den Beweis schuldig, und Sie müssen sich sein Vertrauen noch verdienen.

Außerdem sollten Kinder wissen, daß es nicht ihre Schuld ist, wenn es zu einem solchen Vorfall kommt. Ein Kind, das Opfer einer Vergewaltigung wurde, glaubt fast immer, es habe etwas falsch gemacht.

Falls Ihr Kind Ihnen etwas erzählt, was für Sie auf sexuellen Mißbrauch hindeutet, reagieren Sie ruhig und besonnen. Wenn Sie jetzt den Kopf verlieren, wird Ihr Sohn oder Ihre Tochter ein weiteres Trauma erleiden. Gehen Sie der Sache sofort nach, und wenn es möglich ist, sorgen Sie dafür, daß Ihr Kind sicher untergebracht ist, während Sie Ihre Nachforschungen anstellen.

Berichten Sie Ihrem Kind später, was Sie herausgefunden haben. (»Jane, erinnerst du dich, was du mir über deinen Lehrer erzählt hast? Er hat mit anderen Mädchen das gleiche gemacht. Er wird nie mehr Kinder unterrichten dürfen, denn was er getan hat, ist etwas sehr Schlimmes. Du bekommst einen neuen Lehrer, der nett ist und dir nichts tun wird.«)

Gespräche mit älteren Kindern und Jugendlichen

Wegen ihrer Unbefangenheit, ihrer mangelnden Lebenserfahrung und dem Glauben, daß ihnen nichts Schlechtes geschehen kann, wenn sie selbst nichts Schlechtes tun, sind ältere Kinder und Jugendliche ebenso wie kleine Kinder gefährdet. Außerdem vertrauen junge Menschen anderen Leuten zu rasch und meinen dann, sie hätten deren Absichten falsch verstanden, wenn es zu einem Zwischenfall kommt. Eine weitere Gefahr ist auch in der Tatsache begründet, daß in dieser Altersgruppe viele neue Menschen in das Leben eines Kindes oder Jugendlichen treten: Freunde, Lehrer, Trainer, Mitschüler; es ist unmöglich, sie alle näher kennenzulernen.

Wenn Sie also mit Ihrer Tochter oder Ihrem Sohn sprechen, gehen Sie so weit wie möglich ins Detail. Flüchten Sie sich nicht in allgemeine Aussagen wie »Sei vorsichtig« oder »Sag einfach nein«. Sie müssen ihr und ihm erklären, wovor sie sich in acht nehmen und in welcher Situation sie »nein« sagen sollen.

Am Anfang erklären Sie am besten, was Vergewaltigung ist. Wie Ihre Definition ausfällt, hängt vom Alter Ihrer Tochter (oder Ihres Sohnes) ab. Drücken Sie sich nicht so technisch und abstrakt aus, daß Ihr Kind Sie nicht mehr versteht. Unterhalten Sie sich auf dem Niveau Ihres Kindes. Selbstverständlich kommt es dabei vor allem darauf an, die Aufmerksamkeit Ihres Kindes zu schärfen, ohne daß es dabei ein Opfer von Verfolgungswahn wird. Am besten bleiben Sie sehr sachlich. Auch wenn Sie innerlich vor Wut kochen, zeigen Sie Ihrem Kind nicht,

wie wütend Sie dieses Thema macht: Haben Sie selbst Angst, lassen Sie Ihr Kind das nicht spüren.
Hören Sie Ihrem Kind aufmerksam zu, denn an seinen Antworten können Sie seine Ängste gut erkennen. In allen Gesprächen über Vergewaltigung sollten Sie auch immer hervorheben, daß auch jemand aus dem Bekanntenkreis der Täter sein kann.

Wenn Ihre Tochter anfängt, mit Jungen auszugehen, sagen Sie ihr

- sie hat das Recht, über ihren Körper frei zu verfügen. Es gibt keinen Grund, warum sie zulassen muß, daß jemand sie berührt.
- sie hat das Recht, sich von dem Jungen, mit dem sie ausgegangen ist, jederzeit zu verabschieden oder eine Party zu verlassen, wenn sie lieber nach Hause gehen will.
- sie ist nicht für das Wohlergehen des Jungen, mit dem sie sich verabredet hat, verantwortlich. Es gibt keinen Grund, warum sie mit einem Jungen schlafen muß. Auch dann nicht, wenn er sie beschuldigt, ihn an der Nase herumgeführt zu haben; weil er an diesem Abend viel Geld ausgegeben hat; weil sie nicht mehr Jungfrau ist; weil sie ihn angeblich so erregt, daß er sich nicht mehr kontrollieren kann; weil er ihr droht, sie nie mehr wiedersehen zu wollen; oder weil er schwört, sich umzubringen, falls sie nicht mit ihm schläft.
- sie ist nicht verpflichtet, als Gegenleistung für irgendeinen Gefallen in sexuelle Handlungen einzuwilligen. Ihr Körper gehört ihr allein.

Wenn Ihr Sohn anfängt, mit Mädchen auszugehen, muß er verstehen, daß

- Sexualität das Ergebnis einer Beziehung sein sollte, die auf Liebe und gegenseitiger Achtung basiert.
- er sich nie dem Mädchen, mit dem er ausgeht, sexuell aufdrängen darf.
- er, wenn das Mädchen »nein« sagt, wenn er sexuelle Annäherungsversuche unternimmt, das auch als »nein« akzeptieren und sofort damit aufhören soll.
- er, wenn er sich einem Mädchen oder einer Frau, gleichgültig, welchen Alters, gegen ihren Willen aufdrängt, eine Vergewaltigung begeht, und daß Vergewaltigung ein Verbrechen ist.
- er, wenn er wegen Vergewaltigung verurteilt wird, in ein Erziehungsheim oder ins Jugendgefängnis kommt.

Ein Umstand ist gleichermaßen ermutigend wie frustrierend – viele Vergewaltigungen wären vermeidbar. Wir können Mädchen helfen, sich zu schützen, doch wir alle – Männer und Frauen, Politiker und Politikerinnen, Lehrerinnen und Lehrer, Führungspersönlichkeiten aus Kirchen und Industrie – müssen zusammenarbeiten, um dieser sinnlosen Gewalt gegen unsere Kinder ein Ende zu bereiten. Hilfe wird auf allen Ebenen benötigt: von den einzelnen Bürgerinnen und Bürgern, von dem näheren Personenkreis, vom Bundesland und vom Staat. Und Sie können viel dazu beitragen.

Wie kann ich als einzelne helfen?

- Informieren Sie sich, so gut Sie können, über Vergewaltigung und Selbstverteidigungstechniken. Besuchen Sie einen Selbstverteidigungskurs. Lesen Sie Bücher zu diesem Thema. Seien Sie ein gutes Vorbild, und sprechen Sie mit anderen Frauen und Mädchen. Tragen Sie dazu bei, andere Menschen über dieses Thema und über mögliche Lösungsansätze zu informieren.

- Engagieren Sie sich an der Schule in Ihrem Wohnviertel. Geben Sie Selbstverteidigungskurse für Mädchen auf ehrenamtlicher Basis. Diese Kurse sollten alle Aspekte der Selbstverteidigung – von der Selbstbehauptung bis zum körperlichen Widerstand – einschließen.
- Organisieren Sie auf ehrenamtlicher Basis ein Sportprogramm für Mädchen. Es gibt bereits einige solcher Programme; setzen Sie sich also mit Ihrem nächsten Sportverein oder der Schule in Verbindung, und finden Sie heraus, wie Sie ein solches Programm in Ihrer Nachbarschaft in die Wege leiten können.
- Sprechen Sie mit Ihren Söhnen und Töchtern über Sexualität und Beziehungen zum anderen Geschlecht. Seien Sie offen und ehrlich und teilen Sie ihnen unmißverständlich mit, worum es geht. Impfen Sie ihnen keinen Verfolgungswahn ein, aber vergewissern Sie sich, daß Sie die Probleme und Lösungsansätze kennen.
- Sprechen Sie vor verschiedenen Gruppen über Vergewaltigung; beispielsweise zu Schulkindern, Pfadfindern, anderen Organisationen in Ihrer Nachbarschaft und auch vor Erwachsenen. Erzählen Sie von dem Problem und davon, was jeder tun kann, um zu helfen.
- Wenn Sie Kinder haben, überlegen Sie gut, wie Sie diese erziehen. Unterstützen Sie die alten Rollenklischees, nach denen ein Mann aktiv, eine Frau passiv zu sein hat? Ermutigen Sie Ihre Tochter, sich durchzusetzen, auch wenn das manchmal zu Reibereien in der Familie führt? Ermutigen Sie Ihre Tochter, sich sportlich zu betätigen? Ermutigen Sie Ihren Sohn, alle Seiten seiner Persönlichkeit zu entwickeln, die künstlerische und fürsorgliche ebenso wie die körperliche und aggressive?

Nachbarschaftshilfe

- Finden Sie die Vergewaltigungsstatistiken für Ihr Wohnviertel heraus. Wer wurde vergewaltigt und wo? Diese Daten können Sie normalerweise von dem nächsten Polizeirevier bekommen. Nehmen Sie sich die gefährlichen Ecken vor. Kommt es im Park besonders häufig zu Belästigungen, setzen Sie durch, daß die Gegend besser beleuchtet wird. Sind die Straßen das kritische Gebiet, fordern sie häufigere Polizeistreifen.
- Gründen Sie eine Bürgerinitiative, und sammeln Sie Geld für mehr Sicherheit. Sicherheit kostet oft viel Geld, aber für unsere Kinder ist kein Preis zu hoch. Falls es keine öffentlichen Gelder gibt, wenden Sie sich an Privatfirmen. Aber ehe Sie sich an Unternehmer mit der Bitte um Spenden wenden, machen Sie Ihre Hausaufgaben. Kennen Sie die Statistiken? Konzentrieren Sie sich auf ein oder zwei Veränderungen, die Sie bewirken wollen, und kalkulieren Sie, wieviel das kosten wird. Verhalten Sie sich nicht aggressiv oder emotional. Falls Ihre Bitte abgelehnt wird, lassen Sie sich nicht entmutigen. In unserem Land gibt es genug Geld, und dieses Problem ist wichtig. Machen Sie einfach weiter. Vielleicht können Sie auch öffentliche Gelder vom Bezirksausschuß o. ä. bekommen.
- Information an den Schulen ist eine besonders wichtige, vorbeugende Maßnahme, um den sexuellen Mißbrauch von Schulkindern zu verhindern. Fordern Sie Referenten, die an den Schulen zu den Mädchen und Jungen, bei Elternversammlungen und vor den Lehrern sprechen.
- Wenden Sie sich an die Schulbehörde, damit Sicherheit und Selbstverteidigung in den Lehrplan der Schulen aufgenommen werden. Das kann im Rahmen des Sportunterrichts stattfinden und sollte für alle Schülerinnen und Schüler ver-

bindlich sein. Unterrichtseinheiten zum Thema Verfügungsrecht über den eigenen Körper und Selbstbehauptung sollten bereits in der Grundschule Pflicht werden.

- Veranlassen Sie, daß die Mädchen in Ihrer Nachbarschaft gefördert werden, ihre Kraft und ihr Potential zu entwickeln. Bitten Sie Fitneßcenter oder Karateschulen in Ihrer Nähe, besondere Kurse für Mädchen anzubieten. Die Mädchen sollen dabei Spaß haben. Es ist eine aufregende Erfahrung, zu lernen, stark und unabhängig zu sein.

(Informationen von Staatsministerien und städtischen Einrichtungen: siehe Anhang.)

Teil zwei

Überlebenstaktiken

Vergewaltigung ist ein vermeidbares Verbrechen, und wir können etwas unternehmen, um uns zu schützen. Der zweite Teil dieses Buches ist dazu gedacht, Ihnen die notwendigen Kenntnisse zu vermitteln, aber Sie müssen sich darüber im klaren sein, daß Ihnen diese nicht in den Schoß fallen werden. Sich selbstbewußt zu äußern ist beispielsweise eine Fähigkeit, an der wahrscheinlich viele von Ihnen noch arbeiten müssen. Auch kräftiges Treten werden Sie üben müssen, und Sie werden nicht darum herumkommen, für den Rest Ihres Lebens Sport zu treiben, um in Form zu bleiben.

Um ein Leben ohne Angst zu führen, ist es wichtig, daß Sie sich diese Grundkenntnisse aneignen. Ihr Leben wird dadurch auf vielen Gebieten eine Bereicherung erfahren.

Wenn Sie lernen, klar und deutlich zu kommunizieren, werden Ihre zwischenmenschlichen Beziehungen davon nur profitieren. Wenn Sie besser in Form sind, fühlen Sie sich wacher und lebendiger und haben mehr Energie. Wenn Sie Ihren sechsten Sinn entwickeln, werden Sie mehr über sich, Ihre Kreativität und Ihr Potential an Kraft erfahren.

Die Grundlage jeglicher erfolgreichen Anwendung einer Überlebenstaktik ist der Wille zu leben. Dieser kann nicht erlernt oder erworben werden. Er ist uns allen eigen, und wir müssen ihn pflegen.

Wenn wir uns von der Angst befreien, haben wir die Chance, das Leben in vollen Zügen und in allen Bereichen zu genießen.

8. Kapitel: Benutzen Sie Ihren sechsten Sinn: Intuition, Vorstellungskraft und Aufmerksamkeit

Vor einigen Jahren war ich auf dem Weg zu meinem Arzt, der seine Praxis in einem Bürogebäude in der Innenstadt hat. Da ich erst um vierzehn Uhr meinen Termin hatte, war ich nicht in Eile, ich parkte mein Auto und betrat das Gebäude. Während ich auf den Lift wartete, trat auf einmal ein Mann neben mich. Er sah eigentlich recht nett aus, trug einen Anzug und hatte eine Aktentasche in der Hand. Es bestand kein Grund zu Mißtrauen oder Angst. Doch plötzlich überkam mich eine entsetzliche Furcht, ein fast körperliches Gefühl der Bedrohung. Mein Atem ging schneller, und ich spürte, wie in mir die Panik aufstieg.

Als sich die Aufzugtür öffnete, bedeutete er mir, einzusteigen. Doch irgend etwas sagte mir, daß es für mich entsetzliche Folgen haben würde, wenn ich jetzt in diesen Lift ginge. Ich fühlte mich furchtbar dumm und nuschelte, ich hätte mich wohl im Gebäude geirrt. Er machte ein etwas verblüfftes Gesicht und betrat dann achselzuckend den Lift. Ein Stein fiel mir vom Herzen, als er endlich verschwunden war.

Ich sah diesen Mann niemals wieder und auch nicht sein Foto in der Zeitung oder auf einem Steckbrief im Postamt. Aber ich bin immer noch davon überzeugt, daß ich mich in große Gefahr begeben hätte, wäre ich mit diesem Mann in dem Lift gewesen.

Wir alle verfügen über einen sechsten Sinn, der uns Signale erteilt, die unsere übrigen fünf Sinne nicht vermitteln. Diesen

sechsten Sinn können wir fördern, damit er sozusagen die Funktion unserer internen Alarmanlage übernimmt.
Dieses innere System besteht aus drei Elementen. Das erste ist die Intuition, die uns sagt, wenn etwas nicht stimmt. Wir alle haben von Zeit zu Zeit intuitive Vorahnungen.
Das zweite Element ist die Phantasie. Kreative Vorstellungskraft ist ein einflußreiches psychisches Werkzeug, das viele Menschen – von Profisportlern bis hin zu Vortragskünstlern, Astronauten und Ärzten – bewußt einsetzen.
Das dritte Element ist die Notwendigkeit, daß Sie den Ereignissen und Menschen um Sie herum gesteigerte Aufmerksamkeit schenken müssen.
Zusammen werden diese drei Dinge Sie schützen. Es sind vorbeugende Maßnahmen. Wenn Sie an ihnen arbeiten, können Sie dazu beitragen, daß Ihnen die Tragödie einer Vergewaltigung oder eines sexuellen Übergriffs erspart bleibt.
Wie? Indem Sie auf Ihre innere Stimme hören, werden Sie Menschen besser durchschauen. Sie werden besser einschätzen können, welche Menschen oder welche Situationen Sie meiden sollten, und Sie werden rascher reagieren, wenn Sie das Gefühl haben, in Gefahr zu sein.
Indem Sie Ihre Vorstellungskraft schärfen, werden Sie Ihre größten Ängste zutage befördern und erfahren, daß Sie nicht hilflos sind. Wenn Sie sich vorstellen können, daß Sie selbstbewußt und mit kühlem Kopf handeln, werden Sie auch wissen, wie Sie reagieren müssen, falls Sie überfallen werden. Die Macht der kreativen Phantasie bedeutet, daß wir alles werden können, was wir uns vorstellen.
Eine erhöhte Aufmerksamkeit läßt Sie in stärkerem Maße zur aktiv Beteiligten am Geschehen in Ihrer Umgebung werden. Sie werden nicht mehr wie im Traum herumlaufen, sondern signalisieren, daß Sie eine aufmerksame Frau sind, die die Dinge im Griff hat.

Intuition

Während meiner Recherchen für dieses Buch suchte ich nach einem Aspekt, der allen sexuellen Übergriffen auf Frauen gemeinsam ist, etwas, was jedes Vergewaltigungsopfer erlebt hat. Wahrscheinlich suchte ich nach eindeutigen Anweisungen, durch deren Befolgung sich eine Vergewaltigung hundertprozentig vermeiden ließe.

Natürlich ist es nicht so einfach. Die unterschiedlichsten Frauen werden Opfer einer Vergewaltigung, und die unterschiedlichsten Männer überfallen Frauen in den verschiedensten Situationen. Allerdings scheint es doch in den meisten Fällen ein gemeinsames Element zu geben.

Fast alle Frauen, mit denen ich sprach, und fast alle Fallstudien, die ich las, wiesen darauf hin, daß der Tat ein »komisches Gefühl« bei der Frau vorausgegangen sei, ein inneres Warnsystem, das der Betroffenen sagte, daß etwas nicht in Ordnung war.

Dieses komische Gefühl hat viele Namen: sechster Sinn, Vorahnung, Intuition, innere Stimme. Für eine Frau, die auf diese innere Stimme hört, kann dies bedeuten, daß sie innehält, bevor sie sich in eine bestimmte Situation begibt. Man könnte dieses Gefühl auch den »inneren Schutzengel« nennen.

Ihr innerer Schutzengel ist ein Gefühl, das Sie vor Gefahr warnt. Lernen Sie, darauf zu hören. Vielleicht hängt Ihr Leben davon ab.

Viele Menschen, die bei der Polizei oder beim Militär tätig sind, werden Ihnen bestätigen, daß dieser sechste Sinn schon mehr als einmal ihr Leben gerettet hat. Haben Sie erst einmal gelernt, ihn einzusetzen, werden Sie sich mit der Zeit auch darauf verlassen können.

Frauen, die überfallen wurden, sagen immer wieder, sie hätten das Gefühl gehabt, daß etwas nicht in Ordnung war. Besonders galt dies für Frauen, die von einem Bekannten angegriffen wurden. Diese Frauen ignorierten ihre innere Stimme und trafen Verabredungen mit Männern, in deren Gegenwart sie sich unwohl fühlten. In manchen Fällen überhörten sie diese Stimme auch dann, obwohl ihr Unbehagen im weiteren Verlauf des Abends wuchs, bis die Verabredung mit einer versuchten oder vollendeten Vergewaltigung endete.

Warum? Warum sollte eine Frau ihre eigenen Gefühle ignorieren und weiterhin so tun, als ob alles in bester Ordnung sei? Diese Reaktion hat größtenteils damit zu tun, wie wir erzogen wurden, und sie hängt auch mit unserem Wunsch zusammen, eine zwischenmenschliche Beziehung aufzubauen. Man hat uns gelehrt, nett und charmant zu sein und den Männern zu gefallen. Deswegen braucht eine Frau eine ganze Menge Mut, einen »romantischen« Abend zu stören, indem sie, nur weil sie ein »komisches Gefühl« hat, einfach nach Hause geht.

Blättern Sie zurück, und werfen Sie einen Blick auf die Liste mit den Persönlichkeitsmerkmalen eines Vergewaltigers. Wenn Sie bei dem Gedanken, mit einem bestimmten Mann auszugehen, ein komisches Gefühl bekommen, vergleichen Sie seine Eigenschaften mit dieser Liste.

Männer, die schon bei kleinen Anflügen von Selbständigkeit – wenn Sie zum Beispiel selbst eine Tür öffnen oder für sich selbst bestellen – ungehalten reagieren, senden unmißverständliche Signale. Fangen Sie diese Signale auf, und hören Sie auf Ihre innere Stimme. Sagt sie Ihnen, Sie sollten lieber gehen, tun Sie das so schnell wie möglich. Vertrauen Sie Ihrer inneren Stimme. Rät sie Ihnen, zu verschwinden, bleiben Sie nicht, um den Grund herauszufinden; gehen Sie sofort, und denken Sie später darüber nach.

Ein Merkmal der Intuition ist, daß diese sich mit dem Grad der Dringlichkeit steigert. Möglicherweise hatten Sie schon den ganzen Abend über ein unbehagliches Gefühl, doch wenn die Gefahr akut wird, wird Ihnen Ihre innere Stimme ein deutliches Signal senden, daß Sie sofort handeln müssen.

Wir können es uns nicht leisten, unseren inneren Schutzengel zu ignorieren! Wenn er das gemeinsame Element in fast allen Vergewaltigungsfällen darstellt, müssen wir auf ihn achten.

Es stimmt, daß manche Menschen intuitiver veranlagt sind als andere. Aber es trifft auch zu, daß jede Frau ihre Intuition weiterentwickeln und lernen kann, sie einzusetzen. Eine geschärfte Intuition wird Ihr Leben bereichern. Abgesehen davon, daß sie Sie schützt, wird sie Ihnen auch in anderen Lebensbereichen weiterhelfen.

Von intuitiv begabten Menschen heißt es, sie seien kreativ, selbstbewußt, neugierig und unabhängig. Und viele dieser Eigenschaften helfen, einen sexuellen Übergriff zu vermeiden.

Wir müssen uns die starke, selbstbewußte, unabhängige Frau, die aufmerksam ist, rasch reagiert und ihre Sinne gebraucht, als Beispiel vornehmen. Auf diesen Teil unseres Selbst müssen wir in einer bedrohlichen Situation hören.

Auch Sie können lernen, Ihre intuitiven Fähigkeiten zu entwickeln und zu schärfen. Allerdings dürfen Sie – wie bei jeder anderen Fähigkeit – nicht erwarten, es über Nacht zu lernen.

So schärfen Sie Ihre Intuition

Viele Menschen fühlen sich beim Gedanken an Intuition unbehaglich, da dies die Grenzen des Alltags überschreitet. Der Duden definiert Intuition als »gefühlsmäßige Erkenntnis«. Wir sind jedoch daran gewöhnt, alles nach dem Maßstab des Verstandes zu beurteilen, so daß wir den intuitiven Teil unseres Gehirns manchmal ignorieren oder unterdrücken.

Wenn Sie bei Ihrer ersten Begegnung mit einem Menschen von einem starken Gefühl erfaßt werden, achten Sie darauf.

Damit Sie in einer Notsituation Ihren inneren Schutzengel besser hören, ist es hilfreich, im normalen Alltag auf ihn zu achten. Ehe Sie Ihre innere Stimme einsetzen können, müssen Sie sie zuerst einmal erkennen. Wir alle empfinden spontane Gefühle gegenüber anderen Menschen. Oft wissen wir schon bei der ersten Begegnung, ob wir jemanden mögen oder nicht. Ein gutes Beispiel dafür ist Liebe auf den ersten Blick.

Wenn Sie bei Ihrer ersten Begegnung mit einem Menschen von einem starken Gefühl erfaßt werden, achten Sie darauf: Es spricht Ihre Intuition zu Ihnen. Halten Sie einen Augenblick inne und überlegen Sie, wie Sie sich fühlen. Können Sie den Teil Ihres Körpers ermitteln, wo Sie dieses Gefühl am stärksten spüren? Ist es im Bauch? Im Kopf? Im Herzen? In den Füßen? Menschen spüren die Intuition nämlich in verschiedenen Teilen ihres Körpers.

Wie haben Sie ausgesehen, wie hat Ihre Stimme geklungen, als Sie von diesem Gefühl ergriffen wurden? Hatten Sie auch körperliche Empfindungen wie Herzklopfen, ein Prickeln oder einen plötzlichen Schauder?

Wenn es Ihnen gelingt, intuitive Botschaften mit bestimmten

Signalen zu verbinden, werden Sie sie später leichter wiedererkennen.
Falls Sie sich in einer Situation befinden, in der Ihr innerer Schutzengel Sie quält, resümieren Sie die Situation. Stellen Sie sich einige Fragen:

- Was stört mich? Seien Sie dabei so genau wie möglich.
- Wie reagiere ich körperlich? Ist mir plötzlich kalt oder heiß? Fühlt sich meine Haut komisch an?
- Wovor fürchte ich mich?
- Habe ich den Eindruck, sofort handeln zu müssen?
- Wie würde mein Vorbild einer starken, selbstbewußten Frau mit dieser Situation umgehen?

Es ist möglich, die eigene Intuition in einer sicheren, beruhigenden Umgebung zu üben. Hören Sie beruhigende Musik, meditieren Sie, wählen Sie Aktivitäten, bei denen Sie sich rhythmisch bewegen, wie Gehen, Laufen, Schwimmen, Yoga oder Tai Chi, oder sitzen Sie nur einfach still da, und hören Sie Ihren eigenen Gedanken zu. All das eignet sich gut dazu, intuitive Prozesse in Ihnen anzuregen.
Da Ihr innerer Schutzengel eine sehr große Rolle spielen kann, wenn es um Ihre Sicherheit geht, schulden Sie es sich selbst, Ihre intuitiven Fähigkeiten so gut wie möglich zu entwickeln. Vertrauen ist dabei besonders wichtig. Wenn Sie sich selbst nicht vertrauen, wird es Ihnen schwerfallen, sich auf Ihre Intuition zu verlassen.

Vorstellungskraft

Vor meinem geistigen Auge ist der Mann mittelgroß, blaß und sieht hinterhältig aus. Er packt mich grob am Arm, wenn ich aus der Bibliothek zu meinem Auto haste.

»Warum so eilig?« knurrt er mir ins Ohr.

Ich schnappe nach Luft, und ein Schrei steigt in meiner Kehle auf. Mein Herz klopft, als wolle es jeden Moment zerspringen. Panik ergreift mich.

Ich hole tief Luft, wirble herum, sehe ihm geradewegs ins Gesicht und schreie ihn an – ein lauter Schrei, der tief aus mir emporsteigt.

»Hände weg!« Ich versuche, mich loszureißen.

Aber er packt mich fester und zerrt mich wortlos in Richtung einer Seitengasse.

Einen Augenblick lang gebe ich seinem Ziehen nach und mache sogar einen Schritt auf ihn zu. Mit überraschtem Gesicht dreht er sich zu mir um und läßt für einen Sekundenbruchteil locker. In diesem Moment fange ich wieder an zu schreien: »Hau ab! Du bist an die Falsche geraten, du Arschloch!« Ich hole mit der freien Hand aus, spanne meine Finger an und stoße sie ihm direkt in die Augen. Sie dringen ein. Ich habe die Situation im Griff.

Erschrocken stößt er einen Schmerzensschrei aus, läßt mich sofort los und schlägt die Hände vors Gesicht.

Da er mich nun nicht mehr festhält, packe ich ihn bei der Schulter, drehe mich und schlage ihm den Ellenbogen mit voller Wucht gegen den Kiefer. Sein Kopf zuckt zurück. Während ich ihn immer noch an der Schulter halte, ziehe ich das Knie hoch und lasse es, so fest ich kann, gegen seines krachen. Er stürzt zu Boden und umklammert sein Knie.

Inzwischen schreie ich um Hilfe, stehe da und beobachte ihn. Mein Atem geht stoßweise, ich bin immer noch angespannt und

bereit, wenn nötig, wieder zuzuschlagen. Aber er hat genug. Wimmernd, schluchzend und mit angstverzerrtem Gesicht kriecht er so schnell er kann davon.
Doch er kommt nicht weit. Meine Schreie haben Menschen herbeigerufen; auch einen Polizisten, der dem gescheiterten Vergewaltiger sofort Handschellen anlegt und ihn abführt.

Diese Episode hat sich nur in meiner Phantasie abgespielt, doch ich habe sie immer und immer wieder mit veränderter Tageszeit und verschiedener Art des Angriffs und der Verteidigung durchgespielt: Manchmal liege ich im Bett und wache auf, weil sich jemand über mich beugt; manchmal befinde ich mich in einem leeren Aufzug. Jedesmal spiele ich die Szene bis zum Ende durch. Ich stelle mir bis ins kleinste Detail vor, wie ich mich fühlen, wie ich die Situation an mich reißen, welche Taktik ich einsetzen würde. Welche Manöver würde ich anwenden, was würde ich sagen? Und immer bin ich diejenige, die am Ende triumphiert. Der Täter ist völlig verschüchtert und wird verhaftet, damit er nie mehr eine Frau in Angst und Schrecken versetzen kann.
Wir alle fragen uns, wie wir im Fall eines Angriffs reagieren würden. Falls wir schon einmal überfallen worden sind, überlegen wir uns, was wir das nächste Mal anders machen können. Am besten können wir eine wirkungsvolle und angemessene Reaktion planen, wenn wir uns verschiedene Überfälle vorstellen und uns dann ausmalen, wie wir mit dieser Situation am besten umgehen.
Die Kunst der Vorstellungskraft ist ein wirkungsvolles Werkzeug, das von vielen verschiedenen Menschen eingesetzt wird. In ihrem Buch *Creative Visualization* sagt Shakti Gawain, daß eine erfolgreiche Visualisierung aus drei Elementen besteht: Wunsch, Glaube und Akzeptanz.
Kurz gesagt ist Visualisierung eine Technik, die eine Situation

Wirklichkeit werden läßt, indem man sie sich bis ins kleinste Detail ausmalt. Auch Sportler greifen oft auf diese Methode zurück. Sie stellen sich vor, wie sie schneller laufen, härter zuschlagen, höher springen oder was auch immer tun, um ihr Ziel zu erreichen.

Wir alle können diese Methode anwenden, um die Wahrscheinlichkeit zu erhöhen, daß wir auf einen Angriff angemessen reagieren.

Wenn wir uns genau vorstellen können, wie wir in einer bedrohlichen und kritischen Situation reagieren würden, falls es wirklich dazu kommt, ist die Wahrscheinlichkeit geringer, daß unser Gehirn blockiert und uns nichts mehr einfällt. Sind wir in Gedanken bereits mit einer solchen Situation vertraut, wird unsere Reaktion wirkungsvoller sein können.

Damit diese Methode Erfolg hat, müssen wir uns die betreffende Situation so detailliert wie möglich vorstellen und an die Wirksamkeit unserer Reaktion glauben. Ich bin fest davon überzeugt, daß ich einen Angreifer abwehren könnte, indem ich eine Reihe von Selbstverteidigungstechniken – wie den Stoß ins Auge, den Hieb mit dem Ellenbogen und den Tritt ans Knie – anwende, während ich gleichzeitig schreie, eine Szene mache und die Aufmerksamkeit anderer Menschen auf mich ziehe. Ich weiß, ich werde Angst haben. Ich bekomme schon Herzklopfen, wenn ich nur daran denke. Aber ich weiß auch, daß ich in der Lage bin, mich selbst zu schützen. Ich glaube an mich, und ich werde kraftvoll reagieren, wenn jemand mich angreift.

Wir dürfen, was unsere Sicherheit anbelangt, nicht in Verfolgungswahn verfallen, und wir brauchen auch nicht ständig daran zu denken, daß uns jemand überfallen könnte. Vielmehr erreichen wir durch Information, kreative Vorstellungskraft und eine gute körperliche Verfassung, daß wir aufmerksamer sind und uns selbstbewußt verhalten, und genau dadurch erhöhen

wir unsere Sicherheit. So befreien wir uns von der Angst und können ein ruhigeres und sicheres Leben führen.
Eine erfolgreiche Selbstverteidigung setzt ein bißchen Planung voraus. Wenn Sie sich eine Reihe von Strategien im voraus überlegen, sind die Chancen höher, daß Sie diese auch erfolgreich einsetzen können.

- Setzen Sie sich als klares Ziel: unverletzt zu entkommen.
- Seien Sie in der Lage, das Ausmaß der Bedrohung rasch abzuschätzen. Ist es ein verbaler Angriff? Ein massiver körperlicher? Ist der Mann bewaffnet?
- Verfügen Sie über die nötigen Fähigkeiten, um eine Reihe verschiedener Strategien anzuwenden – Schreien und selbstbewußte Antworten, Davonlaufen, Widerstand durch angemessene Selbstverteidigungsmanöver.

Erhöhen Sie Ihre Aufmerksamkeit!

Am Ende eines langen Arbeitstages ist die Versuchung groß, den »geistigen Autopiloten« einzuschalten und die Erledigungen des Alltags automatisch hinter sich zu bringen. Wie in Trance fahren wir mit der U-Bahn, gehen einkaufen und dann nach Hause. Wir achten nicht auf unsere Umgebung, nehmen sie überhaupt nicht oder nur wie durch einen Schleier wahr.
Doch wenn wir langsam und müde sind und nicht bemerken, was um uns herum geschieht, sind wir am meisten gefährdet. Nehmen wir aber unsere Umgebung bewußt wahr, erhöhen wir den Grad unserer persönlichen Sicherheit beträchtlich.
Außer an Orten, wo Sie sich sicher fühlen, können Sie sich den Luxus nicht leisten, unaufmerksam zu sein. Achten Sie darauf, was um Sie herum vor sich geht. Beobachten Sie Ihre Mitmenschen. Versuchen Sie zu erraten, wer sie sind und was sie tun.

Auf diese Weise bleiben Sie aufmerksam, und je mehr Sie andere beobachten, desto besser können Sie sie auch einschätzen.

Nehmen wir aber unsere Umgebung bewußt wahr, erhöhen wir den Grad unserer persönlichen Sicherheit beträchtlich.

Es gibt viele Spiele und Übungen, um Ihre Aufmerksamkeit und Beobachtungsgabe zu schulen. Wenn Sie einen Raum betreten, schätzen Sie zuerst die Situation ab. Sehen Sie sich um. Stellen Sie fest, wie viele Menschen sich im Raum befinden. Wer kommt Ihnen sonderbar vor? Wo sind die Türen? Wo können Sie hinaus, falls eine Flucht nötig werden sollte? Droht Ihnen eine Gefahr in diesem Raum?
Diese Vorstellung kann sehr komisch sein, wenn Sie Ihr schönstes Abendkleid anhaben und gerade einen Raum voller elegant gekleideter Menschen betreten. Wenn diese Leute wüßten, was Sie in diesem Augenblick denken! Gelingt Ihnen das in einer relativ sicheren Umgebung, wird es Ihnen später sicherlich in einer bedrohlichen Situation nützen.
Auf der Straße schätzen Sie die Männer ab, die Ihnen entgegenkommen. Wie würden Sie sich gegen einen von ihnen zur Wehr setzen? Würden Sie auf die Augen zielen? Oder auf die Knie? Die Hoden? Ist der Betreffende so dick und unsportlich, daß es das beste wäre, einfach schnell davonzulaufen?
Sehen Sie sich um. Ist Hilfe in der Nähe? Sind andere Menschen in Hörweite, die Ihre Schreie bemerken würden? Haben in dieser Straße Läden geöffnet, wo Sie sich verstecken könnten, bis jemand Sie abholt? Gibt es ein Telefon, von dem aus Sie Hilfe herbeirufen können?
Dies sind gedankliche Übungen mit einem festen Ziel.

Kurz zusammengefaßt:

1. Wollen Sie sich erfolgreich verteidigen, müssen Sie alle Ihre Sinne – nicht nur die üblichen fünf – einsetzen.
2. Fast alle Frauen, die Opfer einer Vergewaltigung wurden, berichten, sie hätten vor der Tat ein intuitives Gefühl gehabt, daß etwas nicht in Ordnung ist.
3. Von intuitionsbegabten Menschen heißt es, sie seien kreativ, selbstbewußt, neugierig und unabhängig – viele dieser Eigenschaften vermindern die Wahrscheinlichkeit eines sexuellen Übergriffs.
4. Vertrauen Sie auf Ihre Intuition; sie kann Ihnen das Leben retten.
5. Damit Sie kraftvoll und angemessen reagieren können, stellen Sie sich am besten verschiedene Überfälle vor, und malen Sie sich dann aus, wie Sie mit dieser Situation am erfolgversprechendsten umgehen.
6. Wenn Sie Ihre Umgebung bewußt wahrnehmen, erhöhen Sie den Grad Ihrer Sicherheit beträchtlich.
7. Befinden Sie sich nicht an einem Ort, an dem Sie sich sicher fühlen, können Sie sich den Luxus nicht leisten, apathisch und unaufmerksam zu sein.

Anmerkung: Manche Menschen haben einen besseren Zugang zu ihrem sechsten Sinn als andere, aber wir alle können daran arbeiten. Beispielsweise können wir unsere Beobachtungsgabe schärfen, unsere Intuition weiterentwickeln oder lernen, uns verschiedene Situationen und Reaktionen vorzustellen.

Übung 1

Nachdem Sie einem Mann zum ersten Mal begegnet sind, nehmen Sie sich die Zeit und schreiben Sie auf, was Ihnen zu diesem Menschen einfällt. Listen Sie zuerst alle konkreten Informationen auf: Wo er arbeitet, seine Hobbys, wie er aussieht, was er studiert, wo er wohnt. Und nun schreiben Sie auf, wie Ihre intuitiven Empfindungen sind: Fühlen Sie sich in seiner Gegenwart sicher? Reagiert er sensibel auf Ihre Gefühle? Verhält er sich besitzergreifend? Trauen Sie ihm bedrohliche Stimmungsschwankungen zu? Diese Dinge können Sie nicht mit Sicherheit wissen, doch Sie haben bestimmt einen spontanen Eindruck. Hören Sie auf Ihre innere Stimme.

Übung 2

Finden Sie einen sicheren Ort.

Um unser volles Potential zu entwickeln, brauchen wir alle einen sicheren Ort. Ein Mensch, der Angst hat, kann nicht die notwendige Zeit, Energie und Mühe auf die eigene Entwicklung verwenden. Für uns als Individuen und als Frauen ist Sicherheit kein Luxus, sondern ein wichtiger Bestandteil unserer Menschenrechte.

Allerdings ist es nicht immer einfach, einen solchen sicheren Ort zu finden. Traurigerweise ist für viele Frauen sogar ihr Zuhause ein Ort, an dem sie sich fürchten müssen.

Doch in unseren Herzen, unserer Seele haben wir alle einen Ort, von dem aus wir uns weiterentwickeln können.

Zuerst müssen Sie einen Ort finden, an dem Sie sich körperlich sicher fühlen. Abhängig von Ihrer Lebenssituation kann dies Ihr Zuhause oder ein Platz in der Öffentlichkeit sein; so zum Beispiel eine Bibliothek oder ein Museum. Setzen Sie sich einige Zeit ruhig hin, und lassen Sie Ihren Gedanken freien Lauf. Versuchen Sie nicht, mit dem Denken aufzuhören, da das unmöglich ist, sondern richten Sie Ihre Gedanken und Emotionen nach

innen, bis Sie sich sicher fühlen. Stellen Sie sich vor, wie dieser sichere Ort aussehen würde, wenn Sie ihn sehen könnten, und prägen Sie sich dieses Bild ein.
Das ist Ihr innerer Rückzugspunkt. Niemand kann ihn Ihnen nehmen. Niemand außer Ihnen weiß, wie er aussieht oder sich anfühlt. Wenn Sie Probleme haben oder sich bedroht fühlen, ziehen Sie sich dorthin zurück, denn dort lebt Ihr innerer Schutzengel. Hören Sie auf ihn; lernen Sie von ihm.

Übung 3

Wahrscheinlich haben wir alle unsere geheimen Ängste, die uns immer wieder überfallen. Nehmen Sie diese geheime Angst, und bringen Sie sie ans Tageslicht. Schreiben Sie das gesamte Szenario auf – wo Sie sich befinden, und was von Minute zu Minute geschieht. Stellen Sie sich vor, wie Sie die Situation in den Griff bekommen, beschreiben Sie jeden Schritt Ihres Vorgehens und wie Sie sich danach fühlen. Arbeiten Sie mit dieser Phantasie, bis Sie völlig damit zufrieden sind, bis Sie wie eine starke, selbstbewußte und selbständige Frau reagiert haben.

Übung 4

Zeichnen Sie Ihren Fluchtweg auf. Setzen Sie sich hin, und zeichnen Sie, wie Sie entkommen würden, falls Sie jemand zu Hause, am Arbeitsplatz, im Studentenheim, in der Bibliothek oder an einem anderen Ort, den Sie oft aufsuchen, angreift. Hat Ihr Schlafzimmer noch eine zweite Tür, durch die Sie entfliehen können, falls der Angreifer durch die eine Schlafzimmertür eindringt? Können Sie aus dem Fenster springen? Würden Sie zur Vordertür oder zur Hintertür laufen, wenn Sie aus dem Schlafzimmer entkommen sind? Können Sie die Tür rasch öffnen, oder würde der Mann Sie einholen, während Sie am Schloß herumfummeln? Besitzen Sie ein drahtloses Telefon, das Sie auf der Flucht mitnehmen können, um Hilfe herbeizurufen? Überlegen Sie sich möglichst viele Alternativen.

Übung 5

Nehmen Sie ein Stück Papier, und schreiben Sie sofort auf, was Ihre Mitbewohnerin (Ihr Kind, Ihr Mann, Ihre Mutter oder eine andere Person, die mit Ihnen zusammenlebt) anhatte, als Sie sie zuletzt sahen. Beschreiben Sie sie so detailliert wie möglich, als ob Sie eine Aussage bei der Polizei machen müßten. Wie groß ist sie? Wieviel wiegt sie? Welche Haarfarbe hat sie? Was genau hatte sie an (im Detail)? Wie ist ihre Gesichtsform? Die Polizei wird Ihnen sagen, daß besondere Merkmale am nützlichsten sind, wenn es darum geht, jemanden zu identifizieren. Muttermale, Narben, Tätowierungen, ungewöhnliche Gesichtsform, das alles sind wichtige Einzelheiten, die Sie festhalten sollten. Weitere Informationen sind die Art des Gehens und die Haltung einer Person und persönliche Eigenheiten, die diese Person von anderen Menschen unterscheiden. Hüpft Ihr Kind beim Gehen? Läßt Ihre Mutter eine Schulter hängen? Hinkt Ihre Zimmergenossin leicht?

Es wird Sie überraschen, wie wenig Sie sich von einem Menschen, mit dem Sie zusammenleben, gemerkt haben. Selbst eine Mutter, die ihren Kindern jeden Morgen beim Anziehen hilft, tut das oft so automatisch, daß sie sich schon mittags an nichts mehr erinnern kann, was sie angezogen haben.

Schärfen Sie Ihre Aufmerksamkeit, indem Sie mit dem Offensichtlichen beginnen. Erwerben Sie die Fähigkeiten, die Menschen, die Ihnen nahestehen, zu beschreiben.

Beschreiben Sie Ihre Zimmergenossin (Ihr Kind, Ihren Mann) im Detail; auch was sie anhatte, als Sie sie zuletzt sahen.

9. Kapitel: Kommunikation

Cindy hatte Stephen in einem Englisch-Grundkurs kennengelernt. In den ersten Semesterwochen unterhielt sie sich oft mit ihm nach dem Seminar, und sie freute sich, als er sie endlich einlud, am Samstag mit ihm zu einem Fußballspiel zu gehen.

Während des Spiels hatten sie eine Menge Spaß, und als er vorschlug, vor dem Abendessen im Restaurant in sein Zimmer im Studentenheim zu gehen, willigte sie sofort ein. Sie hatte mehr getrunken, als sie gewöhnt war, und die Vorstellung, nach einem Nachmittag in der prallen Sonne in einem kühlen Zimmer zu sitzen, gefiel ihr gut.

In seinem Zimmer angekommen, schloß Stephen die Tür und drehte den Schlüssel um. In Cindys Kopf läutete eine Alarmglocke. Stephen fing an, sie zu küssen, und drückte sich an sie. Cindy fühlte sich äußerst unbehaglich. Bis jetzt hatte sie Stephen gern geküßt, und sie mochte ihn, aber es machte ihr angst, daß alles plötzlich so schnell ging. Am liebsten hätte sie etwas gesagt, aber sie wollte den Tag nicht verderben.

Sie versuchte, ein bißchen von ihm abzurücken, doch die Bewegung schien ihn nur noch mehr in Erregung zu versetzen. Schließlich stieß Cindy ihn weg.

»Äh, ich glaube, mir ist das noch ein wenig zu früh«, nuschelte sie.

Doch Stephen schien wie im Rausch, und er zog sie erneut an sich. »Stell dich doch nicht so an. Zeigst du mir jetzt die kalte Schulter?«

Cindy ließ zu, daß er sie wieder küßte. Die Augen hatte sie fest

zugekniffen, und das Herz klopfte ihr bis zum Hals. Sie wollte nicht kalt erscheinen, aber in ihr wuchs das Gefühl, daß die Dinge außer Kontrolle gerieten. Sie bekam Angst. Als sie Stephens Hand zwischen ihren Beinen spürte, schob sie sie weg. Diesmal klang ihre Stimme gar nicht mehr unsicher.
Sie sah Stephen in die Augen. »Stephen, ich will jetzt nicht mit dir schlafen. Ich mag dich, und ich küsse dich gern, aber weiter will ich nicht gehen. Außerdem fühle ich mich hier mit dir in einem abgeschlossenen Zimmer ein wenig unwohl. Also laß uns nichts überstürzen, okay?« Dabei sah sie ihn ununterbrochen an.
Mit offensichtlicher Mühe atmete Stephen durch und beruhigte sich. Schwer ließ er sich aufs Bett plumpsen. »Okay, okay. Aber das nächste Mal sag etwas, ehe ich mich so hineinsteigere. Wenn ich erst mal angefangen habe, kann ich nur schwer wieder aufhören.«

Kommunikation als Überlebenstechnik

Wenn Sie sich vor sexuellen Übergriffen schützen wollen, ist es vor allem wichtig, daß Sie sich deutlich ausdrücken. Beim Thema Sex bestehen so viele Mißverständnisse, daß wir uns oft nicht sicher sind, wie wir empfinden und was wir am besten sagen sollen. Manchmal erstaunt uns unsere eigene Reaktion, besonders wenn uns ein Mann, mit dem wir verabredet sind oder den wir kennen, angreift.
Vielen Frauen fällt es schwer, sich direkt und eindeutig auszudrücken. Wir befürchten, jemanden zu verletzen oder vor den Kopf zu stoßen. Allerdings wird es sich in den meisten Situationen auszahlen, wenn Sie sich deutlich ausdrücken. Das gilt für die Verhinderung eines sexuellen Übergriffs wie auch für den Aufbau einer offenen, ehrlichen Beziehung.

Indem wir lernen, auf uns selbst zu hören, mit einem Mann offen und direkt zu sprechen und gegenüber einem Angreifer selbstbewußt und hart aufzutreten, können wir sicherlich einige sexuelle Übergriffe verbal verhindern.

Die Gefahr mangelnder Kommunikation

Den meisten fällt es schwer, ihre Vorstellungen klar und nachdrücklich zu äußern, doch für Frauen scheint es ein besonderes Problem zu sein; vor allem dann, wenn es um zwischenmenschliche Beziehungen geht.
Allzuoft halten wir vor lauter Angst den Mund. Wir befürchten eine Konfrontation, eine Zurückweisung, haben Angst, jemandem weh zu tun.

> **»Angst ist das größte Hindernis auf unserem Weg zu Macht und Ehrlichkeit. Im Zusammenhang mit zwischenmenschlichen Beziehungen fürchten wir uns am meisten vor Kritik, Konflikten und Versagen.«**
>
> Maria Arapakis, *SoftPower*

Wenn wir nichts sagen, ist das vermeidendes Verhalten. Obwohl Schweigen auf den ersten Blick die sicherste Methode sein mag, einer Konfrontation aus dem Weg zu gehen, führt es längerfristig wahrscheinlich zu Problemen und dazu, daß uns die Situation entgleitet.
Wenn Cindy Stephen nicht zu diesem Zeitpunkt zurückgehalten hätte, wäre es später sicherlich schwieriger gewesen. Aber Cindy war in der Lage, die Situation zu beeinflussen, indem sie deutlich sagte, was sie wollte. Es gelang ihr, eine Situation zu

kontrollieren, die sich für sie zunehmend bedrohlich entwickelte.
Die eigenen Vorstellungen klar zu äußern hat etwas mit Selbstbewußtsein und Verantwortung zu tun. Es braucht Mut, den Mund aufzumachen und Grenzen zu setzen, denn indem Sie sagen, was Sie wollen, setzen Sie sich Kritik und Zurückweisung aus. Solange Sie schweigend hoffen, daß Ihr Partner, Freund oder Verehrer das gleiche will wie Sie, können Sie eine Auseinandersetzung hinausschieben.
Erst als Stephen immer beharrlicher wurde und Cindy um ihre Sicherheit bangte, faßte sie den Mut, sich zu äußern.

»Schweigen impliziert Zustimmung. Menschen können nicht Gedanken lesen. Zwar garantiert es keine Lösung, wenn man ein Problem zur Sprache bringt, sagt man aber nichts, wird es garantiert so weitergehen.«

Maria Arapakis,
SoftPower

Kommunikation mit sich selbst

Damit ein anderer Ihre Auffassung zu einem bestimmten Thema verstehen kann, müssen Sie selbst zuerst wissen, was Sie wollen. Die eigenen Gefühle und Gedanken zu überprüfen ist ein wichtiger erster Schritt, um später erfolgreich mit anderen kommunizieren zu können.
Zuweilen kann es für Sie ebenso schwierig sein, zu wissen, was Sie wollen, wie für Ihren Verehrer. Wenn eine Frau den leidenschaftlichsten Moment abwartet, bis sie eine Entscheidung fällt, denkt sie vermutlich nicht mehr klar. Maria Arapakis schreibt: »Wenn die Gefühle die Oberhand gewinnen, blockiert Ihr Den-

ken, verzerrt sich Ihre Wahrnehmung, ist Ihre Intuition gelähmt und Ihr Verhalten eingeschränkt. Voller Furcht ziehen Sie sich zurück. Und wenn Sie sich zurückziehen, verlieren Sie die Kontrolle.«

Verlieren Sie in einer Situation die Kontrolle, kann das bedeuten, daß Sie vergewaltigt werden. Überstürzen sich die Ereignisse, erleben Sie wahrscheinlich eine Reihe widersprüchlicher Gefühle. Cindy mochte Stephen, und es gefiel ihr, ihn zu küssen. Deswegen wollte sie nichts tun, was diesem wunderschönen Gefühl ein jähes Ende bereitet hätte. Allerdings war sie nicht bereit, mit ihm zu schlafen. Zuerst war sie unsicher, was sie sagen sollte. Erst als sie sich bedrängt fühlte und Angst bekam, konnte sie einen klaren Gedanken fassen und wußte nun genau, daß sie wirklich nicht mit Stephen schlafen wollte. Jetzt war sie in der Lage, sich deutlich genug auszudrücken, so daß Stephen sie verstand.

Um in der Hitze des Augenblicks Verwirrung zu vermeiden, nehmen Sie sich etwas Zeit, und denken Sie darüber nach, was Sie von einer Beziehung erwarten – und was Sie nicht erwarten. Welche Grenzen wollen Sie sich und dem Mann, mit dem Sie ausgehen, setzen?

Ihre Grenzen werden von Ihren Wertvorstellungen, Erwartungen und Ihrer Lebensweise abhängen. Allerdings müssen Sie dabei auch gewisse Faktoren in Erwägung ziehen, von denen die wichtigsten die Bedrohung durch Aids oder eine ungewollte Schwangerschaft sind. Möglicherweise hängen diese Grenzen auch von der Person Ihres Begleiters oder den augenblicklichen Örtlichkeiten ab, oder davon, ob Sie etwas getrunken haben. Wenn Sie sich bereits vorher die Zeit nehmen, einige Richtlinien für sich selbst und Ihren Umgang mit dem anderen Geschlecht festzusetzen, ist die Wahrscheinlichkeit größer, daß Sie sich sogar in einer Streßsituation daran halten.

Beispielsweise können Sie sich vornehmen, keinerlei sexuellen

Kontakt mit jemandem aufzunehmen, wenn Sie etwas getrunken haben – keine Küsse, kein enges Tanzen, nichts. Sie können sich auch vornehmen, sich nie aus einer Gruppe zu entfernen, wenn Sie etwas getrunken haben.

Sind Sie mit einem Mann schon mehrmals aus gewesen, mögen Sie ihn wirklich und genießen Sie es, ihn zu berühren, können Sie sich sagen, daß der Austausch von Zärtlichkeiten für Sie in Ordnung ist – aber nur bekleidet.

Nur Sie können wissen, was Sie wollen. Nur Sie können wissen, wann Sie sich unbehaglich fühlen. Also nehmen Sie sich vor dem Start in den Abend ein wenig Zeit, und überlegen Sie sich, was Sie wirklich wollen.

»Ehe Sie ›ja‹ sagen, finden Sie heraus, worauf Sie sich einlassen. Sie können freundlich, aber gleichzeitig nachdrücklich sein. Fährt der Mann fort, Ihre Wünsche zu ignorieren, kümmern Sie sich nicht um die Regeln der Höflichkeit. Wenn es notwendig ist, zu schreien oder ihn zu verletzen, um Hilfe herbeizurufen oder zu entfliehen, tun Sie es. Versuchen Sie nicht, das ›nette Mädchen‹ zu spielen.«

Robin Warshaw,
I Never Called It Rape

Hören Sie auf Ihren Körper!

Wenn Sie auf Ihren Körper hören, werden Sie feststellen, daß er ein ausgezeichnetes Gefühlsbarometer ist. Unser Körper verfügt über ein fast unheimliches Frühwarnsystem. Wir alle kennen das Prickeln auf der Haut, wenn uns etwas verdächtig vorkommt. Oft reagiert unser Körper rascher auf eine Bedrohung als unser Verstand, besonders dann, wenn wir nicht unter dem Einfluß von Alkohol oder Drogen stehen.

Zu den häufigsten körperlichen Symptomen, die eine drohende Gefahr ankündigen, gehören:

- Muskelverspannung
- veränderte Atmung (beschleunigt oder verlangsamt)
- veränderte Körpertemperatur (Schwitzen oder Frieren)

Nutzen Sie diese Gefühle als inneres Frühwarnsystem. Ihr Körper spricht zu Ihnen – hören Sie gut zu.
Wenn Sie sich in einer Situation unbehaglich fühlen, gewinnen Sie genügend Zeit, um herauszufinden, was Sie stört. Befinden Sie sich zum Beispiel in Begleitung eines Mannes, der Annäherungsversuche unternimmt, fangen Sie ein Gespräch an, das lange genug dauert, damit Sie herausfinden können, wie Sie dazu stehen. Sind Sie nicht an einer sexuellen Beziehung mit diesem Mann interessiert, ist jetzt der richtige Zeitpunkt, ihm das mitzuteilen, nicht erst in zwanzig Minuten, wenn die Stimmung immer angespannter wird.

Er denkt/Sie denkt

Da ein großer Teil der Kommunikation nonverbal abläuft, kann beispielsweise Ihre Kleidung oder Ihr Verhalten anders als von Ihnen beabsichtigt interpretiert werden. Die nonverbale Kommunikation zwischen Männern und Frauen ist besonders kompliziert, da einige Signale verschieden gedeutet werden.

Wenn ein junges Mädchen eine gute Figur und Spaß an hübscher Kleidung hat, bereitet es ihr vielleicht Vergnügen, ein enges Top und einen kurzen Rock anzuziehen. Ihrer Ansicht nach strahlt sie nur eine Botschaft aus: »Hey! Schaut her! Bin ich nicht hübsch?«

Allerdings versteht der Junge, mit dem sie ausgeht, das womöglich völlig anders. Beim Anblick ihrer aufreizenden Kleidung denkt er vielleicht, daß sie versucht, ihn zu erregen, und daß sie mit ihm schlafen will.

Wenn eine Frau einen Mann zuerst berührt – seine Hand hält, seine Wange streichelt oder irgendwie Körperkontakt herstellt –, deutet er das möglicherweise als Zeichen, daß sie mit ihm schlafen will. Doch sie hat das nur als freundschaftliche Geste gemeint.

Eine Vielzahl von Problemen tritt auf, wenn die Kommunikation zwischen Männern und Frauen gestört ist. Das trifft besonders beim Thema Sex zu, da es uns schwerfällt, offen darüber zu reden. Weil wir uns so oft auf subtile Andeutungen und Körpersprache verlassen, ist es häufig noch schwieriger, einander zu verstehen.

Sie denkt: Kaum zu glauben, aber ich passe wirklich in Größe 38!

Er denkt: Wenn sie sich in ein so enges Kleid gequetscht hat, muß sie ziemlich auf mich stehen.

Sie denkt: Es gehört sich, daß der Mann bezahlt.
Er denkt: Ich bin doch hier nicht der Goldesel! Jetzt will ich auch etwas dafür haben.

Sie denkt: Ich bin doch eine emanzipierte Frau. Ich frage ihn einfach, ob er mit mir ausgeht.
Er denkt: Die muß es ja wirklich nötig haben, wenn sie sich so an einen Mann ranschmeißt.

Sie denkt: Wenn wir zu ihm statt in ein Lokal gehen, sparen wir eine Menge Geld. Er ist mir bestimmt dafür dankbar.
Er denkt: Spitze! Die muß ja ganz schön scharf sein, wenn sie gleich mit zu mir will.

Sie denkt: Noch ein Drink wird mich schon nicht umbringen. Schließlich soll er mich nicht für ein Schulmädchen halten.
Er denkt: Wenn sie noch einen trinkt, macht sie sicherlich mit. Morgen früh hat sie dann bestimmt alles vergessen.

Wie kommuniziere ich mit einem Mann, den ich kenne?

Kennt eine Frau den Täter, fällt es ihr besonders schwer, sich gegen eine Vergewaltigung zu wehren. Am liebsten würden wir davon ausgehen, daß wir in Begleitung von Männern, die wir kennen, sicher sind. Deswegen fangen die meisten Fallstudien über Frauen, die von einem Bekannten vergewaltigt wurden, auch mit dem gleichen Satz an: »Ich konnte nicht glauben, daß es wirklich passierte.«
Zugegebenermaßen ist es eine heikle Sache, mit einem Mann, mit dem Sie eine Verabredung haben, über Sexualität zu sprechen. Wenn Sie das Thema auch nur anschneiden, unterstellen

Sie, daß er es darauf abgesehen hat oder daß es Ihnen darum geht. Bringen Sie das Thema zur Sprache, könnte er Sie auslachen, wütend werden, sich wie wild rechtfertigen oder Ihnen übertriebenen Argwohn vorwerfen. Doch verlieren Sie nicht den Überblick: Viele seiner Reaktionen können daher rühren, daß es ihm peinlich ist.
Besser, Sie machen sich ein bißchen lächerlich, als hinterher zu bereuen, daß Sie es nicht getan haben.

Nur wenn Sie sich und den Männern, mit denen Sie Umgang haben, deutlich Grenzen setzen, können Sie Ihr Leben und Ihre Gesundheit schützen.

Unglücklicherweise muß ein Gespräch über Sexualität am Anfang einer Beziehung stattfinden, doch das gehört nun einmal zum Leben. Daß Sie offen und ehrlich äußern, wie Sie über sexuelle Beziehungen denken, ist in unserer Zeit notwendig. Nur wenn Sie sich und den Männern, mit denen Sie Umgang haben, deutliche Grenzen setzen, können Sie Ihr Leben und Ihre Gesundheit schützen. Im Fall einer Vergewaltigung riskieren Sie nicht nur schwere psychische Schäden, sondern auch eine Ansteckung mit Aids oder eine Schwangerschaft.
Wenn Sie sich klar und verständlich mitteilen, werden bezüglich Ihrer Gefühle auch keine Mißverständnisse auftreten. Gelingt es Ihnen, Grenzen zu setzen, ist die Wahrscheinlichkeit größer, daß Sie bekommen, was Sie wollen.
Stellen Sie sich vor, Sie kennen seit einigen Monaten einen jungen Mann, der Sie fragt, ob Sie mit ihm und einigen Freunden ein Wochenende im Gebirge verbringen möchten. Sie mögen ihn sehr, und Sie würden wirklich gern ins Gebirge fahren. Also stehen Ihnen folgende Möglichkeiten offen:

a) Mitfahren und beten, daß Ihnen nichts zustößt.

b) Einwilligen, aber ihm gleichzeitig sagen, daß Sie nicht mit ihm schlafen wollen und lieber Ihr eigenes Auto nehmen.

c) Ihn auslachen und all Ihren Freundinnen erzählen, daß er sowieso nur an das eine denkt.

d) Ihm sagen, daß Sie gerne mitfahren würden, aber sich dabei nicht wohl fühlen. Schließlich kennen Sie ihn noch nicht so gut. Also lieber ein anderes Mal.

Möglichkeit a) ist nicht besonders klug. Sie begeben sich in eine gefährliche Situation, ohne die Möglichkeit zu haben, ihr zu entkommen. Punkt c) ist auch nicht besonders ratsam. Die Angst, jeder Junge, der etwas mit Ihnen unternehmen will, könne Sie vergewaltigen, ist übertrieben. Die Möglichkeiten b) und d) sind beide in Erwägung zu ziehen, wobei d) sicherlich die am wenigsten risikobehaftete ist.

Aber ob Sie nun mitfahren oder nicht, erklären Sie Ihre Entscheidung offen und ehrlich. Wenn Ihnen dieser Mensch wirklich wichtig ist, teilen Sie ihm mit, warum Sie lieber nicht mitfahren möchten. Ist er es wert, daß Sie ihn besser kennenlernen, wird er Sie verstehen. Bekommt er einen Tobsuchtsanfall, ist er sowieso kein Mensch, mit dem Sie sich länger abgeben sollten. Entscheiden Sie sich, mitzufahren, setzen Sie vor der Abfahrt mit ihm einige Regeln fest. Stellen Sie sicher, daß Sie beide die gleichen Erwartungen an dieses Wochenende haben. Und beobachten Sie ihn sorgfältig. Ist er mit Ihren Vorschlägen wirklich einverstanden? Können Sie ihm vertrauen? Kennen Sie seine Freunde?

Sicherheit bedeutet nicht notwendigerweise, daß Sie sich im Schrank verstecken müssen. Vielmehr müssen Sie sich klar und verständlich ausdrücken, damit Ihre Erwartungen und die des Mannes nicht falsch verstanden werden.

Nennen Sie es Vergewaltigung

Wenn Sie mit jemandem zusammen sind, der Ihre Wünsche ignoriert und Sie durch Gewalt oder die Androhung von Gewalt gegen Ihren Willen zum Geschlechtsverkehr zwingt, sagen Sie ihm unmißverständlich, daß das in Ihren Augen eine Vergewaltigung darstellt und daß Sie ihn anzeigen werden. Wahrscheinlich halten Sie ihn ansonsten nicht für einen Verbrecher, und auch er selbst kommt sich nicht so vor. Doch wenn eine Frau »nein« sagt und ein Mann sich ihr weiterhin aufdrängt, wird er zum Verbrecher. Fährt er einfach fort, Sie anzufassen, berührt er Ihre Brüste oder Genitalien gegen Ihren Willen, ist das sexuelle Nötigung. Kommt es durch Penis, Finger oder einen anderen Gegenstand zur Penetration, ist das eine Vergewaltigung (zur Rechtslage in Deutschland siehe Anhang).
Nirgends ist eine deutliche Kommunikation notwendiger als bei diesem Thema. Viele Männer sitzen dem Mißverständnis auf, daß eine Frau gerne zum Sex gezwungen werden möchte und daß sie in Wirklichkeit »ja« meint, wenn sie »nein« sagt.
Sagen Sie ganz deutlich, daß Sie es sehr ernst meinen. Wenn Sie »nein« sagen, meinen Sie das auch, und falls er sich Ihnen weiter aufdrängt, ist das in Ihren Augen ein Verbrechen.
Unter allen Umständen muß er verstehen, daß es Ihnen ernst ist. Sie hingegen müssen wissen, daß Sie sich klar und nachdrücklich mitteilen müssen, wenn Sie sich erfolgreich verteidigen wollen.

Selbstsicher kommunizieren

Gleichgültig, ob es um einen Fremden auf der Straße, einen aufdringlichen Bekannten oder einen Exehemann mit merkwürdigen Vorstellungen über sexuelle Vorrechte geht, sprechen Sie mit Nachdruck, und reden Sie nicht um den heißen Brei herum.

Wenn Sie dabei einen sachlichen Ton wählen, wird es Ihnen leichter fallen, sich zu beruhigen. Außerdem kann der Mann dann nicht so leicht vorhersehen, was Sie tun werden. Gelingt es Ihnen, Ihre Stimme zu beherrschen, werden Sie wenigstens so klingen, als hätten Sie die Situation unter Kontrolle. Wirken Sie nach Möglichkeit nicht aufgebracht oder ängstlich, denn beides weist darauf hin, daß Ihnen die Situation entgleitet. Und tun Sie alles in Ihrer Macht Stehende, um nicht zu weinen. Vergessen Sie nicht, Sie haben die Kontrolle. Für Tränen bleibt Ihnen auch noch später Zeit.

Kommunikationsexperten weisen darauf hin, daß eine tiefe Stimme Macht impliziert, während eine hohe Stimme mit dem launischen schwachen Geschlecht und Kindern assoziiert wird. Außerdem machen Sie einen durchsetzungsfähigeren Eindruck, wenn Sie sich in Befehlen und Aussagesätzen ausdrükken. Betteln und Flehen ist nur Wasser auf die Mühlen eines Angreifers, und das wollen Sie doch unter allen Umständen vermeiden.

Ihre Durchsetzungskraft müssen Sie nicht nur durch Ihre Stimme, sondern auch durch Ihre Körpersprache vermitteln. Zehn Prozent aller Kommunikation geht von unserer Stimme aus, dreißig Prozent von anderen Geräuschen, die wir von uns geben, und sechzig Prozent von unserer Körpersprache. Deswegen ist es wichtig, von Kopf bis Fuß Kontrolle und Macht auszustrahlen, und das durch eine tiefe Stimme und eine selbstbewußte Körperhaltung zu untermauern. Selbst wenn Ihnen die Knie zittern und Sie nur vorgeben, die Zügel in der Hand zu halten, dürfen Sie dem Angreifer nie zeigen, daß Sie Angst haben.

Blickkontakt weist darauf hin, daß Sie sich nicht fürchten. Werden Sie auf der Straße angegriffen oder von einem Bekannten

bedroht, sehen Sie ihm direkt in die Augen. Das zeigt, daß Sie Mut haben.
Reden Sie immer langsam und ruhig. Ein plötzlicher hysterischer Ausbruch kann bei einem nervösen Angreifer zu unerwünschten Reaktionen führen, besonders wenn er bewaffnet ist. Versichern Sie ihm sachlich, daß Sie tun werden, was er verlangt, dann hält er die Waffe vielleicht bald für überflüssig und legt sie weg.
Wenn Sie auf der Straße überfallen werden und andere Menschen in der Nähe sind, nehmen Sie zu einem oder einer von ihnen Blickkontakt auf, und sprechen Sie ihn oder sie direkt an. Schreien Sie nicht einfach nur »Hilfe!« oder »Feuer!«, sondern geben Sie der betreffenden Person genaue Anweisungen, was zu tun ist. Sagen Sie zum Beispiel: »Ich werde überfallen. Gehen Sie zum nächsten Telefon und rufen Sie 110. Schnell!« Im allgemeinen reagieren Menschen auf genaue Anweisungen eher als auf einen allgemeinen Hilfeschrei.

Ihre Stimme als Waffe

Ihre Stimme kann eine starke Waffe sein. Schließlich will ein potentieller Täter keine Aufmerksamkeit auf sich oder sein Opfer lenken. Also haben Sie eine gute Chance, ihn zu vertreiben, wenn Sie gleich zu Anfang laut zu schreien beginnen.
Zwischen einem Schrei und einem Kreischen besteht ein wichtiger Unterschied. Ein Kreischen ist ein unwillkürliches Geräusch, das man aus Wut oder Angst ausstößt, ein Schrei hingegen ist ein lauter Ausruf. Kreischen impliziert einen emotionalen Ausbruch, während ein Schrei ein Warnsignal an den Angreifer darstellt und zeigt, daß Sie genau wissen, was Sie tun. Viele Kampfsportler stoßen mit jedem Stoß oder Tritt einen lauten Schrei aus. Das hat mehrere Gründe, von denen eine Frau, die

sich mit Selbstverteidigungstechniken befaßt, gleichermaßen profitieren kann. Dieser Schrei – kiya! – ist ein lauter, kehliger Ruf, der aus den Tiefen des Körpers emporsteigt. Er wird Ihren Gegner zumindest überraschen oder erschrecken oder ihm den Eindruck vermitteln, daß Sie wissen, was Sie tun.

Außerdem führt diese Art von Schrei dazu, daß Sie ausatmen. Viele Menschen halten die Luft an, wenn sie sich fürchten, was eine effektive Atmung sehr erschwert.

Also trägt ein lauter Schrei dazu bei, den Angreifer zu erschrecken, und zwingt Sie gleichzeitig, regelmäßig zu atmen, wodurch Ihre körperliche Reaktion wirkungsvoller wird.

Kurz zusammengefaßt:

1. Eine deutliche und selbstbewußte Kommunikation ist eine der stärksten Waffen gegen Vergewaltigung.
2. Frauen fällt es oft schwer, direkt zu kommunizieren, da sie niemandem weh tun wollen und sich vor Auseinandersetzungen und Zurückweisung fürchten.
3. Schweigen impliziert Zustimmung. Es ist wichtig, zu sagen, was man will, da Menschen nicht Gedanken lesen können.
4. Es ist wichtig, mit einem Mann über unsere sexuellen Erwartungen zu sprechen, ehe wir mit ihm ausgehen.
5. Wenn ein Mann sich uns weiterhin aufdrängt, obwohl wir ihm deutlich mitgeteilt haben, daß er damit aufhören soll, müssen wir ihm sagen, daß er in unseren Augen eine Vergewaltigung begeht.
6. Um selbstbewußt zu kommunizieren, bedarf es einer ruhigen, sachlichen Stimme und einer Körpersprache, die Stärke vermittelt.
7. Betteln und flehen Sie einen Vergewaltiger nicht an. Sprechen Sie statt dessen in Aussagesätzen und Befehlen.

8. Vierzig Prozent unserer Kommunikation gehen von der Sprache und anderen Geräuschen aus. Sechzig Prozent laufen über die Körpersprache.
9. Blickkontakt mit anderen Menschen weist auf Mut und Selbstsicherheit hin.

Anmerkung: Es kostet viel Mut, zu lernen, wie man erfolgreich kommuniziert. Doch es kann auch viel Spaß machen, besonders zusammen mit Freundinnen. Durch gute kommunikative Fähigkeiten erhöhen Sie Ihre Sicherheit, da Sie lernen, glaubhaft »nein« zu sagen. Die folgenden Übungen sollen Ihnen helfen, Ihre Stimme effektiv einzusetzen.

Übung 1

Veranstalten Sie gemeinsam mit einigen lieben Freundinnen ein »Schrei-In«. Dabei schreien Sie alle aus vollem Halse, was Ihnen gerade einfällt. Da Sie alle gleichzeitig schreien, hört keine von Ihnen die andere. Schämen Sie sich nicht. Vergewaltigung und sexuelle Nötigung sind häßliche Realitäten, die uns manchmal zu unkultivierten Reaktionen zwingen.

Übung 2

Schreiben Sie es auf. Manche Menschen können schriftlich besser kommunizieren als mündlich. Damit meine ich nicht, daß Sie einem potentiellen Angreifer Zettel zustecken sollen, aber vielleicht können Sie sich schriftlich besser mit dem Thema der Abgrenzung auseinandersetzen.
Fangen Sie mit einer allgemeinen Aussage an.
Wenn ich mit einem Mann ausgehe, erwarte ich (Spaß, eine bedeutsame Beziehung, ein intellektuell anregendes Gespräch – was auch immer Sie von diesem Abend erwarten. Das kann, abhängig vom jeweiligen Mann, auch verschieden sein).

Dann gehen Sie mehr ins Detail, besonders im Hinblick darauf, was Sie sexuell von einer Verabredung mit einem Mann erwarten, und die Grenzen bei Ihrer eigenen Sexualität. Denken Sie gründlich darüber nach, und treffen Sie weise Entscheidungen. Halten Sie sich daran, und kämpfen Sie, wenn nötig, auch darum.

Wenn ich mich mit einem Mann verabrede, erwarte ich:

____

____

____

____

Ich setze mir folgende Grenzen. Ich werde: ______________

____

____

____

____

Ich werde nicht: ______________________

____

____

____

____

10. Kapitel: Einen Angreifer überlisten

Wie eine Frau auf einen körperlichen Angriff reagiert, hängt von vielen Faktoren ab. In einer Studie, die vom National Institute of Mental Health finanziert wurde, fanden Pauline B. Barth und Patricia O'Brien heraus, daß die Reaktion einer Frau von ihrer Erziehung (z. B. zur Weiblichkeit und Damenhaftigkeit), ihrer Körpergröße, ihrer Geschwisterposition in der Familie und ihren Kenntnissen hinsichtlich Überlebenstechniken wie Selbstverteidigung, Erste Hilfe und Brandschutz abhängt.

Große Frauen reagieren eher körperlich, während eine Frau mit jüngeren Geschwistern sich wahrscheinlich lieber durch selbstbewußtes Sprechen und Befehle zur Wehr setzt. Eine Frau, der beigebracht wurde, sich zu jeder Zeit wie eine Dame zu verhalten, versucht möglicherweise, den Angreifer zu überreden, von ihr abzulassen. Eine Frau, die Überlebenstechniken beherrscht und es gewöhnt ist, sich selbst zu schützen, wird vielleicht irgendeinen Gegenstand zur Waffe umfunktionieren.

Alles, was funktioniert, ist eine erfolgreiche Selbstverteidigungsstrategie. Wir können uns nicht darauf verlassen, daß ein und dieselbe Reaktion uns in jeder Situation helfen wird. Wir müssen lernen, flexibel zu reagieren.

»Eine Frau darf nicht vom Schutz eines Mannes abhängen. Sie muß lernen, sich selbst zu verteidigen.«

Susan B. Anthony, 1871

Die bei weitem erfolgreichsten Methoden, eine Vergewaltigung abzuwehren, umfassen ein Spektrum von Strategien. Bart und O'Brien meinen dazu: »Eines unserer wichtigsten Ergebnisse war, daß eine Frau dann die Wahrscheinlichkeit, einer Vergewaltigung zu entkommen, erhöhte, wenn sie körperliche Gewalt in Kombination mit einer anderen Technik zu ihrer Verteidigung einsetzte. Um so mehr zusätzliche Strategien sie anwendete, desto besser waren ihre Chancen.«

Mit anderen Worten: Verlassen Sie sich nicht nur auf eine Methode. Falls eine Strategie nicht funktioniert, versuchen Sie es mit einer anderen.

Das Ganze ist mit einem Stoß ins Auge zu vergleichen: Benützen Sie nur einen Finger, stoßen Sie vielleicht daneben. Mit zwei Fingern verdoppeln Sie Ihre Chance, die Augen des Gegners zu treffen. Nehmen Sie drei, vier oder gleich alle fünf Finger, erhöhen Sie Ihre Chancen noch weiter.

Es gibt unendlich viele Möglichkeiten, auf einen Überfall zu reagieren, deren Ziel es immer sein muß, die Gefahr, daß uns Gewalt angetan wird, zu verringern. Wir werden tun, was nötig ist, und alle unsere Fähigkeiten einsetzen, um unser Leben und unsere Gesundheit zu schützen.

Obwohl wir etwas für unsere Einstellung, unsere Entschlossenheit und unsere Verteidigungsfähigkeit tun können, müssen wir lernen, auch mit unabänderlichen Faktoren umzugehen. Einer davon ist, daß Männer im allgemeinen über mehr Körperkraft verfügen als Frauen. Selbstverständlich trifft das nicht auf alle Männer und Frauen zu, doch insgesamt gesehen sind Männer normalerweise größer und stärker als wir.

Also müssen wir, um uns zu schützen, lernen, einen Angreifer auszutricksen, anstatt ihm mit Muskelkraft beizukommen.

Oft ist es möglich, einen sexuellen Übergriff ohne Anwendung von Gewalt zu verhindern. Da wir wissen, daß Vergewaltigung ein Verbrechen ist, das viel mit Macht und nichts mit Leiden-

schaft zu tun hat, müssen wir lernen, dieses Wissen zu unserem Vorteil einzusetzen.
Obwohl es zuweilen nicht ratsam ist, sich körperlich zu wehren, ist es wichtig, zumindest den Eindruck zu erwecken, Sie könnten einen Kampf gewinnen. Wenn Sie Selbstbewußtsein und Kraft signalisieren, haben Sie die wirksamste Waffe gegen einen Vergewaltiger in der Hand. Sie müssen wirken, als hätten Sie die Situation unter Kontrolle, auch wenn Ihnen in Wirklichkeit die Knie zittern.

Spielen Sie Theater, bis Sie es geschafft haben.

Auch wenn Ihr Selbstbewußtsein nichts weiter als Show ist, retten Sie vielleicht gerade dadurch Ihr Leben, daß Sie die Rolle der starken, unbesiegbaren Frau spielen.
Viele Tricks, Manöver und Antworten haben sich bereits als wirksam gegen einen Angreifer erwiesen. Allerdings waren andere, nichtkörperliche Reaktionen immer wieder zum Scheitern verurteilt.

Was nicht funktioniert:

- sträuben (im Gegensatz zu gezieltem körperlichem Widerstand)
- streiten
- betteln und flehen
- weinen, jammern
- vernünftig argumentieren
- den Täter ignorieren
- sich beim Täter einschmeicheln

Obwohl sich viele Reaktionen als ungeeignet erwiesen haben, um eine Vergewaltigung zu verhindern, ist die Liste der Strategien, die die Chancen einer Frau, zu entkommen, erhöhen, um einiges länger.

»Als sie gefragt wurden, welche Strategien zur Abwehr einer bereits begonnenen Vergewaltigung ineffektiv seien, meinten die meisten Passivität oder Unterwerfung. Die zweitgrößte Gruppe der Befragten nannte Flehen ...«

Pauline B. Bart und Patricia O'Brien,
Stopping Rape

Erfolgreiche Verteidigungsstrategien

- weglaufen
- Aufmerksamkeit erregen durch Schreien, Kreischen oder eine Trillerpfeife
- selbstbewußte verbale Reaktion, damit der Täter weiß, daß er an die falsche Frau geraten ist
- körperliche Gewalt

Die erfolgversprechendste Strategie zur Vermeidung einer Vergewaltigung ist Weglaufen. Selbstverständlich funktioniert das nicht in jeder Situation. Manchmal ist es unmöglich, zu fliehen. Wenn es aber möglich ist, scheint es sehr klug zu sein, sich sofort aus dem Staub zu machen.
Viele Erwägungen halten Frauen von der Flucht ab. Für manche ist Flucht gleichbedeutend mit dem Eingeständnis einer Niederlage, besonders wenn sie zu Hause angegriffen werden. Andere sind durch das Ereignis so eingeschüchtert, daß sie nicht die Entschlossenheit aufbringen, zu rennen.

Stellen Sie sich zum Beispiel vor, ein Mann kommt auf Sie zu, während Sie auf den Bus oder die U-Bahn warten. Er befiehlt Ihnen, sich nicht zu bewegen und keinen Ton von sich zu geben. Viele von uns werden ihm gehorchen, da wir gelernt haben, auf eine Stimme, die Autorität ausstrahlt, zu hören. Wir haben es so verinnerlicht, Anweisungen zu befolgen und unseren Mitmenschen zu gefallen – selbst einem Fremden –, daß es uns schwerfällt, die Gelegenheiten zu erkennen, in denen wir uns behaupten müssen.

Wieder andere Frauen können nicht weglaufen, weil sie vor Angst wie erstarrt sind. Am besten begegnen Sie dieser Reaktion, indem Sie sich eingestehen, daß auch Ihnen eine Vergewaltigung oder sexuelle Nötigung geschehen kann. Auch wenn Sie sich immer richtig verhalten, nie gefährliche Orte aufsuchen und alle erdenklichen Vorsichtsmaßnahmen treffen, können Sie immer noch angegriffen werden. Machen Sie sich klar, daß es passieren kann, und vergessen Sie nicht, daß Sie in diesem Fall die Situation beeinflussen können. Stellen Sie sich vor, Sie würden gerade angegriffen, wehren den Täter erfolgreich ab und laufen dann so schnell wie möglich an einen belebten Ort.

Stiften Sie totale Verwirrung, indem Sie mehrere Selbstverteidigungstechniken auf einmal anwenden. Schreien Sie selbstbewußt (»Verschwinde!«), sagen Sie dem Täter unmißverständlich, daß er die falsche Frau erwischt hat, stoßen Sie gezielt nach seinen Augen, treten Sie ihn rasch ans Knie, und rennen Sie dann dorthin, wo Sie Lichter und andere Menschen sehen.

Unzweifelhaft werden all diese Taktiken – Schreien, selbstbewußtes Sprechen, Tritte und Schläge und anschließendes Davonlaufen –, angewendet mit der berechtigten Wut einer überfallenen Frau, eine Wirkung auf den Angreifer haben. Allerdings gibt es keine Garantien. Möglicherweise verfolgt er Sie trotzdem. Doch indem Sie mehr als eine Strategie angewendet haben, haben Sie die Wahrscheinlichkeit, vergewaltigt zu werden, erheblich verringert.

Nutzen Sie aus, wovor er sich fürchtet!

Wir können unsere persönliche Sicherheit erhöhen, indem wir die Ängste eines Angreifers ausnützen. Halten Sie den Angreifer nie für unbesiegbar; Sie sind nicht die einzige, die in einer solchen Situation Angst hat.

Wovor fürchtet sich ein potentieller Vergewaltiger:

- Versagen
- Schmerzen
- erwischt zu werden
- die Kontrolle zu verlieren
- Strafe

In ihrem Buch *Fear or Freedom* schreibt Susan Smith: »Um seine Tat zu begehen, braucht ein Angreifer Zeit, einen relativ sicheren Ort und ein Opfer, das sich ausreichend von ihm kontrollieren läßt.« Die meisten potentiellen Vergewaltiger fürchten den Verlust von einem dieser drei Faktoren. Indem wir einen davon unter unsere Kontrolle bringen, erhöhen wir unsere Chancen.

Zeit

Die meisten Frauen, die überfallen werden, nutzen den Zeitfaktor zu ihren Gunsten. Im Falle eines Angriffs müssen Sie den Faktor Zeit so einsetzen, daß er Ihnen größtmögliche Vorteile bringt. Für einen Angreifer bedeutet jede Verzögerung, daß

er die Kontrolle über die Situation verliert. Aus diesem Grund sind die meisten Vergewaltigungen geplant: Das Verbrechen, der Tatort und häufig auch das Opfer stehen von vornherein fest. Ist die Gelegenheit günstig, kommt es zur Tat. Also gerät der Täter in Bedrängnis, wenn es der betreffenden Frau gelingt, seinen Zeitplan durcheinanderzubringen.
Zeit gewinnen Sie am besten, indem Sie von seinem Drehbuch abweichen. Erwartet er, daß Sie betteln und flehen, treten Sie stark und selbstbewußt auf. Geht er davon aus, daß Sie ihm still und demütig folgen, machen Sie soviel Lärm und Aufhebens wie möglich.
Zeit zu gewinnen heißt nicht, daß Sie einfach dastehen und nicht reagieren sollen. Vielmehr müssen Sie sofort handeln, indem Sie die Situation abschätzen und sich für die wirkungsvollste Reaktion entscheiden. Wahrscheinlich werden Sie zuerst versuchen, dem Täter auf der verbalen oder psychischen Ebene beizukommen, ehe Sie körperliche Gewalt einsetzen.

Zeit gewinnen Sie am besten, indem Sie von seinem Drehbuch abweichen.

Ihre Stimme ist eine starke Waffe, besonders wenn Sie nachdrücklich und sehr laut das Richtige sagen. Während Sie Zeit zur Flucht gewinnen, stellen Sie genau fest, was Sie wollen, und sagen Sie es dem Angreifer so deutlich wie möglich und sooft wie nötig.
Einige Fallstudien weisen darauf hin, daß es Frauen, die sich ständig wiederholten, gelungen ist, den Täter so lange zu bearbeiten (oder zu nerven), bis er sie laufenließ.
Eine Frau, die auf der Straße angegriffen wurde, antwortete sofort: »Mein Mann erwartet mich; ich muß nach Hause.« Zuerst ignorierte der Angreifer sie, doch sie wiederholte diesen Satz wieder und immer wieder – nicht wütend oder aggressiv, aber

hartnäckig –, bis der Mann sie schließlich anschrie: »Dann hau schon ab!« und ging.
Oft stellt ein Täter ein potentielles Opfer auf die Probe, indem er die Frau etwas fragt oder indem er eine rüde und anzügliche Bemerkung macht. Macht die Frau daraufhin einen eingeschüchterten oder ängstlichen Eindruck, kann sich die Situation bis zu einem sexuellen Übergriff entwickeln.
Beginnt eine Situation mit Beschimpfungen oder Fangfragen, müssen Sie auf jeden Fall die Kontrolle übernehmen. In diesem Fall werden Sie sich vermutlich für eine heftige verbale, nicht für eine körperliche gewaltsame Reaktion entscheiden.

Gleichgültig, wie Sie auf einen Angriff reagieren, Sie müssen sofort und ohne lang zu überlegen die Situation unter Ihre Kontrolle bringen.

Falls jemand versucht, Sie auf der Straße anzuhalten – ob Sie nun zu Fuß oder mit dem Auto unterwegs sind –, stoppen Sie nicht! Lassen Sie nie einen Fremden an Ihr Autofenster heran. Wenn Sie glauben, daß jemand Hilfe braucht, begeben Sie sich an den nächstgelegenen sicheren Ort, und melden Sie den Vorfall bei der Polizei.
Viele Frauen haben phantasievolle, kreative und manchmal komische Methoden entwickelt, einem potentiellen Vergewaltiger eins auszuwischen.
Eine Frau, die in einer abgelegenen Straße überfallen wurde, tat so, als wäre sie geisteskrank. Sie sagte mehrmals, sie sei hungrig, ließ sich dann am Straßenrand nieder und fing an, Gras zu essen. Der Angreifer hatte keine Ahnung, wie er darauf reagieren sollte. Sie hielt ihn lange genug hin, bis er schließlich überrascht und angewidert die Flucht ergriff.
Frauen sind verbal besonders geschickt; von klein auf hat man

uns beigebracht, durch Worte zu erreichen, was wir wollen. Werden wir überraschend überfallen, wollen wir zuerst einmal Zeit gewinnen. Je länger Sie einen Unbekannten, der Sie vergewaltigen will, hinhalten können, desto größer ist die Wahrscheinlichkeit, daß jemand vorbeikommt und Ihnen hilft.

Ort

Ein Faktor, der bei einer Vergewaltigung auch eine Rolle spielt, ist, wo Sie sich gerade befinden. Der Idealfall für einen Angreifer ist ein abgelegener Ort, wo er seine Tat begehen kann. Begeben Sie sich also nie freiwillig mit einem Angreifer an so einen abgelegenen Ort. Wenn er bewaffnet ist, haben Sie wahrscheinlich keine andere Wahl, doch Sie sollten alles tun, um nicht mit einem Angreifer ins Auto zu steigen oder ihn in eine menschenleere Gegend zu begleiten.
Die meisten Vergewaltigungen finden in einem Auto oder in einem Gebäude statt.
Geht es um Vergewaltigung durch einen Bekannten, ist fast immer ein abgelegener Ort das Ziel. In seinem Buch *Before He Takes You Out* berichtet Scott Lindquist, daß die Kombination von einem abgelegenen Ort, Alkohol, Drogen und den kriminellen Absichten eines Mannes nahezu immer Schwierigkeiten bedeutet. Welche Orte Sie unbedingt meiden sollten: Leere Zimmer im Studentenwohnheim, ein Auto auf einer verlassenen Straße, einsam gelegene Ferienhäuser, jeden Ort, an dem sich keine anderen Menschen befinden und auch niemand in Hörweite ist.

Kontrolle

Ein Trick, der schon oft funktioniert hat, ist, dem Angreifer vorzumachen, daß man sein Spiel mitspielt. Ist es Ihnen gelungen, den Täter davon zu überzeugen, wird er vielleicht weniger wachsam sein. Dann können Sie rasch und kräftig zuschlagen und fliehen.

Ist der Angreifer ein Unbekannter, bedeutet das, daß Sie sich erst ein paar Schritte führen oder schubsen lassen, ehe Sie sich zur Wehr setzen. Handelt es sich um einen Bekannten, können Sie vorgeben, freiwillig mitzumachen, bis sich eine Gelegenheit zur Flucht ergibt.

Wenn der Mann Sie auf ein Bett oder eine andere flache Oberfläche wirft, tun Sie so, als würden Sie mitmachen, bis Sie sich auf ihn rollen und ihn ins Gesicht oder in die Hoden schlagen können. Sie können auch warten, bis Sie genug Abstand zu ihm und die Zeit haben, davonzulaufen, wenn es in der Nähe jemanden gibt, der/die Ihnen helfen kann.

Überzeugend zu wirken ist das wichtigste, wenn Sie sich verteidigen wollen. Wenn Sie vorgeben, das Spiel eines Angreifers mitzumachen, können Sie zum Beispiel sagen: »Natürlich möchte ich gern mit dir schlafen. Ich will mich nur vorher noch ein bißchen frisch machen.« Sorgen Sie dafür, daß er Ihnen glaubt, damit er Sie – nur für einen Moment – losläßt. Hält er Sie nicht mehr fest, können Sie – wenn die Situation es verlangt – ihn entweder körperlich angreifen oder schnell davonlaufen.

Eine weitere Taktik, die häufig angewendet wird, ist das Vortäuschen einer Krankheit. Sie können eine Ohnmacht vorspielen oder aus heiterem Himmel eine Herzattacke oder einen epileptischen Anfall bekommen.

Diese Methode hat ihre Vor- und Nachteile. Der Vorteil ist, daß Sie damit vielleicht einen Angreifer abschrecken können, ohne Gewalt anwenden zu müssen. Der Nachteil ist, daß es schwieriger ist, sich aufzurappeln und zu fliehen, wenn Sie erst einmal am Boden liegen. Außerdem kann es sein, daß der Täter Ihnen nicht glaubt und nach Ihnen tritt, bis Sie reagieren müssen. Und selbst wenn Sie wirklich in Ohnmacht fallen, ist das noch lange keine Garantie, daß der Täter von Ihnen abläßt. Womöglich packt er Sie einfach und schleppt Sie an einen abgelegenen Ort.

Der vielleicht schwerwiegendste Nachteil eines vorgespiegelten Ohnmachtsanfalls ist es, daß Sie Schwierigkeiten haben werden, die Situation an sich zu reißen, wenn der Versuch fehlschlägt. Beispielsweise ist es nach einem solchen Ohnmachtsanfall sicherlich nicht leicht, den Täter davon zu überzeugen, daß Sie sich nicht einschüchtern lassen.

Ellen hatte ihn nicht kommen sehen. Sie war lange im Lehrerzimmer gesessen und hatte Arbeiten korrigiert, und als sie endlich fertig war, dämmerte es bereits. Als sie den Gehweg vor dem Schulhaus entlanghastete, tauchte plötzlich ein Mann von der Putzkolonne auf, packte sie von hinten am Arm und riß sie an sich.

»Ich habe auf dich gewartet, Ellen. Seit Wochen schon schaue ich zu, wie du Spaß mit den kleinen Kindern hast. Und jetzt hast du mal ein bißchen Spaß mit mir«, knurrte er ihr ins Ohr.

Ellen klopfte das Herz bis zum Halse, und im ersten Moment hatte sie solche Angst, daß sie schon befürchtete, in Ohnmacht zu fallen.

Der Mann zerrte an ihr. »Komm mit.«

Ellen drehte sich zu ihm um. Sie lächelte ihn freundlich an und ließ Bücher und Papiere fallen. »Ich beobachte dich auch schon seit einiger Zeit. Komm, machen wir es gleich hier!« Und mit diesen Worten fing sie an, sich den Rock hinaufzuziehen.

Der Mann starrte sie überrascht an. »Nein, komm schon. Gehen wir wenigstens in den Hinterhof.«

Ellen schüttelte den Kopf. »Nein! Ich will nicht in den dreckigen alten Hinterhof. Entweder gleich hier oder gar nicht.«
Der Mann sah sich nervös um und wich zurück. »Okay, dann ein andermal, Ellen«, nuschelte er und rannte davon.
Ellen strich ihre Kleider glatt, kehrte zurück ins Schulgebäude und meldete den Vorfall bei der Schulbehörde und der Polizei. Der Mann wurde noch am gleichen Abend gefaßt.

Viele Frauen berichten, sie hätten einen Angriff abgewehrt, indem sie sich verhalten hätten wie eine Wahnsinnige. Oft seien die Angreifer davongelaufen und hätten ihnen noch nachgeschrien: »Du bist krank im Kopf! Du bist verrückt!« Wirklich eine interessante Äußerung für einen Vergewaltiger.

Einen Vergewaltiger anekeln

Viele Frauen berichten, sie hätten einen Angriff abgewehrt, indem sie sich vulgär oder abstoßend verhalten oder eine ansteckende Krankheit vorgetäuscht hätten. Manche Frauen logen dem Angreifer vor, daß sie an Aids oder einer Geschlechtskrankheit litten oder ihre Menstruation hätten. Weitere Verhaltensweisen:

- urinieren
- furzen
- kotzen
- rülpsen
- koten

All diese Taktiken funktionieren wahrscheinlich besser, wenn Sie den Täter kennen, als wenn es sich um einen Unbekannten handelt. Verlassen Sie sich trotzdem nicht darauf, daß sie Ihr

Leben retten. Um sie erfolgversprechend einzusetzen, müssen Sie sie auf Befehl abrufen können. Vielleicht fürchten Sie sich so, daß Sie glauben, sich jeden Moment übergeben zu müssen, aber können Sie es auch wirklich? Vielleicht haben Sie vor lauter Angst die Hosen voll, aber können Sie sich so kontrollieren, daß Sie das auch in die Tat umsetzen?

Der größte Vorteil von vulgärem Verhalten ist, daß der betreffende Mann nun wirklich weiß, daß es sich nicht um eine Verführungssituation handelt. Auch wenn Sie wieder und immer wieder »nein« sagen, ist er womöglich immer noch in dem prähistorischen Denken verwurzelt, daß Sie in Wahrheit »ja« meinen, und wiegt sich in der Illusion, daß er Ihnen den Hof macht. Sie müssen ihm auf jede menschenmögliche Weise verdeutlichen, daß eine Vergewaltigung nicht Ihren Vorstellungen von Romantik entspricht. Wenn Sie den Eindruck haben, daß eine indirekte Herangehensweise erfolgversprechender ist, stellen Sie sich so unattraktiv dar, daß er Sie freiwillig loswerden will.

Es ist sinnlos, bei einem sexuellen Übergriff den Kopf in den Sand stecken zu wollen. Auch können wir es uns nicht leisten, einen Angriff einfach über uns ergehen zu lassen. Seit Aids müssen wir der Tatsache ins Auge sehen, daß wir uns und unseren Körper verteidigen müssen. Selbst wenn wir die Tat überleben, ist eine vollendete Vergewaltigung bereits wegen Aids ein lebensbedrohliches Verbrechen.

Wir alle würden eine Vergewaltigung am liebsten dadurch verhindern, daß wir mit dem Täter sprechen, der Situation einen menschlichen Aspekt geben und ihn dazu bringen, uns als persönliches Wesen zu sehen. Wir glauben, wir könnten uns und auch diese Männer retten, indem wir mit ihnen reden und ihnen klarmachen, daß sie etwas Böses tun.

Viele Frauen haben sich zu ihrem Schutz auf ihre Fähigkeit verlassen, durch Liebe zu überzeugen. Allerdings können wir uns heutzutage ein solches Verhalten nicht mehr leisten. Wir kämpfen nicht nur gegen ein paar Verrückte auf der Straße, sondern gegen ein jahrhundertealtes kulturelles Erbe, bei dem Sex als Bequemlichkeit und Frauen als Beutegut oder Spielzeug betrachtet werden.

Vielleicht werden wir in einem anderen Zeitalter nicht mehr um unser Recht auf Sicherheit kämpfen müssen. Doch hier und jetzt können wir uns Großzügigkeit gegenüber Fremden erst leisten, nachdem wir für unsere eigene Sicherheit gesorgt haben.

Tagebuch einer Vergewaltigung
von Dell Fitzgerald-Richards (1974)

... ich habe diesen mann nicht gerufen
er kam in der nacht
mit messer und maske
ich habe ihn nicht eingeladen in mein haus in mein bett
und ich muß damit leben
und damit umgehen (oh, und das meine ich wörtlich
ach so wörtlich)
damit umgehen
jeden tag wenigstens einmal ...

ich hoffe ihr seid gewarnt ihr meine glücklicheren
schwestern
vorsichtig zu sein
bei nacht und bei tag
und aufmerksam
denn wir haben krieg obwohl
wir nicht bereit sind und
es uns nicht ausgesucht haben

noch nicht jedenfalls
und ich hoffe es hilft euch
meine anderen schwestern
die das gleiche durchgemacht haben
daß es eure wut beflügelt
damit ihr lernt zurückzuschlagen
zu treten zu kratzen
zu hassen wenn nötig
und noch viel wichtiger zu wissen
und bereit zu sein für diese notwendigkeit
vielleicht sogar zu lernen
messer und pistolen zu gebrauchen
aber wenigstens euren eigenen körper
um euch zu schützen
denn ich liebe euch meine schwestern
und wir sind viel zu lang spielzeuge gewesen

Oakland, California, Women's Press Collective

Kurz zusammengefaßt:

1. Viele Faktoren beeinflussen, wie eine Frau auf einen Angriff reagiert. Dazu gehören Erziehung, Körpergröße, Geschwisterposition in der Familie, Rollenmodelle in der Kindheit, Kenntnis grundlegender Überlebenstechniken.
2. Eine erfolgreiche Selbstverteidigung besteht aus einer Kombination von körperlichem Widerstand und weiteren Techniken wie selbstbewußtes Sprechen, Schreien und Davonlaufen.
3. Das vorrangige Ziel einer erfolgreichen Selbstverteidigung ist es, die Wahrscheinlichkeit zu verringern, daß uns Gewalt angetan wird.

4. Wir müssen lernen, einen Gegner auszutricksen, anstatt ihm durch Muskelkraft beizukommen.
5. Unsere beste Waffe gegen einen Angreifer ist, eine selbstbewußte und starke Persönlichkeit auszustrahlen.
6. Strategien, die nicht funktionieren: betteln, flehen, strampeln, streiten, weinen, wimmern, vernünftig argumentieren, ignorieren, sich einschmeicheln.
7. Selbstverteidigungsstrategien, die funktionieren: weglaufen, durch Schreien oder eine Trillerpfeife Aufsehen erregen, Zeit gewinnen, selbstbewußtes Sprechen, körperliche Gewalt.
8. Die allerbeste Strategie ist Weglaufen.
9. Ein Angreifer fürchtet sich vor Versagen, Schmerzen, davor, erwischt zu werden, die Kontrolle zu verlieren, und vor Strafe.
10. Wir können drei Faktoren beeinflussen, die für einen Vergewaltiger wichtig sind: Zeit, Ort und Kontrolle über das Opfer.
11. Gleichgültig, wie wir auf einen Angriff reagieren, wir müssen sofort und ohne nachzudenken die Kontrolle an uns reißen.
12. Begleiten Sie einen Angreifer nie freiwillig an einen abgelegenen Ort.
13. Es ist tragisch, daß wir es uns in unserer Gesellschaft erst dann leisten können, freundlich zu Fremden zu sein, nachdem wir für unsere eigene Sicherheit gesorgt haben.

Anmerkung: Indem wir die grundlegenden Überlebenstechniken erlernen, setzen wir uns auf einer sehr primitiven Ebene mit uns selbst auseinander. Obwohl wir wahrscheinlich nie in die Situation kommen werden, ein Feuer mit nur einem Streichholz anzuzünden, Wasser in der Wildnis zu finden oder einen Schneesturm im Gebirge überleben zu müssen, werden wir uns doch

stärker und unabhängiger fühlen, wenn wir diese Fähigkeiten beherrschen. Diese grundlegenden Überlebenstechniken zu lernen verleiht Macht und macht Spaß.
Für die meisten Frauen dürfte es keine Schwierigkeit bedeuten, mehrere Selbstverteidigungsstrategien gleichzeitig einzusetzen. Schließlich kochen wir ja auch das Essen, überwachen parallel dazu die Hausaufgaben der Kinder, telefonieren mit der Nachbarin und füttern den Hund. Was ist also so schwierig daran, gleichzeitig zu treten, zu schreien, zu argumentieren und zu rennen?

Übung 1

Eignen Sie sich verschiedene Überlebenstechniken an. Machen Sie einen Erste-Hilfe-Kurs beim Roten Kreuz. Lesen Sie ein Buch über Sicherheit im Haushalt. Gehen Sie zu einem Camping- oder Trekkingausrüster, und erkundigen Sie sich nach Kursen zum Thema Überleben in der Wildnis. Wahrscheinlich werden Sie nie ein Feuer anzünden, in der Wüste Wasser finden oder einen Schneesturm im Gebirge überleben müssen, aber es wird Ihnen Kraft und Selbstbewußtsein verleihen, diese Fähigkeiten zu beherrschen.

Übung 2

Richten Sie ein furchtbares Durcheinander an.
Suchen Sie sich einen ruhigen, sicheren Ort – Ihr Schlafzimmer, das Bad oder die Wohnung einer Freundin eignen sich gut. Dann stellen Sie sich vor, Sie würden auf der Straße belästigt. Nun nehmen Sie sich eine Minute Zeit und schreien, kreischen, fluchen, treten, prügeln, schlagen oder springen. Tun Sie alles, um ein furchtbares Chaos zu veranstalten. Kontrollieren Sie nicht, was Sie sagen oder tun; lassen Sie es laufen. Eine Minute ist sehr lang, um eine solche intensive Aktivität durchzuhalten.

Nach einigen Sekunden wäre der Angreifer bestimmt schon geflohen.

Wenn Sie fertig sind, stellen Sie sich vor, wie sich der Angreifer vor Angst windet und dann wie von wilden Furien gejagt davonläuft. Wischen Sie sich die Hände ab, und machen Sie das Siegeszeichen.

Übung 3

Kaufen Sie sich die lauteste Trillerpfeife, die Sie finden können. Gehen Sie in einen Park, und benützen Sie sie. Haben Sie Spaß damit, und hängen Sie sie dann an Ihren Schlüsselbund.

11. Kapitel: Sich zur Wehr setzen

Auch wenn Sie sich immer richtig verhalten, alle gefährlichen Orte meiden und allen eventuell gefährlichen Menschen aus dem Weg gehen, können Sie trotzdem in eine bedrohliche Situation geraten. Können Sie sich wehren?

Jede von uns hat die Kraft und die Fähigkeit, jemanden zu verletzen. Auch Sie sind dazu in der Lage, einem anderen Schmerz zuzufügen. Können Sie diese Fähigkeit einsetzen, um sich zu verteidigen?

Selbstverteidigung hat viel mit dem Treffen von Entscheidungen zu tun. Körperlicher Widerstand erhöht Ihre Entscheidungsfreiheit, wenn Sie sich in einer bedrohlichen Situation befinden. Aber körperlicher Widerstand ist nicht Ihre einzige Möglichkeit. Sie können mit dem Angreifer sprechen, Sie können versuchen, ihn abzulenken, Sie können so tun, als wären Sie verrückt, Sie können versuchen, schneller zu laufen als er. Aber zuweilen kann nur eine gewaltsame Reaktion Sie retten.

Wenn jemand Sie körperlich angreift, hat er sein Recht auf faire Behandlung verwirkt. Werden unsere Grundrechte verletzt, dürfen wir unsere Sicherheit, unsere Privatsphäre und unseren Seelenfrieden verteidigen. Niemand hat das Recht, uns Leid zuzufügen oder uns zu Opfern zu machen.

Ein Mann, der Sie angreift, hat die Regeln unserer Kultur und auch die der Menschlichkeit verletzt. Obwohl wir am liebsten gewaltfrei leben würden, dürfen wir nicht vergessen, daß wir die Auseinandersetzung schließlich nicht angefangen haben.

Viele Frauen glauben, sie seien nicht stark genug, um sich zu wehren. Es geht aber nicht um Körperkraft, sondern um den Willen, die uns eigene Körperkraft einzusetzen. Als ich meinen ersten Selbstverteidigungskurs für Frauen abhielt, war ich mit meinen Schülerinnen sehr zufrieden, weil sie so viele nützliche Fähigkeiten erworben hatten. Als wir nach der letzten Stunde auseinandergingen, unterhielt ich mich mit den Frauen über den Kurs, und sie waren alle sehr begeistert. Mir ging es gut, bis eine sagte: »Es hat mir eine Menge Spaß gemacht, aber ich glaube nicht, daß ich jemals einem anderen Menschen weh tun könnte.«

Erstaunt sah ich sie an und betrachtete dann meine übrigen Schülerinnen. »Wie ist es mit euch? Könntet ihr die Techniken, die ihr in diesem Seminar gelernt habt, anwenden?«

Wenn jemand Sie körperlich angreift, hat er sein Recht auf faire Behandlung verwirkt.

Sie alle erwiderten meinen Blick. Die meisten nickten bejahend, aber eine erschreckend große Anzahl zuckte die Achseln, als ob sie diese Möglichkeit niemals in Erwägung gezogen hätten. In diesem Augenblick wurde mir klar, daß die Selbstverteidigungstechniken, die ich diesen Frauen beigebracht hatte, absolut nutzlos waren, solange sie nicht auch den Willen hatten, sie anzuwenden.

Solange Sie nicht willens sind, die Tatsache zu akzeptieren, daß Sie jemandem weh tun müssen, wenn Sie sich verteidigen, wird Ihnen kein Training, kein Trick und keine Selbstverteidigungstechnik etwas nützen.

Das ist eine persönliche Frage, mit der Sie sich allein auseinandersetzen, die Sie sich selbst beantworten müssen. Und das, bevor Sie überfallen werden. Wenn Sie warten, bis Sie sich in einer gefährlichen Situation befinden, ist es zu spät. Mitten in einem Überfall werden Sie keine Zeit haben, diesbezügliche

Überlegungen anzustellen, denn wenn Sie nur den Bruchteil einer Sekunde zögern, verlieren Sie wertvolle Zeit.
Die meisten von uns haben noch nie ernsthaft daran gedacht, sich körperlich zur Wehr zu setzen. Es paßt einfach nicht zu unserer Erziehung und den Verhaltensweisen, mit denen wir uns wohl fühlen.
Stellen Sie sich vor, Sie hätten bisher ein relativ behütetes Leben geführt. Die wenigen Male, die Sie sich bedrängt oder bedroht fühlten, war immer Ihr Vater, Bruder oder Freund in der Nähe, um Sie zu verteidigen. Deswegen haben Sie selbstverständlich die Lösung des Konflikts den Männern überlassen. So fühlten Sie sich sicher und geborgen und genossen es, daß sich jemand um Sie kümmerte und dafür sorgte, daß Ihnen kein Leid geschah.

»Wenn wir aus Prinzipientreue gewaltlos bleiben, obwohl sich uns keine andere Möglichkeit bietet, ist das eher praktizierende Passivität statt Pazifismus. Wenn man seine Chancen, sich selbst zu schützen, vergrößert, trägt man nicht zur Gewalt bei; läßt man jedoch zu, daß einem Gewalt angetan wird, erlaubt man der Gewalt fortzubestehen.«

Frederique Delacoste und Felice Newman,
Fighting Back: Feminist Resistance to Violence

Aber was geschieht, wenn Papa nicht in der Nähe ist; Ihr Bruder studiert in einer anderen Stadt, und Ihr neuer Freund entpuppt sich auf einmal als Mensch mit aggressiven, rücksichtslosen Neigungen? Dann müssen Sie sich plötzlich – ganz allein – mit der Möglichkeit einer Vergewaltigung auseinandersetzen. Ihr Freund hat alle Kontrolle über sich verloren. Er beschimpft Sie als Kühlschrank und meint, es sei an der Zeit, daß Ihnen ein

Kerl wie er zeigt, was richtige Männer wollen. Was werden Sie tun?

Was werden Sie tun, wenn Sie als alleinstehende Mutter Ihren Lebensunterhalt bestreiten müssen, und Ihr Chef Sie im Konferenzzimmer in die Mangel nimmt? Was, wenn er Sie packt und Ihnen sagt, er wisse, daß Sie »es wollen«? Was werden Sie tun, wenn Sie Ihr ganzes Leben lang jegliche Form von Gewalt abgelehnt und sich bemüht haben, Konflikte konstruktiv zu lösen, und sich plötzlich auf der Straße ein Mann auf Sie stürzt? Was, wenn er Sie zu Ihrem Auto drängt und Ihnen befiehlt, ihn in ein abgelegenes Stadtviertel zu fahren?

Was werden Sie tun? In solchen Augenblicken werden Sie Dinge über sich selbst herausfinden, die Sie bislang noch nicht wußten. Der Überlebenstrieb bringt unsere stärksten Instinkte ans Tageslicht. In diesen Situationen dringen Sie bis in die Tiefen vor und erfahren, wer Sie wirklich sind. Niemand wendet gerne Gewalt an, doch wieviel kann ein Mensch einfach so hinnehmen? Gibt es etwas, was wir tun können?

Wir können etwas tun. Jede von uns kann etwas tun. Wir können uns wehren. Wir können uns mit Worten wehren; wir können uns psychisch wehren; wir können uns politisch wehren. Und wenn es sein muß, können wir uns auch körperlich wehren.

Indem wir aufstehen und uns wehren, wenn es nötig ist, vermitteln wir eine deutliche Botschaft: Wir lassen uns nicht länger zu Opfern machen.

Sich körperlich zu wehren, wenn man angegriffen wird, ist eine ehrenwerte Entscheidung. Und manchmal, wenn wir direkt bedroht werden, ist es unsere einzige Chance, uns selbst zu retten.

Möglicherweise haben wir nie zuvor diese Art von Mut gebraucht, der nötig ist, um uns zu wehren. Für Männer gibt es genug Möglichkeiten, Mut zu zeigen. Wir alle kennen Aussagen wie: »Jetzt scheiden sich die Männer von den Knaben; man muß ein richtiger Kerl sein, um für seine Rechte einzutreten; steh auf und kämpfe wie ein Mann.«

Frauen hingegen sind es nicht gewöhnt, für ihre Rechte einzutreten und auch körperlich mutig zu sein. Für uns gibt es nicht einmal Sprachmuster, um das auszudrücken: »Jetzt scheiden sich die Frauen von den Mädchen? Man muß eine richtige Frau sein? Steh auf und kämpfe wie eine Frau?« Im Augenblick klingt das in unseren Ohren noch merkwürdig, doch wer weiß? Irgendwann bürgert es sich vielleicht ein.

Kontrolle übernehmen

Wenn Sie sich in einer bedrohlichen Situation befinden, holen Sie tief Luft, und schätzen Sie das Ausmaß der Gefahr ab.

Das erste Anzeichen könnte sein, daß jemand Ihr körperliches Distanzbedürfnis nicht akzeptiert. Setzt sich ein Mann im Bus oder in der U-Bahn neben Sie, obwohl noch genügend Plätze frei sind, seien Sie vorsichtig.

Wenn der Mann, mit dem Sie ausgehen, darauf besteht, daß Sie ganz nah neben ihm sitzen, oder wenn er Ihnen die Hand aufs Knie legt, so daß Sie sich unwohl fühlen, passen Sie auf.

Das Ausmaß der Gefährdung hängt auch davon ab, wo Sie sich gerade befinden. Ist Hilfe in unmittelbarer Nähe, schweben Sie nicht in großer Gefahr. Sind Sie jedoch an einem verlassenen Strand und kilometerweit entfernt vom nächsten Telefon und fängt Ihr Freund an, Sie zu betatschen, ist die Gefährdung um einiges größer.

Ist das Risiko relativ gering, sollten Sie vermeiden, daß die Situation eskaliert. Drücken Sie sich klar und unmißverständlich aus, denn an diesem Punkt können Sie sich Mißverständnisse nicht leisten.

Falls Ihnen ein Unbekannter zu nahe rückt, gehen Sie in Gedanken alle Ihnen offenstehenden Möglichkeiten durch. Wenn nötig, wechseln Sie den Sitzplatz. Starrt er Sie im Beisein anderer Menschen aufdringlich an, bringen Sie ihn in Verlegenheit, indem Sie ihm sagen, daß Sie sich durch ihn belästigt fühlen.
Fühlen Sie sich durch einen Freund oder Bekannten bedroht, teilen Sie ihm sofort mit, daß Sie die Situation im Griff haben und es bitterernst meinen.
Fordern Sie ihn auf, seine Hand wegzunehmen. Wenn er nicht versteht, daß Sie es ernst meinen, zwicken Sie ihn kräftig in den Bauch oder ein anderes Körperteil, das Sie gut erreichen können. Alternativen wären, ihm die Nase oder das Ohr umzudrehen oder ihn an den Haaren zu ziehen. Diese Methode ist verhältnismäßig schmerzhaft, aber nicht lebensbedrohlich, und sichert Ihnen seine Aufmerksamkeit. Außerdem wird es ihm peinlich sein, weshalb er sich wahrscheinlich nicht mit Ihnen streiten wird. In diesem Stadium möchte er kein Aufsehen erregen. Was sollte er auch tun? Aufspringen und seinen Kumpeln erzählen, daß Sie ihn gezwickt haben? Falls er noch einen Funken von Vernunft besitzt, wird er sein Vorhaben aufgeben. Tut er das nicht, müssen Sie nachdrücklicher reagieren.

Sich körperlich wehren

Ist Ihr Leben in Gefahr oder droht Ihnen eine Vergewaltigung, müssen Sie so reagieren, daß Sie sich so schnell wie möglich in Sicherheit bringen können.
Selbst angesichts einer eindeutigen Gefahr zögern viele Frauen, sich körperlich zu wehren. Der größte Stolperstein, der sie daran hindert, ist der Mythos, daß es falsch sei, sich zu wehren. Viele Frauen glauben, sie würden den Täter provozieren und ihre Lage verschlimmern, wenn sie sich wehren. Andere wieder-

um meinen, Widerstand sei sowieso zwecklos, weil es ihnen nie gelingen würde, sich von einem größeren und stärkeren Täter loszureißen.

Allerdings stehen diesen Mythen die Aussagen von Fachleuten und verschiedene Statistiken gegenüber:

Frauen, die sich wehren (durch Treten, Schreien, Reden, Streiten, Rennen etc.), haben eine fünfzigprozentige Chance, den Angriff abzuwehren. Nach den Ergebnissen der Untersuchungskommission zum Thema Gewaltverbrechen gegen Frauen erhöht eine Frau ihre Chance, einen Angreifer abzuwehren, auf fünfundsiebzig Prozent, wenn sie an einem Selbstverteidigungskurs teilgenommen hat.

Dazu muß sie nicht jahrelang Karate- oder Kampfsportkurse belegen. Die erfolgreichsten Tricks zur Selbstverteidigung sind nämlich diejenigen, die man rasch lernt und an die man sich leicht erinnert. Solche Techniken sind daraufhin angelegt, in möglichst kurzer Zeit beim Gegner möglichst große Schmerzen zu erzeugen, damit Sie davonlaufen und Hilfe holen können.

Nach einer vom National Mental Health Institute finanzierten Studie haben Frauen, die körperlich reagieren, eine bessere Chance, eine Vergewaltigung abzuwehren. Offenbar besteht kein Zusammenhang zwischen dem körperlichen Widerstand einer Frau und dem Ausmaß der Verletzungen, die sie über die Vergewaltigung hinaus erleidet. Weiterhin ergab die Studie, daß ein sexueller Übergriff nicht notwendigerweise schwere körperliche Verletzungen zur Folge haben muß. Widerstand führt für gewöhnlich nur zu leichten Verletzungen wie Kratzern und Abschürfungen.

Körperlicher Widerstand garantiert nicht, daß Sie unverletzt entkommen. Manchmal wird ein Täter noch gewalttätiger, wenn Sie sich wehren. Allerdings kommt es viel häufiger vor, daß eine Frau durch entschlossenen Widerstand die Möglichkeit zur Flucht bekommt. Wenn Sie sich wehren, sollte Ihr vorrangiges Ziel sein, kräftig und schnell zuzuschlagen und dann dorthin zu fliehen, wo Lichter und andere Menschen sind, damit Sie sich in Sicherheit bringen können. So können Sie verhindern, daß Sie vergewaltigt und verletzt werden.

Sind Sie stark genug, einen Angriff abzuwehren? Auf diese Frage gibt es keine allgemeingültige Antwort. Als die Teilnehmerin eines Schönheitswettbewerbes Mike Tyson auf seinem Hotelzimmer besuchte, muß sie gewußt haben, daß sie ihm körperlich absolut unterlegen war.

Aber glücklicherweise sind die wenigsten Männer so stark und gut trainiert wie Mike Tyson, und die meisten Frauen verfügen Gott sei Dank über größere Kräfte, als sie selbst vermuten. Sie müssen nicht die Muskeln eines Mike Tyson haben, um sich zu verteidigen. Sie müssen lediglich wissen, wann und womit Sie zuschlagen und welche Stelle Sie treffen müssen. Selbstverteidigung ist keine Sportveranstaltung, sondern eine Situation, in der es um Ihr Überleben geht; es gelten keine Regeln.

Der Grad an Gewalt, den Sie zu Ihrer Verteidigung anwenden, hängt von der Gewalt oder der Bedrohung ab, der Sie ausgesetzt sind. Kommt zum Beispiel in einem Lokal ein Mann auf Sie zu und sagt: »Hey, Kleine, siehst aber ganz schön knackig aus. Hast du Lust, einen draufzumachen?« und Sie dabei anzüglich am Arm berührt, können Sie nicht reagieren, indem Sie ihm die Kniescheibe zerschmettern.

In ihrem Buch *I Never Called It Rape* schreibt Robin Warshaw über eine Studentin: »Ich fühlte mich vergewaltigt, aber mir war nicht klar, daß ich vergewaltigt worden war ... Es fiel mir nicht ein, daß es in Ordnung sein könnte, ihm weh zu tun, ihn in die Eier zu treten oder ihm ein blaues Auge zu schlagen. Ein nettes Mädchen tut so was nicht. Also legt man sich zurück und läßt es über sich ergehen, und dann setzt man sich mit den Folgen auseinander.«

Auch wenn es Ihnen (und das mit Recht!) nicht gefällt, wenn ein Fremder Sie anfaßt, ist das Ausmaß der Gewalt und auch der Bedrohung in dieser Situation minimal und erfordert deshalb auch nur eine minimale Reaktion. Ein nachdrückliches »Nein, verschwinden Sie und lassen Sie mich in Ruhe!« wird in dieser Lage wahrscheinlich vollkommen genügen.

Packt er Sie dann allerdings am Arm, zieht Sie an sich und sagt: »Du kommst jetzt mit, ob es dir paßt oder nicht«, ist die Gewalt eskaliert. Eine heftigere Reaktion Ihrerseits ist jetzt erforderlich und angemessen.

Unterschätzen Sie Ihre Kraft nicht. Es braucht nicht viel, um jemandem das Knie auszurenken, damit er Ihnen nicht nachlaufen kann und Sie sich in Sicherheit bringen können. Mit dem Druck einer kräftigen Ohrfeige können Sie ein Trommelfell zum Platzen bringen.

Sich nicht zu wehren
ist das Ergebnis jahrelangen kulturellen
Einflusses und jahrelanger Konditionierung.
Von Mädchen wird es einfach nicht erwartet,
daß sie kämpfen.
Traurigerweise fällt es vielen Frauen leichter,
Schmerzen zu erleiden, als sie einem
anderen zuzufügen.

Abgesehen davon, daß Sie durch Gegenwehr einen Angriff wahrscheinlich abwenden können, hat es auch noch andere Vorteile, Widerstand zu leisten: Frauen, die sich körperlich zur Wehr setzten, erholten sich um etwa fünfzig Prozent schneller von den Folgen eines Überfalls als diejenigen, die stillhielten.

»Manche Frauen sagen, sie hätten danach
ein besseres Selbstgefühl gehabt, weil sie sich
mit allen ihnen zur Verfügung stehenden
Mitteln gegen den Überfall gewehrt hatten …
Eine der wichtigsten Funktionen körperlichen
Widerstands ist es, daß Frauen sich nach
einer Vergewaltigung weniger deprimiert
fühlen.«

Pauline B. Bart und Patricia H. O'Brien
Stopping Rape

Der springende Punkt ist hier, daß diese Frauen das Gefühl hatten, die Ereignisse wenigstens bis zu einem gewissen Grad kontrolliert und beeinflußt zu haben. Sie fühlten sich wie Überlebende, nicht wie Opfer. Solange wir Vorfälle ein bißchen beeinflussen können, werden wir nicht so leicht in eine Opferrolle gedrängt. Selbst wenn Sie sich entscheiden, nachzugeben anstatt sich körperlich zu wehren, treffen Sie eine bewußte Wahl und lassen sich nicht von Geschehnissen mitreißen, die sich Ihrem Einfluß entziehen. In manchen Situationen kann eine solche Entscheidung sinnvoll und durchaus zu rechtfertigen sein.

Jede Situation ist anders. Jeder Überfall stellt eine andere Herausforderung dar. Der bloße Gedanke, sich körperlich gegen einen Gegner wie Mike Tyson zur Wehr setzen zu wollen, ist absurd, und der Versuch wäre bei jedem, den ich kenne – gleichgültig, ob Mann oder Frau –, zum Scheitern verurteilt. Allerdings ist es in den meisten Situationen möglich und durchaus erfolgversprechend, sich zu wehren.

Körperliche Gegenwehr erfordert sehr viel Mut. Wenn Sie sich dazu entschließen, muß diese Entscheidung blitzschnell fallen. Sie müssen so rasch, konzentriert, kraftvoll und gezielt zuschlagen, wie es Ihnen möglich ist. Eine halbherzige körperliche Gegenwehr gibt es nicht. In einer solchen Situation geht es um alles oder nichts.

Weiterhin ist es wichtig, den Unterschied zwischen Sträuben und Gegenwehr zu verstehen. Bei dem Wort Sträuben denke ich an eine wohlerzogene junge Dame, die hilflos mit den Fäusten gegen die Brust eines großen, starken Mannes trommelt. Diese Methode der Selbstverteidigung ist nicht besonders erfolgversprechend. Stellen Sie sich statt dessen vor, Sie gehen eine Straße in der Innenstadt entlang. Plötzlich springt zwischen zwei geparkten Autos ein Mann hervor, packt Sie beim Arm und befiehlt Ihnen, mitzukommen. Ohne zu zögern, wirbeln Sie herum, stechen ihm die Finger in die Augen und stoßen einen kehligen, trotzigen Wutschrei aus. Das führt dazu, daß er Sie losläßt. Übernehmen Sie dann die Kontrolle. Packen Sie ihn bei der Schulter, und rammen Sie ihm mit aller Kraft den Ellenbogen in den Kiefer. Sein Kopf wird zurückgerissen, aber Sie sind noch lange nicht fertig mit ihm. Sie heben das Bein und treten ihn heftig gegen das Knie. Während er sich entsetzt und unter Schmerzen am Boden windet, rennen Sie so schnell Sie können dorthin, wo Sie Lichter und andere Menschen vermuten. Dort angekommen, wählen Sie sofort 110 und melden den Überfall bei der Polizei. So könnte effektive Selbstverteidigung aussehen.

Zwischen Sträuben und Gegenwehr besteht ein riesiger Unterschied.

Ja, Sie haben ihm weh getan. Dafür sind Sie am Leben und unverletzt und können das Verbrechen bei der Polizei anzeigen, damit dieser Mann daran gehindert wird, noch weitere Frauen zu überfallen, die vielleicht nicht über eine solche Kraft und ein solches Selbstbewußtsein verfügen wie Sie.
So sieht die Realität aus. Wir Frauen sind es leid, überfallen zu werden, haben die körperlichen Übergriffe satt und werden sie nicht länger hinnehmen.
Es ist sehr hilfreich, wenn man sich vor Augen führt, daß auch Männer dahingehend konditioniert worden sind, eine ganz bestimmte Reaktion zu erwarten. Paßt Ihre Reaktion jedoch nicht in dieses Bild, verliert der Vergewaltiger erst einmal die Orientierung. Nützen Sie seine Verwirrung aus. Schlagen Sie kräftig und wirkungsvoll zu, und bringen Sie sich dann in Sicherheit.
Wenn Sie sich zur Gegenwehr entschließen, werden Sie Aufsehen erregen. Es gibt Situationen, in denen eine gute Erziehung

und höfliche Manieren passend sind, nicht aber, wenn es um einen Kampf auf der Straße geht. Es ist Ihr Leben, und Sie werden alles menschenmögliche tun, um es zu retten.
Da es sehr einfach zu sein scheint, diesen Aspekt aus den Augen zu verlieren, sollten Sie daran arbeiten, nicht den Überblick zu verlieren. Stellen Sie sich das schlimmste Szenario vor. Sie befinden sich allein mit einem jungen Mann in dessen Zimmer im Studentenheim, und er fängt an, Sie massiv zu belästigen. Dann wäre eine Möglichkeit, einfach stillzuhalten, um ihn nicht zu kompromittieren. Aller Wahrscheinlichkeit nach wird diese Entscheidung eine Vergewaltigung nach sich ziehen und damit auch die Angst vor einer Schwangerschaft oder einer Ansteckung mit Aids – immerhin ist davon auszugehen, daß er mit anderen Frauen schon das gleiche gemacht hat wie mit Ihnen.
Und die Alternative? Wenn Sie schreien und sich wehren, erregen Sie Aufmerksamkeit. Vielleicht werden seine Freunde Sie auslachen und verspotten. Möglicherweise wird er Sie schlagen oder verprügeln. Doch diese Wunden heilen rasch. Durch die Entscheidung, sich zu wehren, haben Sie beschlossen, Überlebende und nicht Opfer zu sein. Sie haben die Entscheidung gefällt, sich zu retten und zu überleben.

»Es ist für eine Frau möglich, sich gegen einen Mann zu wehren, aber sie muß auf diese Möglichkeit – praktisch und emotional – vorbereitet sein.«

Robin Warshaw,
I Never Called It Rape

Waffen, die Ihnen zur Verfügung stehen

Ihr »Waffenarsenal« wird lediglich von Ihrer Phantasie beschränkt. Mit buchstäblich jedem harten oder scharfen Gegenstand kann man einen Angreifer verletzen. Außerdem kann man dem Gegner auch eine Flüssigkeit ins Gesicht sprühen oder schütten, damit er vorübergehend geblendet ist.
Wenn Sie eine improvisierte Waffe verwenden, sollten Sie allerdings folgendes nicht vergessen:

- Der Gegner wird dadurch nur langsamer. Halten Sie sich zur Flucht bereit.
- Gleichgültig, was Sie benutzen, es gibt immer die Möglichkeit, daß der Täter Ihnen die Waffe entreißt und sie gegen Sie richtet.

Die beste Waffe ist eine, die Sie so schnell wie möglich in die Hand nehmen können. Das ist davon abhängig, wo Sie sich gerade befinden, was herumliegt oder was Sie bei sich haben. Jede Situation ist anders, doch vielleicht werden die folgenden Szenarien Sie inspirieren.

- Sie haben beide Hände voller Einkaufstüten; jemand packt Sie von hinten beim Arm und bedroht Sie. Wirbeln Sie herum, und schlagen Sie ihm die Einkaufstüten an den Kopf.
- Sie stehen in der Küche am Spülbecken. Jemand bricht durch die Vordertür ein und kommt mit einem dicken Knüppel in der Hand in die Küche. Nehmen Sie den Topf mit dem Gulasch von Herd, und schütten Sie den Inhalt dem Angreifer ins Gesicht. Ziehen Sie den Stecker vom Toaster ab, wirbeln Sie ihn am Kabel durch die Luft, und treffen Sie den Angreifer damit am Kopf.
- Sie sind in Ihrem Zimmer im Studentenheim und machen

sich gerade bettfertig. Plötzlich geht die Tür auf, ein offenbar betrunkener Kommilitone springt auf Sie zu und droht, es Ihnen zu »besorgen«. Nehmen Sie Ihr Haarspray und sprühen Sie es ihm in die Augen. Greifen Sie zum Tennisschläger, und schlagen Sie ihm damit auf den Kopf oder auf die Nase.

- Sie haben draußen ein Geräusch gehört. Sie holen Ihre Taschenlampe und gehen hinaus, um nachzusehen, da hören Sie jemanden hinter sich. Sie wirbeln herum und sehen den Täter direkt hinter sich stehen. Rammen Sie ihm die Taschenlampe in die Nase.

Es gibt unzählige Methoden, sich mit diversen »Waffen« zu verteidigen. Benutzen Sie Ihre Phantasie. Lassen Sie Ihren Einfallsreichtum spielen, aber am wichtigsten ist es, daß Sie Ihr Selbstbewußtsein dazu einsetzen, sich aus Leibeskräften zu verteidigen. Wenn Sie angegriffen werden, vergessen Sie nicht, daß Sie Ihrem Gegner soviel Schmerz wie möglich zufügen wollen. Greifen Sie dabei zu allem, was Sie in die Finger bekommen können. Erinnern Sie sich, wie Sie mit Ihrem Bruder im Haus Fangen gespielt haben? Sie sind gerannt, haben geschrien, ihm Türen ins Gesicht geknallt, ihm Stühle in den Weg gestellt und Kissen und alle möglichen anderen Gegenstände nach ihm geworfen. Genau diese Vorgehensweise ist auch sehr wirkungsvoll, wenn Sie von einem Angreifer verfolgt werden. Machen Sie es ihm so schwer wie möglich, Sie zu erwischen.

Befinden Sie sich im Freien, werfen Sie ihm Sand oder Erde ins Gesicht. Sind Sie drinnen, nehmen Sie, was gerade in Reichweite liegt.

Die größte Gefahr bei traditionellen Waffen liegt in dem Irrglauben, diese allein könnten Sie schützen. Damit eine Waffe Ihnen nützt, muß sie sofort greifbar sein, und Sie müssen sie anwenden können.

Viele Frauen haben Reizgas in der Handtasche und glauben, daß

es sie vor einem Angreifer schützt. Allerdings ist die Wirksamkeit von Reizgas mit einigen Wenn verbunden. Wenn die Frau im Augenblick des Angriffs die Spraydose in der Hand hat, wenn sie die Hände frei hat, wenn der Sprühmechanismus funktioniert, wenn die Chemikalien noch in Ordnung sind, wenn der Täter sie von vorne angreift, wenn der Wind nicht in die falsche Richtung bläst und wenn der Angreifer nicht unter dem Einfluß von Drogen oder Alkohol steht.
Ganz offensichtlich hängt die Wirksamkeit von Reizgas von vielen Faktoren ab, und das ist bereits an der Aufschrift der Sprühdose zu erkennen.

Wenn Sie sich wehren, zielen Sie mit Ihren kräftigsten Körperteilen nach den schmerzempfindlichsten Stellen am Körper ihres Gegners.

Auch Tränengas ist eine chemische Waffe, die zur Selbstverteidigung eingesetzt wird. Man kann es aus einem Abstand von einem bis drei Meter versprühen; die Wirkung läßt nach dreißig bis fünfundvierzig Minuten nach. Tränengas wird auch mit einem ultravioletten Farbstoff angeboten, der den Täter erkennbar macht. Der Nachteil von Tränengas ist, daß es nur eine Haltbarkeitsdauer von sechs Monaten hat. Das heißt, Sie sollten es direkt in der Fabrik bestellen und alle sechs Monate ersetzen. Selbstverständlich sind auch weitaus gefährlichere Waffen im Handel: Schreckschußpistolen, Messer und Schlagringe u. ä. können relativ leicht erworben werden. Falls Sie sich entschließen, eine der oben genannten Waffen bei sich zu tragen, sollten Sie wissen, daß ein Angreifer Sie Ihnen auch entreißen und gegen Sie einsetzen kann. Wollen Sie sich dennoch mit einer solchen Waffe verteidigen, lernen Sie, wie man sie handhabt, üben Sie regelmäßig, und setzen Sie sie verantwortungsbewußt ein.

Wenn nichts, was Sie als Waffe benutzen könnten, in Reichweite ist, müssen Sie sich auf Ihren Körper verlassen. Wir alle tragen wirksame »Waffen« am Körper: Hände, Fingernägel, Füße, Knie, Ellenbogen, Kopf und unser Gehirn. Ihr Gehirn ist Ihr bestes Verteidigungsmittel. Denken Sie nach. Versuchen Sie herauszufinden, was der Täter von Ihnen erwartet, und tun Sie dann genau das Gegenteil.
Wenn Sie sich wehren, zielen Sie mit Ihren kräftigsten Körperteilen nach den schmerzempfindlichsten Stellen am Körper Ihres Gegners. Das heißt: Sie wollen ihm in der kürzestmöglichen Zeit den größtmöglichen Schmerz zufügen und dabei das geringstmögliche Risiko eingehen.

»Zur Selbstverteidigung gehört es zwar, körperliche Manöver zu erlernen, aber ohne die richtige Einstellung geht es nicht. Selbstverteidigung besteht zu zehn Prozent aus Technik und zu neunzig Prozent aus guten Nerven. Sie müssen fest dazu entschlossen sein – den Willen haben, sich selbst zu schützen.«

Dan Lena und Marie Howard,
Sexual Assault: How to Defend Yourself

Wenn Sie angegriffen werden, holen Sie tief Luft, schätzen Sie die Lage ab und entscheiden Sie sich für die Verteidigungsstrategie, die Ihrer Ansicht nach am besten ist. Auf den ersten Adrenalinstoß wird bald ein Abfallen des Adrenalinspiegels folgen, also handeln Sie schnell und entschlossen.
Jede Verteidigungstechnik wird noch wirkungsvoller sein, wenn Sie dabei laut und heftig schreien. Die Stimme ist eine mächtige Waffe. Selbst beim Training schreien Sie, so laut Sie können: »Nein!«

Wie bei jeder erlernbaren Fähigkeit, werden Sie auch im Fall der Selbstverteidigung von regelmäßigem Training profitieren. Jede der nachfolgend aufgeführten Techniken kann in wenigen Minuten erlernt werden. Und wenn Sie sie wieder und immer wieder üben, werden sie Ihnen im Notfall auch sofort einfallen. Nehmen Sie sich täglich eine Minute Zeit für das Selbstverteidigungstraining. Nachdem Sie Ihr Gesicht gewaschen und sich die Zähne geputzt haben, schauen Sie in den Spiegel, und machen Sie einige Übungen. Auf diese Weise rosten Ihre Fähigkeiten nicht ein und bleiben abrufbereit. Außerdem werden Sie damit täglich daran erinnert, wie wichtig es ist, sich zu schützen. Betrachten Sie es als Ritual, als Symbol dafür, daß Sie sich schützen können. Das einminütige Selbstverteidigungstraining finden Sie auf Seite 230.

Hat ein Täter Sie erst einmal angegriffen, indem er Sie gepackt, Sie berührt oder deutlich vermittelt hat, daß er vorhat, Ihnen zu schaden, hat er sein Recht auf faire Behandlung verwirkt. Wenn diese Grenze erst einmal überschritten ist, ist es an Ihnen, die Situation zu bestimmen. Von da an sollten Sie die Kontrolle übernehmen.

Es ist unmöglich, Selbstverteidigungstechniken mit einem Partner oder einer Partnerin realistisch zu üben, denn es handelt sich um schmerzhafte, manchmal bleibende Schäden hervorrufende Manöver, die Sie nur anwenden wollen, wenn Ihr Leben in Gefahr ist. Sie können gemeinsam üben, doch geben Sie acht, daß Sie einander nicht berühren; die Verletzungsgefahr ist sehr hoch.
Falls Ihr Ehemann oder Freund wissen will, was Sie aus diesem »Selbstverteidigungsbuch« gelernt oder was Sie im Selbstvertei-

digungskurs mitbekommen haben, können Sie ihm das nicht zeigen, ohne ihm weh zu tun. Damit er es jedoch ernst nimmt, versuchen Sie es einmal so: Drücken Sie ihm einfach Ihre Handfläche gegen die Nase. Er wird sofort einen Schritt zurückweichen. Und dann fragen Sie ihn, ob Sie es ihm einmal mit voller Kraft zeigen sollen.

Ablenkungsmanöver

Wenn jemand Sie packt, wird Ihr erster Impuls sein, sich loszureißen. Versuchen Sie das jedoch durch Muskelkraft zu erreichen, werden Sie Schwierigkeiten haben. Statt dessen sollten Sie zu etwas greifen, was man normalerweise ein Ablenkungsmanöver nennt, also ein schneller Trick, der die Aufmerksamkeit Ihres Gegners vom Ziel, Sie festzuhalten, ablenkt. Ablenkungsmanöver sollten von einem lauten Schrei begleitet werden und von weiteren Schlägen und Tritten begleitet sein, damit Ihr Gegner Sie nicht verfolgen kann. Manchmal ist ein Angreifer so überrascht und entmutigt oder fürchtet sich sogar vor Ihrer Gegenwehr, daß das Ablenkungsmanöver allein bereits seinen Zweck erfüllt. Allerdings sollten Sie immer darauf vorbereitet sein, weiter zu gehen, wenn es sein muß.

Ablenkungsmanöver:

- Stoß mit den Fingern ins Auge
- Stoß mit dem Handballen gegen die Nase
- Stoß gegen die Kehle
- mit den Fingernägeln das Gesicht zerkratzen
- Schläge mit der Faust gegen Schläfe oder Nase
- Schlag aufs Ohr

Der Stoß ins Auge

Die beste und wirksamste Selbstverteidigungstechnik ist ein Stoß ins Auge. Erinnern Sie sich, wie weh es tut, wenn man eine Wimper oder ein Staubkorn im Auge hat? Und nun stellen Sie sich vor, jemand stößt mit dem Fingernagel hinein. Wenn man ins Auge gestoßen wird, ist die natürliche Reaktion, beide Hände vor die Augen zu schlagen – der Angreifer muß Sie also loslassen. Viele Frauen sagen, sie scheuten sich, jemandem das Auge zu verletzen. Wachen Sie auf! Denken Sie an die schrecklichen Geschichten, die Sie über Vergewaltigung gehört haben. Wenn Sie ihm den Augapfel nicht herausreißen, wird sein Auge abheilen. Auf jeden Fall handelt es sich um eine schnelle, schmerzhafte Verteidigungsmethode, die sehr wirksam ist.
Benutzen Sie alle Finger, und krümmen Sie diese leicht, damit Sie sie nicht überstrecken oder brechen. Halten Sie Hand und Ellenbogen auf gleicher Höhe, ziehen Sie den Ellenbogen zurück, und stoßen Sie mit den Fingern kräftig nach vorne. Schreien Sie dabei »Nein!«

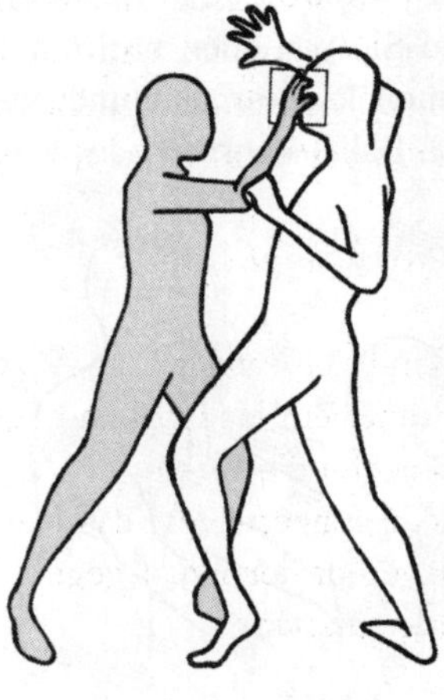

Wenn Sie nur einen Finger nehmen, besteht die Gefahr, daß Sie danebenstoßen. Benutzen Sie dagegen alle Finger einer Hand, können Sie Ihre Treffsicherheit mit fünf multiplizieren.
Um den Stoß ins Auge zu üben, nehmen Sie einen weichen Pappteller. Halten Sie ihn mit einer Hand, und üben Sie, mit den Fingerspitzen der anderen Hand danach zu stoßen. Falls es Ihre Vorstellungskraft beflügelt, können Sie ein Augenpaar auf den Teller malen.

Das Gesicht zerkratzen

Eine natürliche Waffe, die viele Frauen ständig bei sich tragen, sind ihre langen Fingernägel. Falls der Täter Sie bedrängt, können Sie sich damit ausgezeichnet verteidigen. Stellen Sie sich einen Tiger vor, der die Krallen zeigt, und Ihre Finger werden automatisch die richtige Haltung einnehmen: Die Hand ist angespannt, die Finger auch. Wenn möglich, sollten Sie beide Hände benutzen. Zielen Sie hauptsächlich auf die Augen, doch kratzen Sie so kräftig wie möglich über sein ganzes Gesicht. Kratzen Sie von oben nach unten oder von links nach rechts, was Ihnen leichter fällt und wie Sie es am besten erreichen können. Dabei knurren oder schreien Sie.

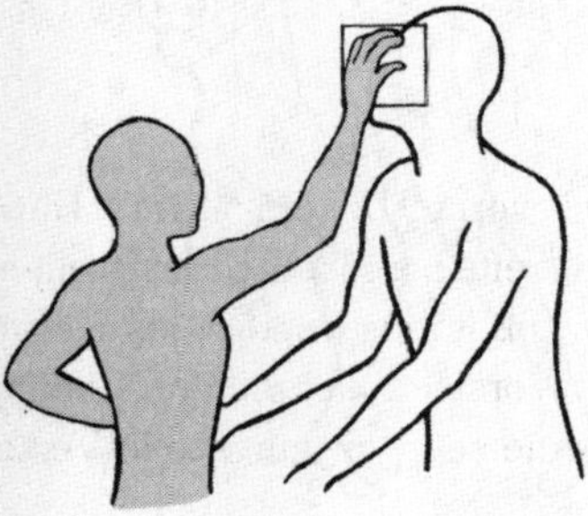

Um zu spüren, welcher Schmerz in dieser Methode steckt, kratzen Sie sich sanft am Arm. Dann stellen Sie sich das Ganze hundertmal stärker vor, denn dazu sind Sie in einer bedrohlichen Situation und wenn Sie in Wut geraten in der Lage.

Der Schlag mit dem Handballen

Ein Schlag mit dem Handballen gegen die Nase ist eine weitere wirkungsvolle Waffe. Wenn Sie nur ganz leicht gegen Ihre eigene Nase drücken, können Sie sich bestimmt gut vorstellen, wie schmerzhaft erst ein kräftiger Schlag ist.
Kippen Sie die Hand nach hinten. Rollen Sie die Finger ein. Ihre Finger dürfen auf keinen Fall im Weg sein, weil sie sonst brechen könnten. Dann heben Sie Ihre Hand auf Schulterhöhe, Ellenbogen und Handfläche müssen auf einer Linie liegen, und

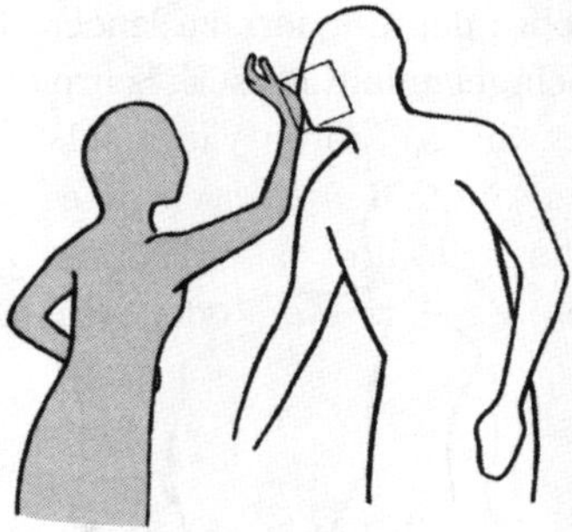

stoßen mit dem Handballen nach vorne. Dabei soll Ihre Handfläche direkt unter der Nase auftreffen. Stoßen Sie mit einem lauten Schrei zu. Üben Sie den Stoß immer wieder, bis Sie mit dieser Bewegung vertraut sind. (Vorsicht, daß Sie den Ellenbogen nicht überdehnen.) Das ist eine sehr wirkungsvolle Verteidigungstechnik.

Am besten üben Sie mit einem Kissen. Mit der einen Hand halten Sie ein kleines Kissen flach gegen die Wand. Mit der anderen führen Sie den Stoß mit dem Handballen aus. Tätscheln Sie das Kissen nicht. Sie müssen die Kraft Ihres Schlags auf der Handfläche spüren. Schreien Sie.

Boxhieb gegen die Kehle

Normalerweise ist es nicht besonders klug, mit der Faust zuzuschlagen, wenn man nicht geübt ist. Die Gefahr, sich Knochen in der Hand zu brechen, ist zu groß. Die Kehle jedoch ist ein verhältnismäßig weiches und deshalb sehr wirkungsvolles Ziel. Drücken Sie leicht gegen Ihre Kehle, dort, wo die Luftröhre anfängt. Schon beim leichtesten Druck bekommen Sie Erstikkungsgefühle und Atembeschwerden. Ballen Sie also die Hand fest zur Faust, und üben Sie, einen kräftigen Schlag gegen die Luftröhre des Gegners zu landen. Boxen Sie dazu so hart wie möglich gegen ein Kissen. Schreien Sie.

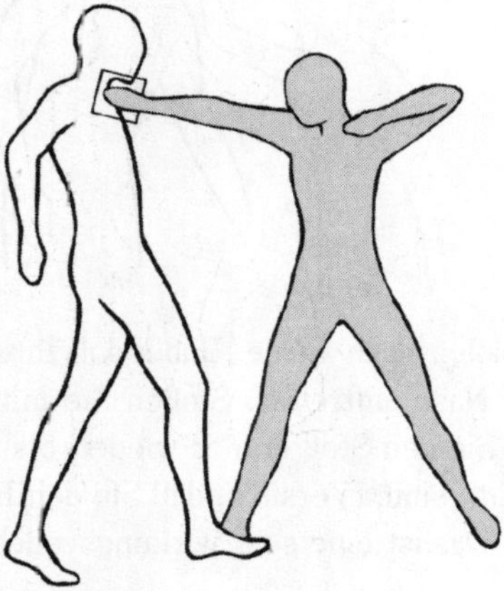

Faustschläge gegen Schläfe oder Nase

Eine weitere sichere Technik mit geschlossener Faust, die auch eine Anfängerin ausführen kann, sind hämmernde Faustschläge. Ballen Sie Ihre stärkere Hand fest zur Faust, und drehen Sie die Handfläche nach unten. Dann schlagen Sie gegen die fleischige Seite Ihres Handrückens (gegenüber dem Daumen). Wahrscheinlich werden Sie überrascht sein, wie hart und kräftig Ihre Faust sich anfühlt. Sie ist stark. Benutzen Sie sie. Heben Sie die Hand hoch über den Kopf, und schlagen Sie sie so kräftig wie möglich auf die Nase Ihres Gegners. Sie können ausholen und ihn mit der Faust gegen die Schläfe schlagen. Vergessen Sie den Schrei nicht.

Das ist eine wirkungsvolle Technik, die Sie unbedingt üben sollten, bis sie Ihnen in Fleisch und Blut übergegangen ist. Zur Übung bearbeiten Sie ein Bett oder ein Sofa.

Schlag mit der flachen Hand gegen das Trommelfell

Wenn Sie beide Hände frei haben, krümmen Sie die Hände leicht, und schlagen Sie Ihren Gegner auf die Ohren, als ob Sie zwei Becken zusammenschlagen würden. Das ist sehr schmerzhaft. Ihrem Gegner können dabei die Trommelfelle platzen.

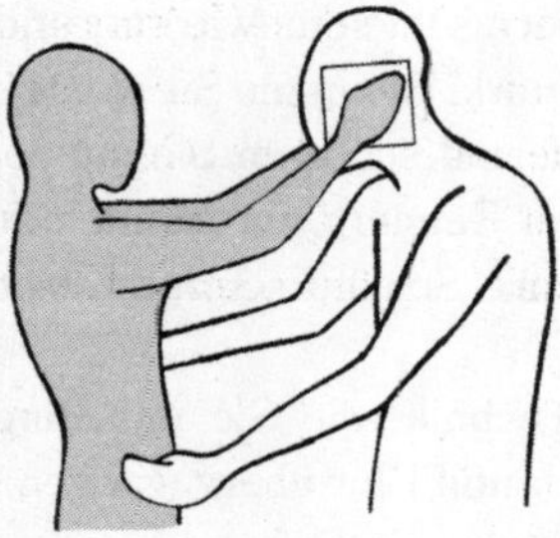

Hören Sie nicht zu früh auf!

Das Schlimmste, was Sie tun können, ist, sich zuerst massiv zu verteidigen und dann zu früh aufzuhören, weil Sie annehmen, daß Sie Ihren Gegner bereits außer Gefecht gesetzt haben, obwohl er nur kurz überrascht ist.
Sie müssen konsequent bleiben. Sie müssen die Situation unter Kontrolle behalten, bis Sie genau wissen, daß Sie sich in Sicherheit bringen können.
Was Sie als nächstes tun werden, um sich zu verteidigen, hängt ausschließlich von der Situation ab. Das beste ist, wenn es Ihnen gelingt, Ihren Gegner bei den Schultern oder an der Kleidung zu packen und ihn damit in seiner Bewegungsfreiheit einzuschränken. Vergessen Sie nicht, daß Sie es sind, die die Situation im Griff hat. Sie wollen den Mann nahe genug an sich heranho-

len, damit Sie ihm Schaden zufügen können. Wenn Sie ihn packen, kann er sich nicht bewegen oder sich von Ihnen wegdrehen, wodurch Ihre Verteidigungsmaßnahmen eine größere Wirkung bekommen. Selbst wenn Ihnen der Gedanke, ihn zu berühren, widerstrebt, ist es notwendig, daß Sie sich konsequent mit allen Ihnen zur Verfügung stehenden Mitteln verteidigen.
Ihre besten Waffen sind die harten Teile Ihres Körpers, also Ihre Füße, Knie und Ellenbogen. Sie müssen diese gegen die schmerzempfindlichsten Körperstellen Ihres Gegners einsetzen: seinen Kiefer, seinen Solarplexus (direkt unter der Stelle, wo die untersten Rippen zusammentreffen), seine Geschlechtsteile und seine Knie.

Wenn Sie von vorne angegriffen werden

Packt Sie der Angreifer beim Arm oder an der Kleidung, wenden Sie sofort eines der Ablenkungsmanöver an. Packt er Sie an beiden Armen oder Händen, stoßen Sie ihm Ihren Kopf ins Gesicht, oder treten Sie ihn gegen das Schienbein oder auf den Fußrist.

Der Tritt ans Knie

Ein gut ausgeführter Tritt ans Knie hat zwei Vorteile: Erstens ist er sehr schmerzhaft, und zweitens erschwert er dem Angreifer, Sie zu verfolgen. Wenn Sie von der Seite oder von hinten gegen das Knie treten, können Sie schwere Verletzungen verursachen. Ein Kniegelenk kann man sehr leicht ausrenken oder brechen. Da Sie nicht danebentreten wollen, packen Sie Ihren Gegner beim Handgelenk oder bei der Schulter. In dieser Situation ist

es vorteilhaft, von oben seitlich gegen das Knie zu treten. Ziehen Sie Ihr Knie so hoch wie möglich an, stellen Sie sich das Knie vor, und treten Sie nach unten gegen dieses Knie. So fällt Ihr Tritt viel kräftiger aus, als wenn Sie nach oben treten.
Üben Sie diesen Tritt immer wieder. Suchen Sie sich ein altes Sofa, dessen Sitzfläche sich ungefähr auf Ihrer Kniehöhe befindet, und treten Sie dagegen. Im Idealfall sollten Sie mit der Ferse treffen, da diese der härteste Teil Ihres Fußes ist. Üben Sie auch, etwas höher als das Sofa zu treten, da Ihr Gegner wahrscheinlich größer sein wird als Sie. Mit einem Partner oder einer Partnerin dürfen Sie das nur unter Aufsicht einer in Selbstverteidigungstechniken ausgebildeten Person üben. Sie werden überrascht sein, wieviel Schaden Sie mit so wenig Kraftaufwand anrichten können.

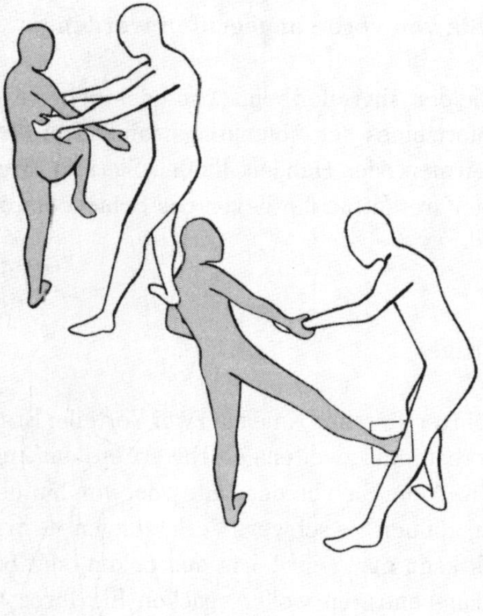

Der Stoß in die Geschlechtsteile (mit Knie oder Fuß)

Ein Schlag in die Geschlechtsteile ist zur Selbstverteidigung nur bedingt wirksam, denn wenn ein Mann mit Gegenwehr rechnet, erwartet er es wahrscheinlich. Falls Sie Ihren Gegner in die Geschlechtsteile treten, tun Sie das so schnell wie möglich, und ziehen Sie dann den Fuß rasch zurück, damit er Sie nicht packen und umwerfen kann.

Manche Täter sind inzwischen so schlau, daß sie einen Schutz über den Geschlechtsteilen tragen.

Allerdings sind die männlichen Geschlechtsteile äußerst empfindlich. Wenn Sie dicht an Ihrem Gegner stehen, ist ein Kniestoß in die Geschlechtsteile eine sehr wirksame Methode. Um die beste Wirkung zu erzielen, packen Sie ihn bei den Schultern oder den Jackenaufschlägen, und stoßen Sie von unten zu. Ziehen Sie ihn nach vorne, und heben Sie Ihren Unterschenkel so hoch wie möglich.

Die Geschlechtsteile sind nur dann ein gutes Ziel, wenn Sie mühelos herankommen können. Ist Ihnen etwas im Weg, trägt er enge Hosen oder hält er die Beine eng beisammen, suchen Sie sich ein anderes Ziel.

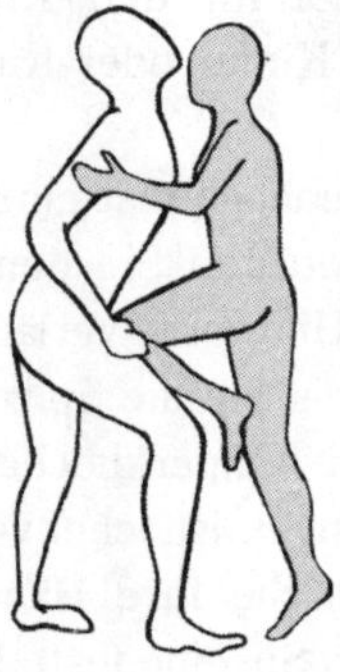

Der Griff ins Haar

Wenn Sie Ihren Gegner unterhalb der Gürtellinie treffen, wird er wahrscheinlich auf Sie zustolpern. Sie müssen damit rechnen und dies zu Ihren Gunsten ausnützen. Nach einem raschen Stoß mit dem Knie in die Geschlechtsteile wird sich Ihr Gegner wahrscheinlich vor Schmerz krümmen. Das ist die beste Gelegenheit, ihn beim Haar zu packen und ihn mit dem Knie ins Gesicht oder in den Solarplexus zu stoßen.

Der Tritt ans Schienbein

Im Schienbein befinden sich viele Nervenenden, die fast kaum von Muskeln oder Fett geschützt sind. Ziehen Sie einfach Ihr Knie zurück, und treten Sie Ihren Gegner mit der Schuhspitze gegen das Schienbein. Bei spitzen Schuhen ist das besonders wirkungsvoll. Obwohl das ziemlich schmerzhaft ist, wird es Ihren Gegner nur vorübergehend aufhalten. Er wird immer noch in der Lage sein, Sie zu verfolgen.

Der Stoß mit dem Ellenbogen gegen Kiefer oder Rippen

Ihr Ellenbogen ist einer der kräftigsten Knochen in Ihrem Körper. Betasten Sie den hübschen, harten Knochen, der durch Ihren Unterarm verläuft. Dann gleiten Sie mit der Hand nach oben, bis Sie die Spitze Ihres Ellenbogens spüren. Betrachten Sie Ihre Fingerknöchel, und stellen Sie sich Ihren Ellenbogen als riesigen Knöchel vor. Er ist eine wirkungsvolle Waffe.
Drehen Sie Ihre Hand mit der Handfläche nach unten, und machen Sie eine feste Faust. Faust und Ellenbogen müssen sich

auf einer Ebene befinden. Dann schlagen Sie Ihren Gegner mit der Spitze Ihres Ellenbogens so kräftig wie möglich gegen den Kiefer. Um die Wirkung zu erhöhen, packen Sie den Mann dabei an der Schulter, und ziehen Sie ihn dem Schlag entgegen. Wenn Ihr Gegner viel größer ist als Sie und Sie seinen Kiefer nicht gut erreichen können, wenden Sie diese Technik gegen seine Rippen oder den Solarplexus an. Stehen Sie nahe genug bei ihm, können Sie ihn mit dem Ellenbogen von unten gegen den Kiefer schlagen. Üben Sie das mit einem Kissen.

Wenn Sie von hinten angegriffen werden

Wenn jemand Sie von hinten angreift, sind Sie automatisch psychologisch im Vorteil. Was für ein jämmerlicher Feigling! Er traut sich nicht einmal, Sie von vorne zu überfallen, sondern muß sich von hinten an Sie anschleichen! Halten Sie sich das vor Augen.

Wenn ein Angreifer Sie von hinten packt

Versuchen Sie nicht, sich loszureißen, um sich aus seinem Griff zu befreien. Statt dessen drehen Sie sich herum und führen eines der Ablenkungsmanöver aus. Zu empfehlen ist der Stoß ins Auge. Dabei schreien Sie laut. Die Chancen sind groß, daß jemand, den Sie gerade ins Auge, gegen die Kehle oder die Nase geschlagen haben, Sie loslassen wird. Wenn das nicht der Fall ist, müssen Sie sich befreien.

Der Daumen

Wenn Sie sich vom Griff eines Angreifers befreien wollen, führen Sie ein Ablenkungsmanöver durch, schreien Sie, und greifen Sie sich den schwächsten Teil der Hand Ihres Gegners. Wenn Sie sich von ihm losreißen, ziehen Sie immer in Richtung seines Daumens. Hat er Sie nur an einem Arm oder Handgelenk gepackt, verschränken Sie die Hände ineinander, und bewegen Sie beide Arme mit einem Ruck in Richtung seines Daumens. Üben Sie das mit einem Partner oder einer Partnerin, bis Sie auf Anhieb wissen, wo sich der Daumen befindet, wenn jemand Sie packt.

Der kleine Finger

Ein weiterer Schwachpunkt Ihres Gegners ist sein kleiner Finger. Nachdem Sie eine der Techniken zur Irritation angewendet und laut »Nein!« geschrien haben, packen Sie die kleinen Finger Ihres Gegners und biegen Sie sie kräftig nach außen. Jetzt ist nicht der richtige Zeitpunkt, um zimperlich zu sein. Wenn Ihr Leben oder Ihre Gesundheit in Gefahr ist, machen Sie weiter,

bis die Finger brechen. Finger werden heilen – Sie würden vielleicht einen bleibenden Schaden davontragen.
Wenn Sie ein Angreifer von hinten bei der Kehle packt, müssen Sie sich so schnell wie möglich befreien, denn es ist nur eine Frage von Sekunden, bis Sie wegen Sauerstoffmangels das Bewußtsein verlieren. Drückt er Ihnen mit dem Unterarm die Kehle zu, drehen Sie sofort Ihren Kopf in seine Armbeuge. Dort haben Sie ein wenig Platz zum Luftholen.
Während Sie um Hilfe schreien, treten Sie ihn so fest wie möglich gegen das Schienbein. Stoßen Sie mit den Hüften nach hinten, damit er das Gleichgewicht verliert, und suchen Sie seine kleinen Finger. Biegen Sie sie mit aller Kraft nach außen. Ihr Leben hängt davon ab. Nachdem er Sie losgelassen hat – und das wird er –, drehen Sie sich um und machen Sie weiter. Jemand, der versucht hat, Sie zu erwürgen, stellt eine ernsthafte Bedrohung für Ihr Leben dar. Zögern Sie nicht, ihn außer Gefecht zu setzen.
Wenn ein Angreifer wie ein Bär beide Arme um Sie schlingt, können Sie sich immer noch zur Wehr setzen. Am besten stoßen Sie ihm sofort Ihren Kopf ins Gesicht und schreien dabei laut. Ist Ihr Gegner um einiges größer als Sie, wird das nicht funktionieren. Es ist sinnlos, mit dem Kopf gegen seine Brust zu schlagen. Stoßen Sie mit den Hüften nach hinten, damit er das Gleichgewicht verliert, und treten Sie Ihn dann gegen das Knie. Schreien Sie!
Hebt er Sie in dieser Stellung vom Boden hoch, können Sie immer noch treten. Besonders wenn er Sie zu einem Auto oder an einen abgelegenen Ort trägt, müssen Sie alles menschenmögliche tun. In dieser Situation kann er Ihnen nicht den Mund zuhalten. Also schreien, brüllen, fluchen und beschimpfen Sie ihn, so laut Sie können.

Der Tritt gegen den Rist

Für diese Folgetechnik, die Sie, wenn Sie es mit einem hochgewachsenen Gegner zu tun haben, auch schon zu Anfang anwenden können, ziehen Sie Ihr Bein an, und treten Sie ihn auf den Rist oder den Fußrücken. Das ist noch wirkungsvoller, wenn Sie hochhackige Schuhe tragen. Noch schmerzhafter ist es, wenn Sie mit dem scharfkantigen hohen Absatz oder der Seite Ihres Schuhs am Bein Ihres Gegners entlangschrammen. Schreien Sie dabei »Nein!«

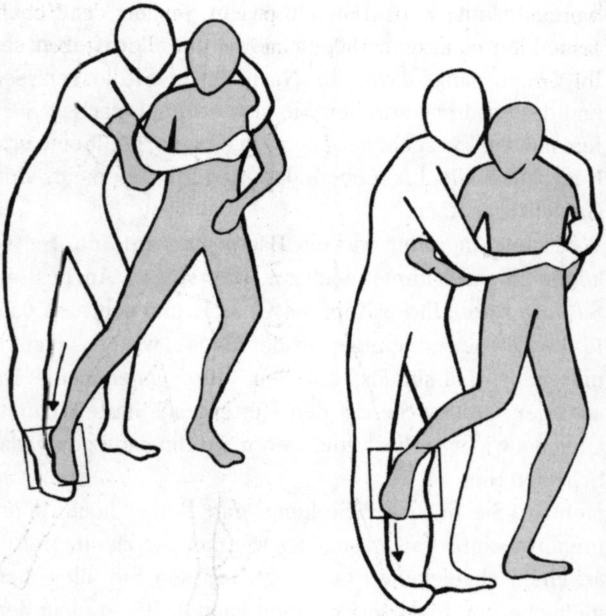

**»Wir sind, was wir immer wieder tun.
Hervorragend zu sein ist deshalb keine Kunst,
sondern eine Angewohnheit.«** Aristoteles

Der Stoß mit dem Ellenbogen in die Rippen

Hat Ihr Gegner Sie bei den Schultern oder am Oberarm gepackt, strecken Sie die Hand sofort mit nach oben gerichteter Handfläche nach vorne, als ob Sie eine Handvoll Luft greifen wollten. Ballen Sie die Hand zur Faust, und rammen Sie dann Ihren Ellenbogen dem Angreifer in die Rippen oder in den Solarplexus. Ihre Handfläche bleibt dabei nach oben gerichtet, damit Sie mit der Spitze Ihres Ellenbogens treffen. Während des Schlags stoßen Sie einen lauten Schrei aus. Wenn Ihr Gegner Sie losläßt, wenden Sie sich zu ihm um, packen ihn bei der Schulter und lassen auf dieses Manöver einen festen Tritt gegen sein Knie folgen.

Quetschen der Genitalien

Wenn einem Mann etwa acht Sekunden lang die Hoden zusammengedrückt werden, löst das bei ihm einen solchen Schmerz aus, daß er nicht mehr in der Lage ist, sich gegen Sie zu wehren. Dabei müssen Sie nach seinen Hoden und nicht nach dem Penis greifen. Werden Sie von hinten gepackt, schlagen Sie den Angreifer entweder mit der flachen Hand oder mit der Faust auf die Geschlechtsteile. Dann packen Sie seine Hoden und drehen sie herum, als würden Sie den Schraubverschluß eines Marmeladenglases entfernen. Drücken Sie fest zu, und zählen Sie langsam bis acht. Seien Sie nicht zimperlich. Packen Sie kräftig zu, graben Sie Ihre Fingernägel in seine Hoden, drehen Sie sie herum, und halten Sie sie fest. Wenn der Angreifer allerdings enge Hosen trägt, wirkt diese Methode nicht.
Verlangt der Täter, daß Sie seine Genitalien berühren, eignet sich diese Technik hervorragend zur Selbstverteidigung.

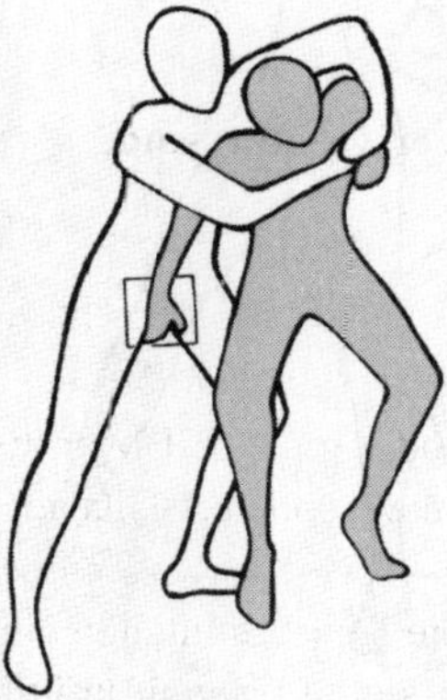

Wenn Sie zu Boden geworfen werden

Rollen Sie sich so rasch wie möglich auf den Rücken, ziehen Sie Arme und Beine an, und halten Sie Hände und Füße bereit zur Gegenwehr. Wenn der Angreifer näher kommt, treten Sie kräftig nach seinem Knie, und schreien Sie »Nein!« Halten Sie die Arme ausgestreckt und die Fäuste geballt, um ihn abzuwehren.

Wenn Sie in unmittelbarer Gefahr sind, vergewaltigt zu werden

Ein Vergewaltiger kann keinen Sexualakt durchführen, während er Sie mit beiden Händen festhält. Irgendwann muß er loslassen, um entweder an seine oder an Ihre Hosen heranzukommen. Sobald er seine Position verändert, schlagen Sie so fest wie möglich zu.

Verlangt der Vergewaltiger, daß Sie seine Genitalien berühren, nutzen Sie diese Gelegenheit, um sie zu packen, kräftig daran zu zerren und die Hoden zu drehen. Stoßen Sie einen lauten Schrei aus.

Kämpfen Sie mit allen Kräften, damit Sie nicht flach auf den

Rücken zu liegen kommen und der Täter rittlings auf Ihnen sitzt und Ihre beiden Arme festhält. Werden Sie überrascht oder gelingt es ihm irgendwie, Sie in dieser Stellung festzuhalten, sind Sie trotzdem nicht wehrlos. Warten Sie auf eine günstige Gelegenheit, um sich zu verteidigen. Vergessen Sie nicht, daß er irgendwann seine Körperhaltung verändern muß. Es kann wirkungsvoll sein, ihm das Knie von unten in die Geschlechtsteile zu rammen. Allerdings kann das auch dazu führen, daß er sich auf Sie fallen läßt. Halten Sie sich bereit, und reagieren Sie schnell. Befindet sich hinter Ihnen eine Wand oder das Kopfende eines Bettes, können Sie dafür sorgen, daß er sich daran den Kopf anschlägt.

Verteidigung gegen einen bewaffneten Gegner

Die Wahrscheinlichkeit, Opfer eines Gewaltverbrechens zu werden, ist für uns Frauen größer als die Möglichkeit einer Verletzung durch einen Verkehrsunfall.
Noch nie war es so wichtig für uns, die Verantwortung für unsere eigene Sicherheit und Unversehrtheit zu übernehmen.

»In den letzten fünfzehn Jahren haben in den USA Gewaltverbrechen gegen Frauen um fünfzig Prozent zugenommen. Gleichzeitig sind Gewaltverbrechen gegen Männer um zwölf Prozent zurückgegangen.«

National Organization of Women,
Oktober 1990

Für die Selbstverteidigung gegen einen bewaffneten Angreifer gelten die gleichen Grundregeln wie bei einem unbewaffneten. Es ist wichtig, daß wir

- tief Luft holen;
- den Grad der Bedrohung abschätzen;
- mit einer Reihe verschiedener Strategien reagieren (Davonlaufen, Schreien, Sichwehren, Schimpfen, Aufsehenerregen).

Ist der Angreifer bewaffnet, erhöht sich der Grad der Bedrohung dramatisch. Das bedeutet allerdings nicht, daß wir gegen eine Waffe nichts ausrichten können.

Wenn er ein Messer hat

Immer wenn ein potentieller Vergewaltiger zur Waffe greift, bedeutet das, daß er glaubt, die Situation ohne diese nicht kontrollieren zu können. Das verschafft dem Opfer einen sofortigen psychologischen Vorteil.
Wenn Sie sich gegen einen Angriff mit dem Messer zur Wehr setzen, sollten Sie wissen, daß Sie sich wahrscheinlich schneiden werden. Jedoch haben Schnitte mit dem Messer nur selten tödliche Folgen. Falls das Messer nicht gerade in ein lebenswichtiges Organ eindringt oder eine Arterie verletzt, werden Sie nicht daran sterben. Stellen Sie sich innerlich auf die Möglichkeit ein, verletzt zu werden, dann werden Sie nicht so erschrocken sein, wenn es tatsächlich passiert. Die größte Gefahr, die von einem Messer ausgeht, sind die Stichwunden und der Blutverlust.
Werden Sie mit einem Messer bedroht, spielt die richtige Position eine entscheidende Rolle. Befindet sich Ihr Gegner noch

einige Meter entfernt, kommen Sie ihm nicht näher. Steigen Sie nicht mit ihm in ein Auto. Kontrollieren Sie die Situation, und lassen Sie sich nicht einschüchtern. Laufen Sie davon, so schnell Sie können, und schreien Sie dabei um Hilfe. Sie müssen entkommen, bevor er Ihnen nahe genug ist, um sein Messer benützen zu können.

Viele Frauen haben Angst davor, sich so zu verhalten, weil sie befürchten, der Täter könne das Messer nach ihnen werfen. Doch dies geschieht sehr selten. Selbst falls er es werfen sollte, wird es sicherlich nicht sehr tief eindringen.

Ist er Ihnen nahe genug, um Sie mit dem Messer zu verletzen, müssen Sie einige schwierige und rasche Entscheidungen treffen. Am Messer Ihres Gegners können Sie gut erkennen, über wieviel Erfahrung er verfügt. Hat er nur ein Taschen- oder ein Küchenmesser, ist er wahrscheinlich noch ein Neuling auf diesem Gebiet.

Allerdings ist die Art des Messers unwichtig, wenn er es Ihnen an die Kehle hält. Bewegen Sie sich nicht, und tun Sie genau das, was er Ihnen sagt.

Aber vergessen Sie nicht, daß es ihm fast unmöglich sein wird, Sie zu vergewaltigen, während er Ihnen ein Messer an die Kehle hält.

Hält der Angreifer Ihnen ein Messer an die Kehle, ist eine psychologische Verteidigungstaktik am sinnvollsten. Reden Sie mit dem Mann. Betteln und flehen Sie nicht, sondern geben Sie vor, tun zu wollen, was er verlangt. Fühlt er sich erst einmal sicher, legt er vielleicht die Waffe weg.

Sobald er das Messer von Ihrem Hals entfernt hat, schlagen Sie rasch und ohne zu zögern zu.

Versuchen Sie nicht, dem Angreifer gewaltsam das Messer zu entreißen. Konzentrieren Sie Ihre Verteidigung nicht auf das Messer, sondern wählen Sie die wirksamste Methode, zu der Sie fähig sind. Ein Mann mit einem Messer stellt eine große

Bedrohung für Ihr Leben dar. Beseitigen Sie also diese Bedrohung so schnell wie möglich.
Stehen Sie nahe bei ihm, dann greifen Sie nach seinen Hoden. Drehen Sie sie um, zerren Sie kräftig daran, und zählen Sie langsam bis acht. Schreien Sie dabei so laut Sie können. Vergessen Sie nicht, daß der Mann in diesen acht Sekunden einen solchen Schock und derartige Schmerzen erleidet, daß er möglicherweise das Bewußtsein verliert oder wenigstens nicht mehr Herr seiner Kräfte ist. In diesen acht Sekunden kann er sich nicht wehren, da jede Bewegung die Schmerzen nur vergrößert.

»Verraten Sie Ihre Absichten nie.
Denken Sie schnell, und warten Sie auf eine – oder schaffen Sie eine – Gelegenheit zur Flucht.«

Susan Smith,
Fear or Freedom

Wenn er eine Pistole hat

Wenn der Angreifer eine Pistole hat, ändern sich alle Regeln. Sie können eine Kugel nicht austricksen, und Sie können auch nicht vor ihr davonlaufen. Zuerst sollten Sie sich fragen: Ist das Ding geladen? Gehen Sie davon aus, daß dies der Fall ist. Nur Sie selbst können die Situation beurteilen. Aber vergessen Sie nicht, daß in einer Studie in den USA aus dem Jahr 1986 festgestellt wurde, daß das Opfer in einundfünfzig Prozent aller Fälle einen mit einer Pistole bewaffneten Vergewaltiger abwehren konnte.
Wenn ein Mann im Auto neben Ihnen hält, Sie mit einer Pistole bedroht und Ihnen befiehlt, einzusteigen, stehen Sie vor der schwersten Entscheidung Ihres Lebens. Drehen Sie sich um

und laufen Sie davon, erschießt er Sie möglicherweise. Gehorchen Sie, erschießt er Sie vielleicht trotzdem. Ist der Angreifer verrückt genug, Sie in den Rücken zu schießen, handelt es sich womöglich um einen wahnsinnigen Sadisten, bei dem es mit einer Vergewaltigung noch lange nicht getan ist. Stehen Ihre Fluchtchancen fünfzig zu fünfzig, würden die meisten Fachleute auf dem Gebiet der Selbstverteidigung Ihnen dringend raten, wegzulaufen.

Auch wenn Sie mit einer Pistole bedroht werden, sind Sie nicht hilflos. Allerdings müssen Sie taktisch anders vorgehen. In einer solchen Situation wird jede von uns selbst entscheiden müssen, wie sie sich verteidigen will. Bei einer Bedrohung mit einer Waffe ist es vielleicht die einzige Chance, Ihr Leben zu retten, die Vergewaltigung über sich ergehen zu lassen. Überleben Sie das Verbrechen, haben Sie sich richtig entschieden.

Bei weniger als vier Prozent aller Gewaltverbrechen wird das Opfer erschossen.

US-Justizministerium, 1990

Die Grundregeln für den körperlichen Widerstand

- Holen Sie tief Luft, und bringen Sie Ihre Panik unter Kontrolle.
- Beurteilen Sie sofort den Grad der Gefahr, in der Sie schweben, und reagieren Sie entsprechend.
- Schreien Sie laut, während Sie ein Ablenkungsmanöver durchführen und die Kontrolle übernehmen.
- Lassen Sie darauf sofort so viele wirksame Verteidigungsmanöver folgen, wie nötig sind, um den Angreifer wirkungsvoll zu bekämpfen. Schreien Sie.

- Laufen Sie so schnell wie möglich an einen Ort, wo Lichter und Menschen sind.
- Melden Sie den Überfall bei den Behörden.
- Unterschätzen Sie die Folgen eines Überfalls auf Ihre Psyche nicht, selbst wenn Sie nicht verletzt wurden. Sprechen Sie mit Freundinnen oder einer Therapeutin. Gehen Sie sorgsam mit sich um.

Wenn Sie sich körperlich gegen einen Angreifer zur Wehr setzen, haben Sie den großen Vorteil, daß Sie erstens fest entschlossen sind und daß Ihnen zweitens etwas an Ihrem Leben liegt. Zögern Sie nicht, sich so heftig und gewaltsam zu verteidigen, wie es nötig ist. Sie haben das Recht auf die Unversehrtheit Ihres Körpers und darauf, daß niemand Ihnen zu nahe tritt. Sie haben das Recht, dafür zu kämpfen.

Wenn der Angreifer bewaffnet ist

- Geraten Sie nicht in Panik. Auch gegen eine Waffe sind Sie nicht hilflos.
- Schätzen Sie das Ausmaß der Bedrohung ab.
- Entscheiden Sie sich für eine Reaktion, mit der Sie sich so gut wie möglich schützen können, eine mit möglichst langanhaltender Wirkung.
- Halten Sie Abstand zu einem Angreifer mit einem Messer oder einem Knüppel.
- Wenn Sie sich nicht absolut sicher sind, daß der Täter Sie auf der Stelle umbringen wird, wenn Sie nicht gehorchen, steigen Sie auf keinen Fall zu ihm ins Auto.

Eine Minute Selbstverteidigungstraining

Zuerst sagen Sie: »Ich bin stark. Ich kann mich selbst schützen.«

Dann üben Sie:

- drei Stöße ins Auge
- drei Schläge mit dem Handballen
- drei Faustschläge gegen die Kehle
- drei hämmernde Faustschläge
- drei Stöße mit dem Ellenbogen
- drei Tritte ans Knie

Machen Sie diese Übungen zuerst mit dem rechten und dann mit dem linken Arm. Zum Schluß sagen Sie wieder: »Ich bin stark. Ich kann mich selbst schützen.«

Alle Selbstverteidigungsmanöver sind wirkungsvoller, wenn man sie in Kombinationen anwendet. Wenn Sie etwas länger und auf einem fortgeschrittenen Niveau trainieren wollen, versuchen Sie einmal diese Folge von Kombinationen:

Sagen Sie zuerst: »Ich bin stark. Ich kann mich selbst schützen.« Dann üben Sie:

- ein Stoß ins Auge mit der rechten Hand, ein Stoß mit dem Ellenbogen, auch mit rechts;
- ein Schlag mit dem Handballen auf die Nase (rechts), ein Stoß mit dem linken Ellenbogen, ein Tritt mit dem rechten Fuß ans Knie;
- packen Sie mit beiden Händen die linke Schulter, Stoß mit dem Knie in die Geschlechtsteile, Stoß mit dem linken Ellenbogen.

Wiederholen Sie das dreimal. Abschließend sagen Sie: »Ich bin stark. Ich kann mich selbst schützen.«

12. Kapitel: Steigern Sie Ihre Körperkraft!

Jede erfolgreiche Selbstverteidigungsstrategie hat zum Ziel, daß Sie sich so schnell wie möglich in Sicherheit bringen können. In diesem Buch sind zahlreiche Vorschläge gemacht worden, wie Sie sich Gelegenheiten zur Flucht schaffen können. Aber nun ist es an der Zeit, daß wir uns einmal mit dem Davonlaufen selbst befassen.

Wir sollten realistisch sein. Die beste Methode, eine Vergewaltigung zu verhindern, ist, davonzulaufen. Wenn wir nicht durch eine Körperbehinderung eingeschränkt sind, müssen wir uns auf unsere Beine und unser Durchhaltevermögen verlassen können. Vielleicht müssen wir nur eine Häuserecke weit, möglicherweise auch zwei Kilometer auf freier Strecke rennen, doch in jedem Fall sollten wir uns ans Laufen gewöhnen.

Eine meiner Freundinnen hat den schwarzen Gürtel in Karate und ist außerdem noch Langstreckenläuferin. Obwohl sie beim Training nicht so schnell und stark ist wie viele andere, geübtere Teilnehmer und Teilnehmerinnen ihres Kurses, hat sie doch gute Trainingsergebnisse. Und das liegt an ihrem Durchhaltevermögen, das sie sich beim Langstreckenlaufen erworben hat. Sie bewegt sich einfach ständig, damit kein Schlag sie trifft, und wartet, bis ihr Gegner ermüdet. Dann schlägt sie zurück.

»Große Gedanken entstehen in den Muskeln.«

Thomas Edison

Sport ist wichtig

Laufen erfordert Kraft in Beinen und Unterleib und eine gute Kondition. Kraft im Oberkörper – ein Punkt, den viele Frauen leider vernachlässigen – ist besonders wichtig, wenn man sich erfolgreich verteidigen will. Wenn wir zu körperlicher Gewalt greifen müssen, erhöht Muskelkraft die Wirkung beträchtlich.

Sie brauchen keine Langstreckenläuferin, Bodybuilderin oder Inhaberin des schwarzen Gürtels zu sein, um die Körperkraft und Kondition zu haben, die eine erfolgreiche Selbstverteidigung erfordert. Allerdings ist es wichtig, daß Sie gut in Form sind. Durch Sport steigern Sie Ihre Körperkraft; im Notfall werden Sie besser rennen können, und außerdem sehen Sie gesünder aus und fühlen sich lebendiger.

Viele Frauen können mit Sport nichts anfangen. Jedoch gibt es keinen größeren Anreiz dafür, fit zu bleiben, als den, das eigene Leben zu retten. Ein Vergewaltiger sucht sich normalerweise eine lethargische, tolpatschige und nicht eine durchtrainierte, aufmerksame Frau aus. Wenn Sie täglich trainieren, können Sie die Wahrscheinlichkeit, Opfer eines sexuellen Übergriffs zu werden, erheblich verringern.

Obwohl Ihnen Sport vielleicht nicht besonders viel Spaß macht und Sie möglicherweise glauben, dafür nicht die Zeit zu haben, müssen Sie sich mindestens viermal in der Woche zwanzig Minuten Zeit nehmen, um zu trainieren. Tun Sie das immer um die gleiche Tageszeit, damit es zu einem Teil Ihrer Alltagsroutine wird. Sind Sie ein Morgenmensch, stehen Sie einfach ein wenig früher auf, und machen Sie einen zwanzig Minuten langen Spaziergang, ehe Sie sich unter die Dusche stellen. Brauchen Sie abends einen Ausgleich, gehen Sie doch in ein Fitneßstudio, oder joggen Sie vom Büro nach Hause. Die Frage ist nicht, *ob* Sie Sport treiben, sondern *wie* Sie es tun und wann. Durch regelmäßige sportliche Betätigung wird sich Ihr Leben verändern, denn Sie werden das Gefühl bekommen, Ihr Leben unter Kontrolle zu haben. Das ist ein wichtiger Schritt hin zu einem Leben ohne Angst.

Fußball versus Gespräche

Frauen haben viele Gründe, sich nur selten sportlich zu betätigen. Ein Großteil davon hat mit unserer Erziehung zu tun und damit, wie wir wiederum unsere Töchter erziehen.

In unserer Kultur werden Jungen und Mädchen zu unterschiedlichen Betätigungen motiviert und für unterschiedliche Fähigkeiten belohnt. Mädchen lobt man, wenn sie nett, hübsch und ruhig sind; von Jungen werden selbstbewußtes Verhalten, gute sportliche Leistungen, Unabhängigkeit und Stärke erwartet.

Denken Sie an Ihre Grundschulzeit zurück und an den Schulhof während der Pause. In meiner Schule saßen die Mädchen unter der großen Eiche in der Ecke und versuchten, Mrs. Anderson aus dem Weg zu gehen. Sie wollte immer, daß wir hinausgingen und uns »ein wenig Bewegung« machten, »weil das gesund ist«. Die Jungen hingegen liefen immer auf dem heißen, staubigen Hof herum und spielten – abhängig von der Jahreszeit – Fußball oder Baseball.

Wir Mädchen spielten manchmal Kästchenhüpfen, aber am liebsten saßen wir herum und unterhielten uns. Wir redeten über die Jungen und über die Lehrerinnen. Wir redeten eigentlich ständig. Uns gefiel das, denn wir fühlten uns dadurch so, als wären wir alle die besten Freundinnen.

Die Jungen redeten nicht. Sie schrien einander an, gaben sich Befehle, stritten über den Punktestand beim Spiel oder versuchten, die Mädchen zu beeindrucken, indem sie vorführten, wie schnell sie laufen und wie weit sie den Ball werfen konnten.

In ihrem Buch *Du verstehst mich einfach nicht – Gespräche zwischen Männern und Frauen* schreibt Deborah Tannen, daß Jungen lieber draußen in großen Gruppen spielen, in denen eine klare, festgelegte Hierarchie herrscht. Der Anführer sagt den anderen Jungen, was sie tun sollen, und diese gehorchen. Jungen ziehen Spiele vor, bei denen es wichtig und erstrebenswert ist, Punkte zu machen. Die Körperlichkeit steht bei ihnen im Vordergrund.
Mädchen hingegen zieht es eher zu Kleingruppen. Dort wird der Status durch enge Beziehungen zu anderen Mädchen bestimmt. Die beste Freundin ist eine Notwendigkeit, der Dreh- und Angelpunkt im Leben eines Mädchens. Mädchen ist es wichtig, geliebt zu werden, und sie sitzen am liebsten beisammen und unterhalten sich.

»Obwohl alle Menschen sowohl Nähe als auch Unabhängigkeit brauchen, wenden sich Frauen eher ersterem, Männer eher letzterem zu.«

Deborah Tannen,
Du verstehst mich einfach nicht – Gespräche zwischen Männern und Frauen

---

Aufgrund des Einflusses dieser frühen Jahre treten Männer und Frauen mit einem unterschiedlichen Körperbild ins Erwachsenenleben ein. Frauen neigen dazu, ihren Körper kritisch zu betrachten. Sie interessieren sich nicht besonders für ihre Muskeln. Viel wichtiger ist der Bauch oder der »Rettungsring« um die Taille. Offenbar hat für uns Frauen unser Aussehen einen größeren Stellenwert als unser Befinden oder unser körperliches Potential. Kaum eine Frau aus meinem Bekanntenkreis fordert eine Geschlechtsgenossin zum Armdrücken oder zu einem Match auf dem Squash-Court heraus.

Insgesamt gesehen, wissen die meisten Frauen nur sehr wenig über ihr körperliches Potential. Deswegen kann es ein Abenteuer sein, unsere Körperkraft zu entdecken und eine Sportart zu erlernen, besonders für eine Frau, die das noch nie zuvor getan hat.

In *Was heißt schon emanzipiert* schreibt Gloria Steinem: »Für Frauen ist es eine kollektive Revolution, Freude an ihrer Körperkraft zu haben.« Und dazu ist es noch eine Revolution, die Spaß macht!

Sportliche Betätigung trägt dazu bei, daß wir unseren Körper, seine Grenzen und sein Potential, besser kennenlernen. Das neue Sportbewußtsein, die vielen Sportmannschaften für Frauen und die große Beliebtheit von Aerobic-Kursen und Fitneßstudios ermöglichen es Frauen, ihre Körperkraft zu steigern und Freude daran zu haben.

Wenn wir Mädchen dazu ermutigen, schon in früher Jugend Sport zu treiben, werden sie mit größerer Wahrscheinlichkeit ein sowohl in körperlicher als auch in emotionaler Hinsicht gesünderes Leben führen. Durch sportliche Betätigung werden sie die starke, selbstbewußte Seite in sich entwickeln, die für ihre Sicherheit und Unabhängigkeit unabdingbar ist.

Fit bleiben, sicher sein

Wenn wir die Eigenschaften betrachten, die unsere persönliche Sicherheit erhöhen, werden wir sehen, daß wir uns viele von ihnen durch ein körperlich aktives Leben aneignen können. Dazu gehören:

- Reaktionsschnelligkeit
- Aufmerksamkeit
- Durchhaltevermögen
- Selbstachtung
- Körperkraft
- Aktivität und Selbstbewußtsein

Obwohl jeder Sport zum gewünschten Ergebnis führen wird, gibt es Sportarten, die besser mit Ihrer Lebensweise zu vereinbaren sind als andere. Auch wenn das National Mental Health Institute ermittelt hat, daß Frauen, die als Mädchen Fußball gespielt haben, sich erfolgreicher selbst verteidigen konnten als andere, ist Fußball trotzdem für viele von uns nicht die passende Sportart. Viel wichtiger als die Sportart selbst ist die Tatsache, daß Sie sich entschließen, etwas zu tun.

»Frauen, die eine Vergewaltigung erfolgreich abwehrten, waren zu einem viel höheren Prozentsatz regelmäßig sportlich aktiv: Nahezu die Hälfte trieb Sport, verglichen mit etwa einem Viertel aller vergewaltigten Frauen insgesamt.«

Pauline B. Bart und Patricia H. O'Brien,
Stopping Rape

Zweifellos besteht ein Zusammenhang zwischen sportlicher Aktivität und der Wahrscheinlichkeit, einen Angriff abzuwehren. Zwar kann Ihnen niemand garantieren, daß Sie nie vergewaltigt werden, wenn Sie drei- oder viermal in der Woche Sport treiben oder zweimal wöchentlich Fußball, Basketball oder Volleyball spielen, aber die sportliche Betätigung verringert das Risiko und hat außerdem noch weitere positive, körperliche und psychische Auswirkungen.

»Aber ich habe keine Zeit für Sport«

Jede von uns hat ihre Lieblingsausrede, warum sie keinen Sport treibt: Es ist zu heiß oder zu kalt, Sie haben keine Trainingspartnerin, das Fitneßstudio ist zu überlaufen, Sie haben nicht die richtige Kleidung, die richtigen Schuhe, genug Platz, die notwendige Energie. Vielleicht glauben Sie auch, jede freie Minute mit Ihren Kindern, Ihrem Mann oder Ihrem Freund verbringen zu müssen.

Es ist so leicht, zu erklären, warum man in diesem Moment unbedingt irgend etwas anderes tun muß.

Möglicherweise machen Sie sich auch vor, daß Sie sich schon verteidigen oder davonlaufen könnten, wenn es nötig ist. Woher wollen Sie das wissen, ehe Sie es nicht versucht haben? Und woher wissen Sie, wie weit Sie vielleicht einmal rennen müssen? Und wie schnell? Woher wollen Sie wissen, wie Sie reagieren werden, wenn Sie noch nie zuvor angegriffen worden sind?

Unter Streß und Angst reagieren Menschen anders als gewöhnlich. Viele bekommen einen gewaltigen Adrenalinstoß, so daß sie sich zuerst für unbesiegbar halten. Aber das dauert nicht lange an. Der Körper hat rasch die Überdosis abgebaut, und der Adrenalinspiegel fällt drastisch. Das führt zur Lethargie und dem Eindruck, daß die Zeit unglaublich langsam verstreicht.

Andere Menschen wiederum bekommen in Gefahrensituationen weiche Knie und erstarren vor Angst.
Wenn Sie wollen, daß Ihr Körper in einer Streßsituation für Sie arbeitet, müssen Sie ihn in Zeiten der Entspannung darauf vorbereiten. Sehen Sie den Tatsachen ins Auge: Wenn Sie jeden Abend Käsekuchen essen und das Öffnen der Kühlschranktür Ihre einzige sportliche Betätigung darstellt, wird Ihr Körper bestimmt nicht muskulös und verteidigungsbereit werden.
Sie müssen nicht olympiareif sein, um sich verteidigen zu können. Je besser Sie allerdings in Form sind, desto kräftiger können Sie zuschlagen und desto schneller können Sie rennen.
Abgesehen davon, daß regelmäßige sportliche Betätigung Ihre Körperkraft und Ihr Durchhaltevermögen steigert, führt sie auch zu einer Sensibilisierung der Aufmerksamkeit und Reaktionsfähigkeit. Ihr Energiepotential erhöht sich, und das hilft Ihnen, sich auf der Straße, zu Hause, am Arbeitsplatz und überall sonst zu schützen.

»Ich platze gleich vor Wut«

Wenn Sie angegriffen werden, bekommen Sie es wahrscheinlich zuerst einmal mit der Angst zu tun. Meist folgt darauf eine unbeschreibliche Wut.
Wenn Sie wütend werden, läuft in Ihrem Körper eine Reihe chemischer Veränderungen ab. Diese stammen noch aus den Anfängen der Menschheitsgeschichte, als unser Überleben noch von der Fähigkeit, zu fliehen oder zu kämpfen, abhing. Bei einem Wutanfall erhöhen sich Ihr Herzschlag, Ihr Blutdruck und Ihre Hauttemperatur. Fettsäuren werden als Brennstoff in Ihren Blutkreislauf gepumpt. All das bereitet den Körper darauf vor, aktiv zu werden.
Können wir nicht aktiv werden, stehen wir nur da und wüten

verbal. Der Druck auf Herz und Blutkreislauf ist enorm. Wir könnten wirklich jeden Moment platzen. Wenn wir lernen, diese chemische Reaktion für das Vollbringen körperlicher Leistungen auszunutzen, werden wir unsere Körperkraft steigern. Außerdem handelt es sich um einen gesunden und positiven Weg, seinem Ärger Luft zu machen.

Regelmäßige sportliche Betätigung hat außerdem noch den Vorteil, daß sie dazu beiträgt, Wut und Streß abzubauen. Für manche Persönlichkeitstypen kann Wut sehr gefährliche Folgen haben.

Wenn Sie sich oft aufregen, riskieren Sie es, an Bluthochdruck oder einer Herzrhythmusstörung zu erkranken.

Geht es um Ihre Selbstverteidigung, kann diese chemische Reaktion zentrale Bedeutung annehmen. Wenn Sie Ihre Angst in Wut verwandeln können, wird Ihr Körper Ihnen helfen. Doch das ist nicht immer leicht. Sie werden sich ganz bewußt entscheiden müssen, wütend zu werden, anstatt sich zu fürchten.

Wenn Sie angegriffen werden, müssen Sie zuerst Ihren Körper unter Kontrolle bringen. Dann müssen Sie die Kontrolle der Situation übernehmen. Holen Sie tief Luft. Sagen Sie sich: »Ich habe keine Angst. Ich bin wütend. Ich habe einen unglaublichen Haß. Wie kann er es wagen, mir das anzutun!« Wenn Sie sich einreden, daß Sie Wut und nicht Angst empfinden, werden sich auch die chemischen Reaktionen in Ihrem Körper drastisch ändern. Anstatt vor Angst wie gelähmt dazustehen und kaum Luft zu bekommen, werden Sie ungeheure Kräfte und Energien freisetzen.

Indem Sie körperlich aktiv werden, stellen Sie auch eine emotionale Distanz zwischen sich und dem Angreifer her. Mit anderen Worten ausgedrückt: Sie werden spüren, daß Sie die Situation unter Kontrolle haben, wenn Sie wütend werden und dieser Wut körperlich Ausdruck geben können. Das wird Ihnen nicht nur in körperlicher Hinsicht nützen, sondern auch dazu beitragen, daß Sie emotional und psychisch schneller über dieses Erlebnis hinwegkommen.

Den Anfang machen

Sport muß nicht kompliziert sein. Sie können Ihr Trainingsprogramm auch mit etwas ganz Einfachem beginnen; zum Beispiel einem Spaziergang ums Haus.

Wenn Sie über fünfunddreißig Jahre alt sind und eine Weile keinen Sport getrieben haben, sollten Sie Ihren Arzt oder Ihre Ärztin zu Rate ziehen, bevor Sie mit einem anstrengenden Trainingsprogramm anfangen.

Ein Vorteil regelmäßiger sportlicher Betätigung ist das Gefühl, etwas geleistet zu haben. Um dieses Gefühl zu verstärken, sollten Sie über Ihr Training Buch führen und beobachten, welche Fortschritte Sie machen. Sie werden erstaunt sein.

Sie müssen keine großen organisatorischen Anstrengungen unternehmen, um mit dem Sport anzufangen. Wunderbar, wenn Sie Mitglied in einem Fitneßstudio oder einem Karateverein werden wollen, aber schieben Sie den Beginn der sportlichen Betätigung nicht hinaus. Sie müssen sofort anfangen.

Die einfachsten sportlichen Übungen, die Sie allein und auch zu Hause durchführen können, sind Gehen, Laufen und Bodengymnastik. Jeder Mensch kann gehen und hat Platz dafür, selbst wenn Sie vor Ihrem Fernseher joggen müssen.

Gehen und Laufen

Laufen, Joggen und Gehen sind ausgezeichnete aerobische Übungen. Jede von uns kann sie jederzeit und überall durchführen. Dabei ist es hilfreich, eine Uhr mit Sekundenzeiger zu tragen, damit Sie Ihre Zeit nehmen können. Sind Sie sportlich ungeübt, sollten Sie langsam anfangen, damit Sie keinen Muskelkater bekommen und nicht den Mut verlieren.

In der ersten Woche: Ziehen Sie bequeme Schuhe an, und schreiten Sie zehn Minuten lang kräftig aus. Halten Sie den Rücken gerade, spannen Sie den Bauch an, und bleiben Sie aufmerksam. Machen Sie das in der ersten Woche jeden Tag.

Wenn Sie ein leichtes Spannungsgefühl in den Beinen bekommen, ist das völlig in Ordnung. Es zeigt nur, daß Sie diese Muskeln benutzen. Das Gehen trägt dazu bei, diese Muskeln zu lockern.

In der zweiten Woche: Verlängern Sie die Zeit auf zwanzig Minuten, aber gehen Sie nicht zu schnell, denn Sie müssen erst kräftiger werden.

In der dritten Woche: Nun ist es an der Zeit, daß Sie sich ein bißchen anstrengen. Ihr Ziel ist, so schnell zu gehen, daß Sie sich während der gesamten zwanzig Minuten ein wenig außer Atem fühlen.

In der vierten Woche und für den Rest Ihres Lebens: Gehen Sie weiter. Vielleicht möchten Sie die Zeit auf dreißig Minuten oder sogar mehr aufstocken und auch Ihre Geschwindigkeit erhöhen. Aber am wichtigsten ist, daß Sie weitermachen.

Gehen ist wunderbar dazu geeignet, Sie fit zu halten. Normalerweise stellt es keine Belastung für die Muskeln dar, und es trägt dazu bei, daß Sie sich wach und lebendig fühlen. Bald werden Sie Ihren täglichen Spaziergang genießen und sich darauf freuen. Während dieser Zeit können Sie sich entspannen, nachdenken, tagträumen und Pläne machen.

Wenn Sie in letzter Zeit nicht besonders viel Sport getrieben haben und mit dem Laufen anfangen wollen, sollten Sie das schrittweise tun, bis sich Ihr Körper daran gewöhnt hat. Anfangs sollten Sie abwechselnd gehen und laufen. Tun Sie das mindestens viermal wöchentlich.

In der ersten Woche: Schreiten Sie fünf Minuten lang kräftig aus, laufen oder joggen Sie eine Minute lang, dann gehen Sie wieder. Wiederholen Sie das viermal, und gehen Sie abschließend eine Minute lang, um abzukühlen.

In der zweiten Woche: Gehen und laufen Sie weiterhin abwechselnd. Gehen Sie fünf Minuten lang, rennen Sie drei Minuten lang, und wiederholen Sie das viermal. So wird Ihr Trainingsprogramm sechs Minuten länger.

In der dritten Woche: Machen Sie damit weiter.

In der vierten Woche: Wahrscheinlich sind Sie jetzt bereit, länger zu laufen. Fangen Sie mit fünf Minuten Gehen an, um sich aufzuwärmen, dann laufen Sie fünf Minuten lang; abschließend eine Minute Gehen.

Wiederholen Sie das noch zweimal, gehen Sie zum Schluß fünf Minuten, um abzukühlen.

In der fünften Woche: Fangen Sie mit fünf Minuten Gehen an, um sich aufzuwärmen; laufen Sie zehn Minuten lang, gehen Sie eine Minute, und laufen Sie dann wieder zehn Minuten. Abschließend fünf Minuten Gehen, um abzukühlen.

In der sechsten Woche: Jetzt laufen Sie wirklich. Wahrscheinlich brauchen Sie das einminütige Gehen nicht mehr. Fangen Sie mit fünf Minuten Gehen an, laufen Sie dann zwanzig Minuten, und gehen Sie zum Schluß noch einmal fünf Minuten.

Machen Sie weiter. Wenn Sie wirklich Muskelkater bekommen oder Ihre Muskeln ermüdet sind, fangen Sie wieder mit dem abwechselnden Gehen und Laufen an, bis sich Ihr Körper erholt hat. Hören Sie nicht mit dem Training auf; beginnen Sie es nur etwas gemächlicher.

»Sit-ups« und Liegestütze

Diese beiden Grundübungen sind zwar altmodisch, aber sehr effektiv. Wenn Sie sie regelmäßig durchführen, wird sich Ihre Körperkraft rasch steigern. Frauen vernachlässigen im allgemeinen besonders die Kräftigung ihres Oberkörpers. Keine Angst, Sie werden dadurch nicht Muskeln wie ein Preisboxer bekommen, wenn Sie nicht anfangen, schwere Gewichte zu stemmen. Durch diese Übungen werden nur solche Muskelpartien bewegt, die Kraft aufbauen.

»Sit-ups«

Führen Sie diese Übung immer mit gebeugten Knien durch, um Ihren Rücken zu schonen. Sind Sie Anfängerin, sollten Sie im Sitzen und mit gebeugten Knien beginnen. Setzen Sie sich auf den Boden, und neigen Sie Ihren Oberkörper langsam nach hinten. Wenn Ihre Kondition besser geworden ist, legen Sie sich mit im 45-Grad-Winkel gebeugten Knien auf den Rücken. Die Hände verschränken Sie über der Brust, wobei Ihre Fingerspitzen in Richtung der gegenüberliegenden Schulter zeigen. Nun setzen Sie sich auf und berühren mit dem Ellenbogen das Knie der anderen Körperseite. Diese Übung fällt leichter, wenn eine Partnerin Sie an den Füßen festhält. Sie können die Füße auch unters Sofa schieben, damit sie einen Halt haben. Das ist zwar nicht unbedingt notwendig, erleichtert aber die Übung und ist bequemer. Ist Ihnen die sportliche Herausforderung noch nicht groß genug, können Sie sich bei dieser Übung ein Buch oder ein Gewicht vor die Brust halten.

Diese Übung sollten Sie täglich machen, da sie Ihre Bauchmuskeln kräftigt, und die sind bei jeder Aktivität und Sportart wichtig. Außerdem entlasten kräftige Bauchmuskeln Ihren Rücken. *Anmerkung:* Bekommen Sie bei dieser Übung Rückenschmerzen, sollten Sie Ihren Arzt oder Ihre Ärztin nach besonderen Bauchmuskelübungen fragen, die Ihren Rücken entlasten.

Am ersten Tag: Legen Sie sich auf den Boden, die Knie sind angewinkelt, die Arme über der Brust verschränkt. Spannen Sie die Bauchmuskeln an, und richten Sie sich dann langsam auf, bis Ihr rechter Ellenbogen Ihr linkes Knie berührt. Legen Sie sich wieder zurück; Ihre Bauchmuskeln sind immer noch angespannt. Dann setzen Sie sich wieder auf und berühren mit dem linken Ellenbogen das rechte Knie. Wiederholen Sie das Ganze insgesamt zehnmal.
Am zweiten Tag: Wiederholen Sie diese Übung.
Am dritten Tag: Wiederholen Sie diese Übung.
Am vierten Tag: Wiederholen Sie die Übung nun vierzehnmal.

Wenn Ihre Kondition sich verbessert, steigern Sie sich jeden Tag, bis Sie mühelos fünfzig »Sit-ups« schaffen. Führen Sie über Ihre Fortschritte Buch. Sie werden überrascht sein, wie schnell sich Ihre Leistung steigert, wenn Sie die Übung täglich machen.

Liegestütze

Frauen können Liegestütze machen. Bei regelmäßigem Training werden Sie überrascht sein, wie schnell sich Ihre Leistung steigert. Sind Sie Anfängerin, sollten Sie es zuerst einmal mit statischen Liegestützen versuchen. Nehmen Sie die Liegestütz-Position ein, und halten Sie Ihren Körper dabei so gerade wie möglich (auf Händen und Zehen). Dann versuchen Sie einen Liegestütz. Winkeln Sie die Arme ab, aber halten Sie den Körper gerade, bis Ihre Nase etwa fünfzig Zentimeter über dem Boden schwebt. Dann strecken Sie die Arme langsam wieder aus.

Passen Sie auf, daß Ihr Körper dabei gerade bleibt und daß Sie nicht Ihr Hinterteil in die Luft strecken oder ein Hohlkreuz machen. Wiederholen Sie das so oft wie möglich; stützen Sie sich dabei auf Hände und Zehen. »Damen-Liegestütze«, auf Hände und Knie gestützt, sind nur bedingt wirksam.

Wenn Sie nicht einen einzigen Liegestütz zustande bringen, verzagen Sie nicht. Es gibt viele Frauen, die das nicht können. Halten Sie aber durch, denn Sie werden es schaffen, und ein gutgelungener Liegestütz ist eine Leistung, auf die Sie stolz sein können.

In der ersten Woche:

Am ersten Tag: Nehmen Sie die Liegestütz-Position ein, und halten Sie sie, bis Sie bis fünf gezählt haben. Zur Entspannung stützen Sie ein Knie auf dem Boden ab. Dann nehmen Sie wieder die Liegestütz-Position ein. Wiederholen Sie das dreimal.

Am zweiten Tag: Wiederholen Sie das, aber hängen Sie noch einen Durchlauf dran.

Am dritten Tag: Wiederholen Sie diese Übung.

Am vierten Tag: Wiederholen Sie diese Übung.

Am fünften Tag: Halten Sie die Liegestütz-Position, und zählen Sie bis vier. Dann beugen Sie leicht die Arme, und strecken Sie sie dann langsam wieder. Integrieren Sie diese Variante in Ihr bisheriges Programm.

Am sechsten Tag: Wiederholen Sie diese Übung; gehen Sie aber diesmal ein wenig tiefer.

Am siebten Tag: Wiederholen Sie diese Übung.

In der zweiten Woche:

Am ersten Tag: Nehmen Sie die Liegestütz-Position ein, und machen Sie einen vollständigen Liegestütz. Entspannen Sie sich, und zählen Sie bis fünf. Nehmen Sie erneut Ihre Position

ein, und machen Sie noch einen vollständigen Liegestütz. Entspannen Sie sich, und wiederholen Sie dann das Ganze noch zweimal.
Machen Sie diese Übung täglich, und versuchen Sie, die Entspannungszeit nach jedem Liegestütz schrittweise zu reduzieren. Wenn Sie vier Liegestütze ohne Pause machen können, erhöhen Sie die Anzahl. Bemühen Sie sich, Ihre Leistung jedesmal ein bißchen zu steigern.
Führen Sie über Ihre Fortschritte Buch.

»Sit-ups«		*Liegestütze*	
erster Tag	____________	erster Tag	____________
zweiter Tag	____________	zweiter Tag	____________
dritter Tag	____________	dritter Tag	____________
vierter Tag	____________	vierter Tag	____________
fünfter Tag	____________	fünfter Tag	____________

Gewichtheben

Wenn Sie schnelle, meßbare Ergebnisse haben wollen, versuchen Sie es doch einmal mit Gewichtheben. Dazu müssen Sie nicht in ein Fitneß- oder Bodybuilding-Studio gehen, denn bei Ihnen zu Hause gibt es genügend Gegenstände, die Sie als Gewichte benützen können. Nehmen Sie eine leere Putzmittelflasche aus Plastik, und füllen Sie sie mit Sand oder mit Wasser. Packen Sie sie beim Griff oder beim Hals, und heben Sie sie langsam hoch. Wenn sie Ihnen anfangs zu schwer ist, leeren Sie einen Teil des Inhalts wieder aus.
Falls Sie lieber handelsübliche Gewichte benutzen wollen, können Sie ein Paar preiswerte Hanteln in jedem Sportartikelgeschäft oder im Kaufhaus erwerben.
Mit den Gewichten können Sie eine Reihe von Übungen zur Kräftigung Ihrer Armmuskulatur durchführen. Wiederholen Sie jede Übung achtmal, entspannen Sie sich wenigstens dreißig

Sekunden, und führen Sie die Übung dann erneut achtmal durch. Erhöhen Sie schrittweise das Gewicht und die Anzahl der Übungen.

In der ersten Woche: Fangen Sie mit drei Einheiten zu je acht Wiederholungen an; nehmen Sie dazu Hanteln, die Sie bequem handhaben können. Wiederholen Sie das drei- bis viermal in der Woche.

In der zweiten Woche: Erhöhen Sie die Anzahl auf drei Einheiten zu je zehn Wiederholungen.

In der dritten Woche: Erhöhen Sie die Anzahl auf drei Einheiten zu je zwölf Wiederholungen.

In der vierten Woche: Erhöhen Sie allmählich das Gewicht. Machen Sie weiter mit drei Einheiten zu je zwölf Wiederholungen.

Verschiedene Übungen

- Ergreifen Sie die Hanteln mit nach oben gerichteten Handflächen; die Arme hängen seitlich am Körper herunter. Beugen Sie nun langsam die Ellenbogen, und heben Sie die Hanteln in Richtung der Schultern. Dann senken Sie sie langsam wieder, bis der Arm gestreckt ist.
- Ihre Arme hängen an beiden Seiten des Körpers herunter. Drehen Sie nun die Handflächen nach innen, und heben Sie die Gewichte mit gestreckten Armen zur Seite, bis sich Ihre Hände auf Schulterhöhe befinden. Dann senken Sie sie langsam, bis sie Ihre Flanken berühren. Wiederholen Sie das.
- Diese Übung funktioniert genauso wie die vorangegangene, nur daß Sie jetzt die Hanteln nach vorne und nicht zur Seite heben. Wiederholen Sie das.
- Beugen Sie die Ellenbogen und stützen Sie die Hände mit den Gewichten mit nach innen gerichteten Handflächen auf Ihre Schultern. Heben Sie langsam die Arme gerade über den

Kopf. Dann senken Sie sie wieder langsam zu den Schultern. Wiederholen Sie das.

Fortschritte beim Gewichtheben

erster Tag:	Übung 1 ______	kg	____	Einheiten zu je	____
	Übung 2 ______		____		____
	Übung 3 ______		____		____
	Übung 4 ______		____		____
zweiter Tag:	Übung 1 ______	kg	____	Einheiten zu je	____
	Übung 2 ______		____		____
	Übung 3 ______		____		____
	Übung 4 ______		____		____

Und so weiter.

Wenn Sie sich ein Trainingsprogramm zusammenstellen, bei dem Sie drei- oder viermal wöchentlich mindestens zwanzig Minuten gehen oder laufen und drei- oder viermal wöchentlich »Sit-ups« und Liegestütze machen oder Gewicht heben, sind Sie auf dem Weg zu einer guten körperlichen Kondition – und erhöhen damit Ihre Sicherheit.

Unglücklicherweise legt der menschliche Körper keine Konditionsvorräte an. Um in Form zu bleiben, müssen Sie also ständig weitertrainieren. Von heute an muß Sport zu einem Teil Ihres Lebens werden.

»Die meisten Untersuchungen weisen darauf hin, daß die Kondition, die durch ein vierwöchiges Training erworben wird, nach zwei Wochen verlorengeht, wenn völlig mit dem Training aufgehört wird.«

Roberta Stokes und Clancy Moore,
Personal Fitness and You

Sport und Kurse

Aerobic-Kurse

Es gibt viele verschiedene Arten von Aerobic-Kursen, die in den meisten Fitneßstudios und Sportvereinen angeboten werden. Jeder hat verschiedene Vorzüge, doch sie alle haben gemeinsam, daß Sie sich bewegen, eins mit Ihrem Körper werden und eine bessere Kondition bekommen. Außerdem bringt ein Aerobic-Kurs Sie mit anderen Menschen zusammen. Es macht Spaß, gemeinsam mit Freundinnen Sport zu treiben, und Sie werden überrascht sein, um wie vieles leichter es ist, wenn man mit einer Gruppe und nicht allein trainiert. Der Teamgeist wird Ihnen helfen, den Kurs durchzuhalten, und die Zeit rascher verstreichen lassen.

Andere Sportarten

Ebenso wie Gymnastik tragen auch andere Sportarten zu Ihrer Fitneß bei, erhöhen Ihre Aufmerksamkeit und sorgen dafür, daß Sie sich verteidigen können.
Fast jede Frau, die aktiv Sport betreibt, wird Ihnen sagen, daß Ihre Sportart die beste ist – die größte Herausforderung, der meiste Spaß und das effektivste Training. Und alle haben recht! Gleichgültig, an welcher Sportart Sie Freude haben, machen Sie weiter.

Karate

Im Zusammenhang mit Selbstverteidigung wird Ihnen Karate oder eine andere Kampfsportart am meisten nützen. Sie lernen

nicht nur Techniken, die Sie in der Selbstverteidigung direkt anwenden können, sondern Sie erfahren auch etwas über gezieltes Zuschlagen, Geschwindigkeit, Intensität und Ihre innere Kraft.
Karate steigert Ihr Selbstbewußtsein in höherem Maße, als das bei irgendeinem anderen, mir bekannten Sport der Fall ist. Es ist aufregend, die eigenen Kräfte zu spüren und Körperbeherrschung zu lernen. Mit voller Kraft in die Luft zu schlagen ist außerdem eine ausgezeichnete Methode, Spannungen abzubauen. Zudem ist bei diesem Sport Intensität besonders wichtig und wird auch gefördert.
Karate ist ein sehr zielorientierter Sport. Für jeden neuen Gürtel müssen Sie eine bestimmte Anzahl von Techniken beherrschen.
Weiterhin sind Kampfsportarten sehr spirituell ausgerichtet, was es Ihnen ermöglicht, Ihre innere mit Ihrer körperlichen Kraft zu verbinden.

Gleichgültig, für welche Sportart Sie sich auch entscheiden, es wird sich für Sie in vielerlei Hinsicht auszahlen. Wie bei vielen anderen Dingen hängt der Erfolg auch beim Sport von der Zeit und Energie ab, die Sie investieren. Wenn Sie besser in Form sind, werden Sie sich auch besser fühlen. Ihre persönliche Sicherheit wird sich erhöhen, und die Wahrscheinlichkeit, einen Überfall zu überleben, steigt.
Während Sie lernen, Ihre körperliche und innere Kraft einzusetzen, werden Sie auch Ihr Potential, sich selbst zu schützen, kennenlernen. Aus körperlicher Fitneß erwächst Selbstvertrauen.

Kurz zusammengefaßt:

1. Wenn wir einem Vergewaltiger entkommen wollen, ist es am besten, davonzulaufen. Also müssen wir lernen, möglichst schnell rennen zu können.
2. In unserem Kulturkreis werden Mädchen und Jungen unterschiedlich erzogen. Bei Jungen steht die körperliche Kraft im Vordergrund, bei Mädchen zwischenmenschliche Beziehungen.
3. Durch sportliche Betätigung werden sich Frauen ihres Körpers besser bewußt – ihrer Grenzen und ihres Potentials.
4. Regelmäßige sportliche Betätigung zeitigt Ergebnisse, die unsere persönliche Sicherheit erhöhen: schnellere Reaktion, erhöhte Aufmerksamkeit, Durchhaltevermögen und Körperkraft.
5. Zwischen sportlicher Betätigung und der Vermeidung einer Vergewaltigung besteht ein Zusammenhang.
6. Sie brauchen nicht olympiareif zu sein, damit Sie sich selbst verteidigen können. Allerdings können Sie fester zuschlagen und schneller laufen, wenn Sie gut in Form sind.
7. Wut löst körperliche Reaktionen aus, die Sie zu Ihrem Vorteil nutzen können, um einen Angriff abzuwehren.
8. Aus Fitneß erwächst Selbstbewußtsein.

13. Kapitel
Sicherheitstips für überall

Mitte der achtziger Jahre veröffentlichte Robert Fulghum ein Buch mit dem Titel *Everything I Ever Needed to Know, I Learned in Kindergarten*, das in den USA große Popularität erlangte. Die einfachen Grundsätze, die Fulghum in seinem Buch beschreibt, können auch Sie anwenden, um sich zu schützen.

Die Basis dafür, daß Sie nicht in Gefahr geraten und nicht Opfer eines sexuellen Übergriffs werden, ist Ihr gesunder Menschenverstand. Sie können die Wahrscheinlichkeit, angegriffen zu werden, enorm verringern, wenn Sie den einfachen Regeln folgen:

Greifen Sie zur Nachbarschaftshilfe; halten Sie sich von dunklen Orten fern; sprechen Sie nicht mit Fremden; steigen Sie nie zu einem Unbekannten ins Auto; schließen Sie die Tür ab; nehmen Sie immer Kleingeld zum Telefonieren mit; benützen Sie bekannte Wege, dann verlaufen Sie sich nicht. Und fahren Sie niemals per Anhalter. Dies sind gute Ratschläge für jede Frau zwischen drei und 103 Jahren.

Viele Frauen wurden von Unbekannten überfallen, weil der Benzintank des Autos leer war oder der Motor aus einem anderen Grund aussetzte. Wieder andere hatten sich verfahren und mußten anhalten, um nach dem Weg zu fragen. Vergessen Sie nicht: Um wirklich sicher zu sein, darf man nicht auf Fremde angewiesen sein, weder wegen einer Mitfahrgelegenheit noch um den Heimweg zu finden.

Wenn Sie den Eindruck haben, daß etwas nicht stimmt, suchen Sie das nächste Telefon, und rufen Sie die Polizei. Haben Sie

keine Hemmungen. Es ist Aufgabe der Polizei, Bürgerinnen und Bürger zu schützen. Sorgen Sie dafür, daß in einem Notfall eine Ihnen nahestehende Person kontaktiert wird.
Besprechen Sie die folgenden Sicherheitstips mit Ihrer Familie, auch den Abschnitt, der das Thema Kinder und Sicherheit betrifft. Lesen Sie ihn sorgfältig, und reden Sie mit Ihren Kindern darüber, wie sie sich schützen können.

Im Auto

- Sorgen Sie dafür, daß Ihr Auto funktionstüchtig ist.
- Lassen Sie den Tank nicht mehr als drei Viertel leer werden.
- Wenn das Auto stehenbleibt, steigen Sie aus, klappen Sie die Motorhaube auf, steigen Sie wieder ein, verriegeln Sie die Türen, und warten Sie. Wenn jemand anhält, lassen Sie das Fenster nur so weit herunter, daß Sie mit ihm sprechen können. Bitten Sie ihn, vom nächsten Telefon aus Hilfe zu holen. Steigen Sie nicht aus.
- Wenn Sie einen Autofahrer auf der Straße sehen, der offenbar eine Panne hat, halten Sie an, aber steigen Sie nicht aus. Fragen Sie den Autobesitzer, was Sie tun können, dann fahren Sie zum nächsten Telefon, und rufen Sie die Polizei oder den ADAC o. ä. an.
- Wenn Sie einen platten Reifen haben, fahren Sie so langsam wie möglich zum nächsten Ort (Tankstelle, Rastplatz), wo Sie in Sicherheit sind. Eine verbogene Felge ist ein kleiner Preis für Ihre Unversehrtheit.
- Wenn Sie in einen Bagatellunfall geraten, der Ihrer Ansicht nach absichtlich herbeigeführt wurde, bleiben Sie im Auto, und sprechen Sie nur durchs Fenster. Rufen Sie Hilfe. Wenn nötig, fahren Sie zum nächsten Polizeirevier.
- Halten Sie im Auto eine Notfallausrüstung bereit. Diese sollte

aus einer Taschenlampe, Lampen, einem Abschleppseil, einem Erste-Hilfe-Kasten, einem Ersatzreifen und einem Schild mit der Aufschrift »Hilfe!« bestehen.

- Sie sollten wissen, wohin Sie wollen und wie Sie wieder zurückkommen. Nehmen Sie aktuelle Karten der Gegenden, durch die Sie fahren, im Auto mit.
- Wenn Sie ein Kabrio fahren, machen Sie nachts oder in gefährlichen Gegenden das Verdeck zu.
- Lassen Sie Ihr Auto nie unverschlossen stehen.
- Fahren Sie niemals per Anhalter, und nehmen Sie auch keine Tramper mit.
- Wenn Sie den Verdacht haben, daß Ihnen jemand folgt, fahren Sie zur Polizei oder zu einer Tankstelle, wo sich Leute befinden, die Ihnen helfen können.
- Bewahren Sie ein aktuelles Telefonnummernverzeichnis in Ihrem Wagen auf (ADAC, Versicherung etc.).

Beim Parken

- Stellen Sie Ihr Auto immer an einem möglichst sicheren Ort ab. In diesem Punkt sollten Sie nicht sparsam sein. Ihre Sicherheit sollte ganz oben auf Ihrer finanziellen Prioritätenliste stehen. Wenn möglich, parken Sie Ihr Auto auf einem bewachten Parkplatz. Parken Sie so nahe wie möglich an Ihrem Ziel und unter einer Straßenlaterne. Wenn Sie Ihr Auto tagsüber parken und vorhaben, erst nach Einbruch der Dunkelheit zurückzukommen, stellen Sie es dort ab, wo es beleuchtet wird.
- Schließen Sie Ihr Auto immer ab.
- Wenn Sie zurückkommen, halten Sie den Schlüssel in der Hand, damit Sie so schnell wie möglich einsteigen können.
- Trennen Sie Auto- und Wohnungsschlüssel.

- Gehen Sie, wenn möglich, nicht allein zum Auto. Wenn Sie und Ihre Begleiterin in zwei Autos gekommen sind, können Sie gemeinsam zum zweiten Auto fahren.
- Wenn nötig, schreiben Sie es auf; vergessen Sie nie, wo Sie Ihr Auto geparkt haben.
- Vermeiden Sie es, auf dem Weg zum Auto nah an geparkten Autos oder anderen Gegenständen vorbeizugehen, hinter denen sich jemand versteckt halten könnte.
- Verstecken Sie nie einen Schlüssel in einem geparkten Auto. Wenn Ihnen ein gutes Versteck eingefallen ist, kommt ein anderer Mensch sicherlich auch darauf.
- Wenn es keinen Parkwächter gibt, vermeiden Sie es, wenn möglich, in unterirdischen Garagen zu parken.

In öffentlichen Verkehrsmitteln

- Vermeiden Sie es, die einzige Passagierin in einem ansonsten leeren U-Bahn-Wagen zu sein.
- Werden Sie in Gegenwart anderer Fahrgäste in einem Bus oder in der U-Bahn körperlich oder verbal belästigt, drehen Sie sich um, und stellen Sie den Mann zur Rede. Lenken Sie die Aufmerksamkeit auf ihn.
- Wenn Sie auf einen Bus oder ein Taxi warten, stellen Sie sich unter eine Straßenlaterne, aber nicht zu nahe an die Bordsteinkante.
- Seien Sie beim Warten auf ein öffentliches Verkehrsmittel aufmerksam. Lesen Sie nicht in einem Buch oder in der Zeitung. Das lenkt Sie ab.
- Stellen Sie sich nicht direkt neben die Tür. Oft stürmen Diebe herein, packen sich eine Handtasche und laufen davon, wenn sich die Türen schließen.
- Halten Sie Ihre Besitztümer gut fest. Hand- oder Aktentasche

halten Sie am besten auf dem Schoß oder zwischen die Beine geklemmt.

- Tragen Sie, wenn möglich, keine Handtasche. Wenn nötig, nehmen Sie eine mit Schulterriemen, die Sie leicht festhalten oder quer über der Brust tragen können.
- Schlafen Sie nicht in öffentlichen Verkehrsmitteln ein.
- Im Bus setzen Sie sich, wenn möglich, in die Nähe des Fahrers.

Zu Fuß

- Seien Sie immer aufmerksam.
- Gehen Sie bekannte Wege, keine Abkürzung, wenn Sie nicht genau wissen, wohin sie führt und ob sie durch sicheres Gebiet verläuft.
- Gehen Sie mit erhobenem Kopf, und wirken Sie selbstbewußt.
- Gehen Sie nah am Bordstein, machen Sie einen Bogen um Hauseingänge, dunkle Seitengassen, Gebüsch und geparkte Autos.
- Bleiben Sie nicht stehen, um sich mit Unbekannten auf der Straße zu unterhalten. Geben Sie keine Auskünfte und beantworten Sie keine Fragen.
- Falls jemand im Auto neben Ihnen hält, gehen Sie nicht näher heran. Drehen Sie sich um, und gehen Sie in entgegengesetzter Richtung davon.
- Wenn Sie glauben, daß Ihnen jemand folgt, prüfen Sie es nach. Gehen Sie schneller, oder bleiben Sie vor einem Schaufenster stehen. Sind Sie sich sicher, daß Sie wirklich verfolgt werden, versuchen Sie, nicht nervös zu werden. Gehen Sie selbstbewußt zum nächsten sicheren Ort (Laden, Bürogebäude), und rufen Sie die Polizei. Gehen Sie nicht nach Hause, wenn Sie glauben, daß Ihnen jemand folgt.

- Planen Sie Ihren Heimweg. Merken Sie sich die Läden und Bürogebäude, in die Sie sich im Notfall flüchten können. Sie sollten wissen, wann sie schließen. Wählen Sie, wenn nötig, eine alternative Route.
- Achten Sie darauf, daß Sie schnell laufen können. Beladen Sie sich nicht mit Büchern und Paketen. Achten Sie auf Ihre Kleidung. Achten Sie auf Ihre Schuhe, und tragen Sie nur solche, in denen Sie laufen oder die Sie rasch abstreifen können.
- Wenn jemand auf der Straße auf Sie zutritt und Geld, Schmuck oder sonst irgend etwas fordert, schätzen Sie schnell die Situation ab. Wenn Sie annehmen, daß der Mann eine Bedrohung für Sie darstellt, geben Sie ihm, was er verlangt. Kein materielles Besitztum ist so viel wert, daß es sich lohnen würde, dafür verletzt oder umgebracht zu werden.
- Zählen Sie nie Geld auf der Straße. Tun Sie das unbeobachtet in der Bank, im Büro oder zu Hause.
- Gehen Sie immer in die Gegenrichtung zum Straßenverkehr.
- Werden Sie von einem Auto verfolgt, drehen Sie sich um, und gehen Sie in die entgegengesetzte Richtung.

(Zum Thema Sicherheit auf dem Fahrrad siehe Anhang.)

Sicherheit zu Hause

- Vergewissern Sie sich, daß Sie Ihr Haus oder Ihre Wohnung ohne großen Aufwand und rasch betreten können. Halten Sie bei Ihrer Ankunft den Schlüssel bereit.
- Wenn Sie einen automatischen Garagentüröffner haben, sehen Sie im Rückspiegel nach, ob sich die Tür hinter Ihnen wieder geschlossen hat, und ob niemand mit hereingeschlüpft ist.

- Wenn Sie verfolgt werden, gehen Sie nicht direkt nach Hause. Begeben Sie sich an einen sicheren Ort, und rufen Sie die Polizei.
- Wenn Sie bei Ihrer Heimkehr einen Unbekannten vorfinden, drängen Sie ihn nicht in die Enge. Geben Sie ihm psychologisch und auch physisch die Möglichkeit, zu gehen. Sagen Sie zum Beispiel: »Oh, ich habe mit den Handwerkern erst morgen gerechnet.«
- Kennen Sie die Umgebung Ihres Zuhauses? Wissen Sie, wo ein Angreifer sich verstecken könnte? Überprüfen Sie diese Stellen rasch, wenn Sie nachts allein mit dem Auto nach Hause kommen.
- Wenn Sie bei Ihrer Heimkehr vermuten, daß sich jemand im Haus befindet (eine offene Tür, ein zerbrochenes Fenster), gehen Sie nicht hinein. Gehen Sie statt dessen zu Ihren Nachbarn, und rufen Sie die Polizei. Warten Sie, bis sie kommt, ehe Sie Ihre Wohnung betreten.
- Öffnen Sie Unbekannten nicht die Tür. Stellen Sie erst fest, wer draußen ist, ehe Sie öffnen.
- Vorsicht, wenn Uniformierte bei Ihnen läuten. Wenn Sie keinen Handwerker oder Kurierfahrer bestellt haben, lassen Sie niemanden herein. Wenn derjenige darauf besteht, daß er wirklich etwas bei Ihnen zu tun hat, lassen Sie ihn draußen warten, und rufen Sie bei seiner Firma an, um es sich bestätigen zu lassen.
- Schließen Sie immer ab, wenn Sie fort sind, und auch wenn Sie zu Hause sind.
- Stellen Sie für den Notfall ein Telefon neben Ihr Bett.
- Planen Sie den Fluchtweg aus Ihrem Haus für den Fall eines Feuers oder eines Einbruchs.
- Befestigen Sie einen Riegel an Ihrer Schlafzimmertür, damit Sie sich dort einschließen und Hilfe herbeitelefonieren können, falls jemand in Ihr Haus eindringt.

- Wenn Sie für einige Tage wegfahren müssen, besorgen Sie sich Zeitschaltuhren für die Lichtschalter, damit es so aussieht, als wären Sie zu Hause.
- Wenn Sie in Urlaub fahren, bitten Sie eine Freundin oder eine Nachbarin, nach dem Haus zu sehen, damit es nicht unbewohnt wirkt.
- Fahren Sie für einige Tage weg, sollten Sie Post und Zeitungen abbestellen. Wenn sich vor Ihrer Tür die Zeitungen türmen und der Briefkasten überquillt, ist das ein sicheres Zeichen dafür, daß Sie verreist sind.

Am Telefon

- Melden Sie sich am Telefon nie mit Namen. Will ein Unbekannter wissen, wer Sie sind, soll er zuerst seinen Namen sagen.
- Verteilen Sie nicht leichtfertig Ihre Telefonnummer. Wenn Sie Zweifel haben, lassen Sie sich die Nummer des anderen geben, und rufen Sie ihn an.
- Wichtige Telefonnummern sollten Sie immer griffbereit haben.
- Wenn Sie einen obszönen Anruf bekommen, legen Sie sofort auf. Ruft der Mann weiterhin an, blasen Sie mit einer Trillerpfeife direkt in den Hörer.
- Hören die Anrufe nicht auf, melden Sie das der Telekom oder bei der Polizei.
- Hinterlassen Sie keine persönlichen Informationen auf dem Anrufbeantworter. Nennen Sie nur Ihre Telefonnummer.
- Lassen Sie sich im Telefonbuch nur mit dem Familiennamen und dem Anfangsbuchstaben des Vornamens eintragen.
- Stellen Sie für den Notfall ein Telefon neben Ihr Bett.

Sichern Sie Ihr Zuhause!

- Verstecken Sie den Hausschlüssel nicht an offensichtlichen Stellen. Lassen Sie ihn nicht im Freien.
- Hängen Sie keinen Zettel an die Tür, auf dem steht, daß Sie nicht da sind und wann Sie wiederkommen.
- Sicherheit ist eine gute Investition. Wohnen Sie so sicher, wie Sie es sich leisten können.
- Achten Sie darauf, daß Sie gute Schlösser an den Türen haben. Benutzen Sie zusätzlich Riegel.
- Außentüren sollten aus massivem Holz oder aus Metall bestehen. Alle Außentüren sollten einen »Spion« haben.
- Vermeiden Sie Schlösser, die man öffnen kann, indem man eine Glasscheibe oder eine Holzverkleidung zerbricht.
- Garagentüren sollten stets verschlossen sein.
- Geben Sie nur denjenigen Menschen einen Wohnungsschlüssel, die ihn wirklich brauchen.
- Investieren Sie in eine Alarmanlage, und vergewissern Sie sich, daß diese wirklich funktioniert.
- Sorgen Sie dafür, daß die Umgebung Ihres Hauses oder Ihrer Wohnung ausreichend beleuchtet ist. Wenn Sie nachts allein zu Hause sind, lassen Sie die Außenlichter an.
- Bewahren Sie Leitern nie im Freien auf.
- Stutzen Sie alle Büsche auf Fensterhöhe.
- Sägen Sie Äste und Spaliere ab, die es einem Einbrecher ermöglichen, in die oberen Stockwerke zu klettern.
- Notieren Sie sich die Namen und Telefonnummern Ihrer Nachbarn.

Sicherheitstips für Kinder

- Sprechen Sie mit Ihren Kindern darüber, an wen sie sich wenden können, wenn sie Hilfe brauchen. Sagen Sie ihnen, daß sie sich Autoritätspersonen wie Polizisten anvertrauen können. Unglücklicherweise müssen Sie sie auch darauf hinweisen, niemandem (z. B. einem Lehrer) automatisch zu vertrauen, nur weil er oder sie eine Autoritätsperson ist.
- Warnen Sie sie, mit Unbekannten oder Menschen, die sie nicht gut kennen, zu sprechen.
- Sagen Sie ihnen, daß sie nicht antworten müssen, wenn ein Fremder sie etwas fragt.
- Vergewissern Sie sich, daß Ihre Kinder verstehen, daß sie Unbekannten nicht die Tür öffnen dürfen.
- Vergewissern Sie sich, daß Ihre Kinder wissen, wie sie Sie oder einen anderen Erwachsenen erreichen, wenn sie Hilfe brauchen.
- Bemühen Sie sich, immer zu wissen, wo Ihre Kinder gerade sind.
- Verlangen Sie, daß Ihre Kinder sich von Freunden abholen lassen oder, wenn möglich, immer in Gruppen unterwegs sind.
- Sorgen Sie dafür, daß Ihre Kinder immer Kleingeld zum Telefonieren bei sich haben. Achten Sie darauf, daß sie wissen, wie man einen Münzfernsprecher benutzt.
- Wenn Ihr Kind mit dem Rad fährt, besprechen Sie mit ihm, auf welchen Wegen und in welcher Gegend es fahren darf. Fährt Ihr Kind auf der Straße, sollte es einen Helm tragen.
- Bewahren Sie aktuelle Fotos Ihrer Kinder auf.
- Kleine Kinder sollten nicht allein zu Hause oder im Auto gelassen werden.
- Überprüfen Sie den Kindergarten oder den Babysitter gründlich, ehe Sie Ihr Kind dortlassen.

- Vergewissern Sie sich, daß Ihr Kind 110 anrufen kann. Sagen Sie ihm, es soll am Apparat bleiben, bis die Polizei den Anruf überprüft hat.
- Sagen Sie Ihren Kindern, daß sie sich von niemandem von der Schule abholen lassen dürfen, wenn Sie nicht vorher die Erlaubnis dazu gegeben haben.
- Hören Sie Ihren Kindern zu! Sprechen Sie mit ihnen über wichtige und unwichtige Dinge. Wenn Sie zwischen sich und Ihren Kindern schon in frühester Jugend eine feste Vertrauensbasis aufbauen, werden Sie Ihr ganzes Leben lang offen mit ihnen reden können.

Schlußwort: Der lange Weg der Heldinnen

Es ist schmerzhaft, sich mit der Wirklichkeit von Vergewaltigung auseinanderzusetzen, gleichgültig, ob eine Frau selbst einen sexuellen Übergriff erlebt hat, Freundin eines Vergewaltigungsopfers ist oder unter der Angst davor leidet. Allerdings dürfen wir die Augen nicht davor verschließen, daß Vergewaltigung vorkommt. Und ehe wir uns nicht verdeutlichen, daß alle Frauen aufgrund der Tatsache, daß sie Frauen sind, in Gefahr schweben, werden wir, wenn überhaupt, nur wenig Fortschritte in unserem Kampf gegen dieses entsetzliche Verbrechen machen.

Vergewaltigung ein für allemal abzuschaffen bedeutet, daß wir zu den Frauen werden müssen, die wir eigentlich sein könnten. Wir müssen unsere Selbstachtung stärken und lernen, selbstbewußt – aber nicht aufdringlich – aufzutreten, damit wir unser Leben eigenverantwortlich gestalten können. Das werden wir tun. Wir werden die Fähigkeit entwickeln, uns klar und verständlich mitzuteilen, damit uns die Menschen glauben, wenn wir »nein« sagen. Wir werden auf unseren Körper achten, damit wir stark und fit sind, bereit, einer Gefahr zu entfliehen oder um unser Leben zu kämpfen.

Das zu erreichen wird viel Mut kosten, denn Frauen werden gemeinhin nicht zu unabhängigen, selbstbewußten Individuen erzogen. Es wird Mut kosten, für unsere Sicherheit zu kämpfen und zu unseren Mitmenschen offen und ehrlich zu sein.

Das bedeutet aber keineswegs, daß wir alles allein vollbringen müssen. Viele Frauen haben erfahren, daß sie sich in der Geborgenheit einer Liebesbeziehung mit einem Mann am besten weiterentwickeln und wachsen können. Andere haben die Kraft dazu durch die Unterstützung von Freundinnen und der Familie gefunden. Wieder andere haben sich tapfer allein auf den Weg gemacht.

Doch es bleibt eine Tatsache, daß unsere innere Weiterentwicklung unbedingt wichtig ist, wenn wir uns schützen wollen. Wachstum ist schwierig, aber die Alternative – den Status quo aufrechtzuerhalten – ist undenkbar.

Mit dem Wissen über Vergewaltigung und sexuelle Nötigung geht die Verantwortung einher, diese Informationen anderen mitzuteilen. Inzwischen wissen Sie bereits zuviel, um sich noch abwenden zu können. Nehmen Sie also Ihr Wissen, und fangen Sie an zu reden. Sprechen Sie mit einer Freundin, mit Ihrer Mutter, mit Ihrer Schwester. Gemeinsam werden wir laut genug reden, damit man uns hört. Denn jede Frau verdient ein Leben ohne Angst.

Anhang

Gewalt gegen Frauen in Deutschland

Es muß nicht immer Blut fließen

Anfang der siebziger Jahre wird auch in Deutschland das Tabu »Sexuelle Gewalt von Männern gegen Frauen« gebrochen. Die Neue Frauenbewegung bringt an die Öffentlichkeit, was bis dahin totgeschwiegen worden war und worüber sich nur wenige Frauen im geschützten Rahmen von Frauenselbsterfahrungsgruppen ausgetauscht hatten.

Am Anfang dieser Debatte über Männergewalt ging es vorwiegend um körperliche Gewalt, um Vergewaltigung, die eine lebensbedrohliche Situation für die Betroffene darstellt und lebenslange psychische Folgen für das Opfer hat. Und es wurde erstmals ausgesprochen, daß die Frauen die Täter oft kennen: es sind männliche Verwandte, Bekannte, Freunde.

Die erste Reaktion der Medien waren Diffamierungen der Frauen, die Männergewalt öffentlich machten. Die Frauen wurden beschimpft, als Lügnerinnen bezeichnet. Die Frauenbewegung reagierte auf die weitverbreitete Angst von Frauen vor Vergewaltigung und gründete autonome Einrichtungen für Frauen, die sexueller wie körperlicher Gewalt ausgesetzt waren. In autonomen Frauenhäusern finden ab diesem Zeitpunkt Frauen aus allen gesellschaftlichen Schichten mit ihren Kindern Zuflucht vor gewalttätigen Ehemännern, Frauennotrufe bieten aktuelle psychische Unterstützung in Form von Beratung und Aufklärung über die Rechtslage, Demonstrationen unter dem Motto »Frauen erobern die Macht zurück« greifen die Angst der Frauen vor Vergewaltigung auf und zeigen entschlossenen Widerstand gegen diese Form der Gewalt.

Darüber hinaus wächst das Bewußtsein für die Notwendigkeit,

sich selbst und andere Frauen aus eigener Kraft zu schützen. Es entstehen Selbstverteidigungsgruppen von Frauen für Frauen, in denen auch traditionelles Verhalten in Frage gestellt wird, nämlich die Gepflogenheit, daß Frauen sich mit vertrauten männlichen Begleitern gegen die Gewalt anderer Männer versichern.

Stand in der Anfangsphase der von der Frauenbewegung initiierten Diskussion der Männergewalt gegen Frauen die körperliche Gewalttätigkeit im Vordergrund, schärfte sich nach und nach der Blick für subtilere, nichtkörperliche Formen der Gewalt. Frauen stellten zunehmend subtile Formen von Gewalt gegen sich in den unterschiedlichsten privaten, öffentlichen und beruflichen Zusammenhängen fest und erkannten als Ursache die allgemeine gesellschaftliche Abwertung der Frau als solcher sowie des Weiblichen.

- Ein Blick auf die Sprache zeigt, daß Frauen hier selten explizit vorkommen. Die männlichen, üblicherweise auch geschlechtsneutral verwendeten Pluralformen wie »die Bürger«, womit auch Frauen gemeint seien, schließen beispielsweise Frauen ebenso aus der Sprache aus wie das häufige Wörtchen »man«; die bekannte feministische Sprachwissenschaftlerin ist Luise Pusch. Gleichstellungsbeauftragte setzen gegen massiven Widerstand zunehmend die sprachanalytischen Erkenntnisse in die Praxis um, lassen beispielsweise die diskriminierende Bezeichnung »Fräulein« aus öffentlichen Bekanntmachungen/Formularen entfernen, zu den männlichen die weiblichen Formen hinzufügen usf.
- In der Forschung entdecken Wissenschaftlerinnen zunehmend, daß die angeblich neutrale, objektive Wissenschaft in Wahrheit den männlichen Blickwinkel und die männlichen Interessen in den Mittelpunkt stellt. Die traditionelle Geschichtsschreibung schließt die aus der Politik verbannten

Frauen und deren Arbeit ebenfalls aus. Und in der Kriegsschilderung taucht die Gewalttätigkeit gegen Frauen ebenso selten auf wie in Schilderungen des Friedens.

- Pornographie wird als massive Abwertung des weiblichen Geschlechts benannt und von vielen Frauen als Gewalt gegen ihre Weiblichkeit und ihre Persönlichkeit erlebt. Die bekannte deutsche Frauenrechtlerin Alice Schwarzer ruft zum Boykott gegen den »Stern« auf.

In den achtziger Jahren weitet sich das Thema »Gewalt gegen Frauen« aus. Die sexuelle Gewalt gegen Mädchen und auch Jungen wird nun öffentlich gemacht. Die Öffentlichkeit reagiert weniger abweisend als ein Jahrzehnt zuvor.

Frauen, die als Kind Gewalt erlitten hatten, und sexueller Gewalt ausgesetzte Mädchen brechen mit Hilfe von anderen Frauen das Schweigen. Das Charakteristische an dieser Form der Gewalttätigkeit ist, daß es sich oft nicht um direkte, brutale körperliche Gewalt handelt. Vielmehr wird die Abhängigkeit von Schutzbefohlenen geplant ausgenutzt; es wird ausgenutzt, daß das Fühlen, Denken und Handeln des Kindes noch nicht voll entwickelt und ausgereift sind. Ende der achtziger Jahre werden eigenständige, zum Teil von der öffentlichen Hand unterstützte Häuser für den Schutz von Mädchen, die sexuelle Gewalt erfahren haben, eingerichtet. Für Fachfrauen und für Mütter werden Fortbildungsseminare über Vorbeugungsmaßnahmen angeboten. Sie vermitteln, daß anhand von Signalen und Hinweisen sexuelle Gewalterfahrungen von Außenstehenden erkannt werden können.

Ein weiteres Thema wird in den achtziger Jahren die sexuelle Belästigung am Arbeitsplatz. Als »Busengrapschen« und »Pokneifen« zum Thema gemacht wurden, belächelten dies anfangs Männer wie Frauen. Engagierte Forscherinnen sowie Frauen, die den Mut aufbrachten, über eigene Erfahrungen zu sprechen,

bezeichneten solche Übergriffe aber als frauenverachtend und als Gewalt gegen Frauen. Inzwischen gibt es zahlreiche Forschungsberichte und Literatur zu diesem Thema. Bis auf Einzelfälle sind jedoch die Möglichkeiten der Frauen, sich am Arbeitsplatz effizient und mit Unterstützung anderer gegen Übergriffe zu wehren, gering. Machen Frauen ihren Fall publik, erleben sie immer massive Schuldzuweisungen, berufliche Nachteile, verringerte Aufstiegschancen bis hin zu Versetzungen, die mit beruflichem Abstieg verbunden sind. Gemäß Umfragen fühlten sich drei Viertel der erwerbstätigen Frauen schon einmal einer sexuellen Belästigung ausgesetzt; jede dritte Frau hat nach Schätzungen aus diesem Grund schon einmal den Arbeitsplatz gewechselt.
Derzeit nun wird die Öffentlichkeit auf die sexuelle Gewalt gegen behinderte Frauen aufmerksam. Behinderte Frauen und ihre Betreuerinnen haben bereits erste Selbstverteidigungskurse eingerichtet, die auf ihre speziellen Erfordernisse abgestimmt sind.

Frauen und Mädchen sind heute für das Thema Gewalt sensibilisiert. Ihr Bewußtsein dafür ist gewachsen. Und immer mehr wollen sich nicht auf ihr Glück verlassen und das Schicksal entscheiden lassen. Sie wollen Techniken und Verhaltensweisen erlernen, wollen Selbstsicherheit, Selbstbehauptung und Selbstverteidigung trainieren.
Anfangs, vor etwa einem Jahrzehnt, wurde in der Hauptsache (rund 90 Prozent) nach Körpertechniken zum Abwehren einer Vergewaltigung gefragt. Heute sind die Themen in einschlägigen Kursangeboten wesentlich differenzierter: Grenzüberschreitungen wie unerwünschte Berührungen, Küsse oder Belästigungen durch Männer aus dem Freundes- und Bekanntenkreis werden ebenso diskutiert wie Übergriffe am Arbeitsplatz.

Und noch etwas hat sich in den Jahren verändert: Anfangs sprachen die Frauen sehr selten über eigene Erlebnisse; inzwischen spricht in jedem Seminar mindestens eine Frau über eine als Kind oder Erwachsene erlebte, gewalttätige Situation. Zwei bis drei erzählen von Übergriffen in öffentlichen und privaten Zusammenhängen.
Die Ansprüche der Frauen sind gewachsen.
Es reicht heute nicht mehr aus, Körpertechniken zu trainieren, sondern es wird nach Hilfen verlangt, das eigene Selbstbewußtsein zu stärken. Es werden erlebte Situationen diskutiert und eingeschätzt. Frauen wollen Verhaltensweisen entwickeln, die klare Grenzen setzen, und sie wollen lernen, mit Worten männliche Anmache zurückzuweisen.
Initiiert werden Selbstverteidigungs- und Selbstbehauptungskurse in der Regel von Frauen. Mütter setzen sich im Elternbeirat für entsprechende Seminare als außerschulische Veranstaltungen ein und planen sie auch. Volkshochschulleiterinnen richten Kurse ein, Altenservice-Zentren organisieren sie für die älteren Frauen. In der beruflichen Fortbildung spielt die Initiative von Gleichstellungsstellen eine wichtige Rolle, die in oft mühsamer, jahrelanger Überzeugungsarbeit die Verantwortlichen zu einer positiven Entscheidung bringen müssen.
Heute werden in München zum Beispiel im städtischen Fortbildungsangebot für Mitarbeiterinnen sozialer Einrichtungen wie Jugend-, Sozialamt, Allgemeiner Sozialdienst »Fachberatungen zur persönlichen Sicherheit am Arbeitsplatz« angeboten. Andere Einrichtungen wie der Kreisjugendring bieten Mitarbeiterinnen von Jugend- und Freizeitstätten Fortbildungen an. In den Seminaren werden Übergriffe Jugendlicher benannt, und die Teilnehmerinnen erlernen entsprechende Schutzmaßnahmen. Für die Mädchen werden Referentinnen eingeladen.

Selbstverteidigungskurse für Frauen und Mädchen sind kein therapeutisches Angebot. In Krisensituationen brauchen Mädchen und Frauen eine (zusätzliche) therapeutische Form der Aufarbeitung. Zur langfristigen Veränderung, was ihre Bereitschaft anbetrifft, für ihren Schutz selbst zu sorgen und sich zur Wehr zu setzen, bedarf es einer Auseinandersetzung, die über ein Selbstverteidigungsseminar hinausgeht.
Im Gegensatz zur häufig geübten Kritik ist die Selbstbehauptung und Selbstverteidigung für Frauen und Mädchen keine kurzlebige Modeerscheinung, die bald wieder verschwunden sein wird. Vielmehr wächst die Nachfrage beständig, die Angebote werden immer differenzierter.
Die männliche Gewalt in ihren verschiedenen Facetten ist mit ihrer Benennung und dem Angebot von Selbstverteidigungskursen für Frauen und Mädchen nicht abgeschafft. Doch Frauen und Mädchen lernen, selbst für sich zu sorgen, ihren Schutz zu planen und sich wirkungsvoller als ohne Training zur Wehr zu setzen. Beispiele dafür liefern sie täglich.

Ulrike Herle,
Sozialwissenschaftlerin,
Trainerin für Selbstverteidigung und
Selbstbehauptung von Frauen
und Mädchen

§ 177 Vergewaltigung

(1) Wer eine Frau mit Gewalt oder durch Drohung mit gegenwärtiger Gefahr für Leib oder Leben zum außerehelichen Beischlaf mit ihm oder einem Dritten nötigt, wird mit Freiheitsstrafe nicht unter zwei Jahren bestraft.
(2) In minder schweren Fällen ist die Strafe Freiheitsstrafe von sechs Monaten bis zu fünf Jahren.
(3) Verursacht der Täter durch die Tat leichtfertig den Tod des Opfers, so ist die Strafe Freiheitsstrafe nicht unter fünf Jahren.

Erläuterung:

Sexuelle Gewalttaten, bei denen es nicht zum vaginalen Geschlechtsverkehr kommt, fallen unter den Straftatbestand der sexuellen Nötigung.
Der Tatbestand der Vergewaltigung gilt nicht für Ehepartner (genauer bei § 178).
Vergewaltigung ist ein Verbrechen, das mit Freiheitsstrafe zwischen zwei und fünf Jahren bestraft wird. In minder schweren Fällen ist eine Freiheitsstrafe von sechs Monaten bis zu fünfzehn Monaten festgelegt. Dies kann z. B. der Fall sein, wenn der Täter nicht voll schuldfähig oder die angewandte Gewalt gegen die Frau gering ist.

§ 178 Sexuelle Nötigung

(1) Wer einen anderen mit Gewalt oder durch Drohung mit gegenwärtiger Gefahr für Leib oder Leben nötigt, außereheliche sexuelle Handlungen des Täters oder eines Dritten an sich zu dulden oder an dem Täter oder einem Dritten vorzunehmen, wird mit Freiheitsstrafe von einem Jahr bis zu zehn Jahren bestraft.
(2) In minder schweren Fällen ist die Strafe Freiheitsstrafe von drei Monaten bis zu fünf Jahren.
(3) Verursacht der Täter durch die Tat leichtfertig den Tod des Opfers, so ist die Strafe Freiheitsstrafe nicht unter fünf Jahren.

Erläuterung:

Im Gegensatz zur Vergewaltigung fallen unter den Straftatbestand der sexuellen Nötigung auch erzwungener oraler oder analer Geschlechtsverkehr sowie erzwungene homosexuelle Handlungen.
Sexuelle Nötigung wird mit Freiheitsstrafe von einem bis zehn Jahren bestraft. In minder schweren Fällen beträgt das Strafmaß drei Monate bis zu fünf Jahre.
Auch der Straftatbestand der sexuellen Nötigung gilt nicht für Ehepartner. Sexuelle Handlungen des Ehemannes an seiner Ehefrau gegen deren Willen sind nach dem geltenden Recht nicht als Vergewaltigung oder sexuelle Nötigung strafbar. Der Ehemann kann in diesem Fall jedoch wegen Nötigung (§ 240 StGB) bestraft werden. Die Strafe ist Geldstrafe oder Freiheitsstrafe bis zu fünf Jahren. Wird die Ehefrau durch die Gewalttätigkeit des Ehemannes verletzt, so kann er wegen Körperverletzung (§§ 223 ff StGB) bestraft werden.

§ 176 Sexueller Mißbrauch von Kindern

(1) Wer sexuelle Handlungen an einer Person unter vierzehn Jahren (Kind) vornimmt oder an sich von dem Kind vornehmen läßt, wird mit Freiheitsstrafe von sechs Monaten bis zu zehn Jahren, in minder schweren Fällen mit Freiheitsstrafe bis zu fünf Jahren oder mit Geldstrafe bestraft.
(2) Ebenso wird bestraft, wer ein Kind dazu bestimmt, daß es sexuelle Handlungen an einem Dritten vornimmt oder von einem Dritten an sich vornehmen läßt.
(3) In besonders schweren Fällen ist die Strafe Freiheitsstrafe von einem Jahr bis zu zehn Jahren. Ein besonders schwerer Fall liegt in der Regel vor, wenn der Täter

1. mit dem Kind den Beischlaf vollzieht oder
2. das Kind bei der Tat körperlich schwer mißhandelt.

(4) Verursacht der Täter durch die Tat leichtfertig den Tod des Kindes, so ist die Strafe Freiheitsstrafe nicht unter fünf Jahren.
(5) Mit Freiheitsstrafe bis zu drei Jahren oder mit Geldstrafe wird bestraft, wer

1. sexuelle Handlungen vor einem Kind vornimmt,
2. ein Kind dazu bestimmt, daß es sexuelle Handlungen vor ihm oder einem Dritten vornimmt oder
3. auf ein Kind durch Vorzeigen pornographischer Abbildungen oder Darstellungen, durch Abspielen von Tonträgern pornographischen Inhalts oder durch entsprechende Reden einwirkt, um sich, das Kind oder einen anderen hierdurch sexuell zu erregen.

(6) Der Versuch ist strafbar; dies gilt nicht für Taten nach Absatz 5 Nr. 3.

Erläuterung:

§ 176 StGB schützt die ungestörte sexuelle Entwicklung von Personen unter 14 Jahren. Strafbar ist nach dieser Vorschrift unter anderem der unmittelbare körperliche Kontakt zwischen Täter und Kind sowohl durch sexuelle Handlungen an dem Kind wie auch durch sexuelle Handlungen, die der Täter von einem Kind an sich vornehmen läßt. Auch die Bestimmung eines Kindes, an einem Dritten sexuelle Handlungen vorzunehmen, ist unter Strafe gestellt.
Besonders schwere Fälle wie der Beischlaf mit dem Kind oder eine schwere körperliche Mißhandlung bei der Tat werden mit Freiheitsstrafe von einem bis zu zehn Jahren bestraft. Wenn der Tod des Kindes leichtfertig verursacht wird, erhöht sich die Mindeststrafe auf fünf Jahre.
Auch sexuelle Handlungen vor einem Kind, die Bestimmung eines Kindes zu sexuellen Handlungen vor dem Täter oder einem Dritten sowie das Einwirken auf das Kind durch pornographische Darstellungen, Filme oder Reden sind nach § 176 Abs. 5 StGB unter Strafe gestellt.

§ 174 Sexueller Mißbrauch von Schutzbefohlenen

(1) Wer sexuelle Handlungen
1. an einer Person unter sechzehn Jahren, die ihm zur Erziehung, zur Ausbildung oder zur Betreuung in der Lebensführung anvertraut ist,
2. an einer Person unter achtzehn Jahren, die ihm zur Erziehung, zur Ausbildung oder zur Betreuung in der Lebensführung anvertraut oder im Rahmen eines Dienst- oder Arbeitsverhältnisses untergeordnet ist, unter Mißbrauch einer mit dem Erziehungs-, Ausbildungs-, Betreuungs-,

Dienst- oder Arbeitsverhältnis verbundenen Abhängigkeit oder

3. an seinem noch nicht achtzehn Jahre alten leiblichen oder angenommenen Kind

vornimmt oder an sich von dem Schutzbefohlenen vornehmen läßt, wird mit Freiheitsstrafe bis zu fünf Jahren oder mit Geldstrafe bestraft.

(2) Wer unter den Voraussetzungen des Absatzes 1 Nr. 1 bis 3

1. sexuelle Handlungen vor dem Schutzbefohlenen vornimmt oder
2. den Schutzbefohlenen dazu bestimmt, daß er sexuelle Handlungen vor ihm vornimmt,

um sich oder den Schutzbefohlenen hierdurch sexuell zu erregen, wird mit Freiheitsstrafe bis zu drei Jahren oder mit Geldstrafe bestraft.

(3) Der Versuch ist strafbar.

(4) In den Fällen des Absatzes 1 Nr. 1 oder des Absatzes 2 in Verbindung mit Absatz 1 Nr. 1 kann das Gericht von einer Bestrafung nach dieser Vorschrift absehen, wenn bei Berücksichtigung des Verhaltens des Schutzbefohlenen das Unrecht der Tat gering ist.

Erläuterung:

Schutzbefohlene im Sinn des § 174 StGB sind die eigenen Kinder, auch Adoptivkinder, unter 18 Jahren, sowie Kinder unter 16, die jemandem zur Erziehung oder Ausbildung oder zur Betreuung in der Lebensführung anvertraut sind.

Wenn ein Erzieher, Ausbilder oder Arbeitgeber die Abhängigkeit eines Jugendlichen zu sexuellen Handlungen ausnutzt, so wird er auch noch bestraft, wenn der Jugendliche zwar schon 16 Jahre, aber noch nicht 18 Jahre ist.

Nach § 174 Abs. 1 werden sexuelle Kontakte zwischen dem Täter und dem Schutzbefohlenen, die in einer körperlichen Berührung bestehen, unter Strafe gestellt. Von § 174 Abs. 2 werden die sonstigen Formen sexuellen Mißbrauchs erfaßt. Es kommt hier nicht zu einer körperlichen Berührung. Die Strafandrohung ist in diesen Fällen niedriger.

§ 179 Sexueller Mißbrauch Widerstandsunfähiger

(1) Wer einem anderen, der

1. wegen einer krankhaften seelischen Störung, wegen einer tiefgreifenden Bewußtseinsstörung oder wegen Schwachsinns oder einer schweren anderen seelischen Abartigkeit zum Widerstand unfähig ist oder
2. körperlich widerstandsunfähig ist, dadurch mißbraucht, daß er unter Ausnutzung der Widerstandsunfähigkeit außereheliche sexuelle Handlungen an ihm vornimmt oder an sich von dem Opfer vornehmen läßt, wird mit Freiheitsstrafe bis zu fünf Jahren oder mit Geldstrafe bestraft.

(2) Wird die Tat durch Mißbrauch einer Frau zum außerehelichen Beischlaf begangen, so ist die Strafe Freiheitsstrafe von einem Jahr bis zu zehn Jahren, in minder schweren Fällen Freiheitsstrafe von drei Monaten bis zu fünf Jahren.

Erläuterung:

Widerstandsunfähig im Sinne von § 179 StGB ist eine Person, wenn sie gegenüber dem sexuellen Ansinnen des Täters aus den in der Vorschrift genannten Gründen keine ausreichende Abwehr entgegensetzen kann. Die Gründe dafür können psychischer oder körperlicher Art sein.

Der Strafbestand erfaßt nur außereheliche sexuelle Handlungen, gilt also nicht bei Ehepartnern.
Die Strafandrohung beträgt bis zu fünf Jahren. Wenn die Tat durch Mißbrauch zum Beischlaf begangen wird, ist Freiheitsstrafe bis zu zehn Jahren angedroht.

Entnommen aus:
information • rat • hilfe
für sexuell mißbrauchte Frauen und Kinder
Hsg.: Bayer. Staatsministerium
für Arbeit, Familie und Sozialordnung,
80797 München, Winzererstr. 9,
dort erhältlich.
Enthält wichtige Anschriften von Beratungsstellen und Notruftelefonnummern in Bayern. Entsprechende Informationen sind bei den jeweiligen Staatsministerien zu erhalten.

Gewalt gegen Frauen

(Hsg.: Bundesministerium für Frauen und Jugend.
Zit. aus: Frauen in der Bundesrepublik Deutschland)

Gewalt gegen Frauen ist die schwerste Form der Benachteiligung von Frauen in unserer Gesellschaft. Es handelt sich dabei nicht nur um tätliche Angriffe auf ihre körperliche und seelische Unversehrtheit, sondern auch um subtile Gewaltausübung durch Verhaltensweisen, die die Entwicklung und Äußerung des eigenen Willens der Frau verhindern und ihre Bedürfnisse ignorieren. Gewalt gegen Frauen reicht von der »Anmache« und sexuellen Belästigung auf der Straße und im Berufsleben über die vielfältigen und teilweise noch tabuisierten Formen der Gewalt und des sexuellen Mißbrauchs in der Familie bis zu Vergewaltigungen und sexueller Nötigung in der Öffentlichkeit und – wo dies sehr viel häufiger vorkommt – im privaten Bereich.

Das Institut für Demoskopie Allensbach nimmt an, daß in den alten Bundesländern in jeder fünften Ehe eine Vergewaltigung schon mindestens einmal vorgekommen ist. Bei Berücksichtigung hoher Dunkelziffern rechnen Sachverständige – orientiert an einer Untersuchung des Bundeskriminalamtes von 1984 – jährlich mit mehr als 100 000 Fällen sexuellen Kindesmißbrauchs, meist im familiären Bereich. In mehr als 90 %der Fälle sind die Opfer Mädchen. Wissenschaftliche Untersuchungen haben bestätigt, daß Gewalt gegen Frauen und Kinder in allen gesellschaftlichen Schichten und allen Altersgruppen vorkommt und daß die Opfer oft jahrelang mißhandelt werden.

Schutz und Hilfe bieten *Frauenhäuser*. Inzwischen gibt es in der Bundesrepublik Deutschland ca. 260 Frauenhäuser, davon mehr als 60 in den neuen Bundesländern. Etwa die Hälfte wird von autonomen Frauengruppen getragen, die übrigen von Wohlfahrtsverbänden, Kirchen und Städten. In den alten Ländern suchten bisher jährlich etwa 25 000 Frauen, teilweise mit ihren Kindern, dort Zuflucht vor ihren gewalttätigen Ehemännern und Partnern.

In der ehemaligen DDR wurde Gewalt gegen Frauen weder wissenschaftlich noch politisch diskutiert. Seit der Wende ist das Thema enttabuisiert. Es wurde bekannt, daß gegen Frauen und Kinder schon immer Gewalt angewandt wurde. Vor allem in den Städten bildeten sich daraufhin sehr rasch Fraueninitiativen, und es wurden Frauenhäuser eingerichtet. Die Bundesregierung stellte in einem Sonderprogramm 1991 1,2 Mio. DM zur *Anschubfinanzierung von Frauenhäusern in den neuen Ländern* zur Verfügung.

Die Förderung von Frauenhäusern liegt bei den Ländern und Gemeinden. Diese geben laufend Zuschüsse in Ergänzung zu den Leistungen des Bundessozialhilfegesetzes. Allerdings gibt es im institutionellen Bereich – bei den Betriebs- und Personalkosten – teilweise erhebliche Finanzierungsschwierigkeiten.

Mit der Gesamtsituation der Frauenhäuser befaßte sich der *2. Frauenhausbericht* des Bundesfrauenministeriums vom Sommer 1988 (BT-Drs. 11/2848), zu dem der Bundestag im Herbst 1990 eine Entschließung über die notwendige weitere Unterstützung der Frauenhausarbeit annahm. Darin werden die Länder aufgefordert, sofern noch nicht geschehen, klare Förderungsrichtlinien und -grundsätze zu entwickeln und zu verabschieden.

Das Bundesministerium für Frauen und Jugend versucht zur Zeit erneut, ein Bundesrahmengesetz zur einheitlichen Finanzierung der Frauenhausarbeit zu initiieren. Notwendig hierzu ist allerdings die Bereitschaft aller Bundesländer, ein solches Gesetz mitzutragen und zu finanzieren.

Maßgebende Impulse für die Entwicklung der Frauenhäuser in den alten Bundesländern gingen von zwei Modellförderungen des Bundesministeriums für Frauen und Jugend aus: So förderte es in der zweiten Hälfte der 70er Jahre das erste deutsche Frauenhaus in Berlin. Das zweite Modell – im ländlichen Raum gelegen – war das Frauenhaus in Rendsburg. Die Berichte über beide Fördermodelle sind als Band 124 und Band 198 in der Schriftenreihe des Bundesministeriums unter den Titeln *»Hilfen für mißhandelte Frauen«* und *»Frauenhaus im ländlichen Raum«* erschienen.

Ende 1987 erschien ein Forschungsbericht mit Empfehlungen zur *»Verbesserung der Wohnsituation von Frauen und ihren Kindern nach dem Verlassen des Frauenhauses«* (Band 213 der genannten Schriftenreihe). Sie betreffen den sozialen Wohnungsbau und die Öffentlichkeitsarbeit gegenüber zuständigen Behörden, Maklern und Hauseigentümerverbänden. Zur Verbesserung der Beratung für Frauen und ihre Kinder vor und nach dem Aufenthalt in einem Frauenhaus förderte das Bundesministerium für Frauen und Jugend ein Forschungsvorhaben, dessen Abschlußbericht unter dem Titel *»Wege aus Mißhandlungsbeziehungen«* 1990 veröffentlicht wurde.

Das Bundesministerium für Frauen und Jugend finanzierte ferner die Entwicklung einer *praxisorientierten Fortbildungskonzeption für die Mitarbeiterinnen in Frauenhäusern*. Die Seminare sind nach dem Baukastensystem gestaltet und können von Einrichtungen der Erwachsenenbildung sowie von Frauenhaus-Trägern verwendet werden. Die Unterrichtsmaterialien wurden 1989 veröffentlicht.

Das Bundesministerium für Frauen und Jugend wird die Entwicklung der Frauenhausarbeit als wichtigen Schwerpunkt weiter fördern und dabei die neuen Länder besonders berücksichtigen. Dazu zählen insbesondere *Fortbildungsveranstaltungen* für die Mitarbeiterinnen der dortigen Frauenhäuser.

Neben den Frauenhäusern bestehen in der Bundesrepublik Deutschland seit einigen Jahren in verschiedenen Städten *Be-*

ratungsstellen für vergewaltigte Frauen. Das Bundesministerium für Frauen und Jugend hat diese Entwicklung durch die Förderung des Modells *»Notruf und Beratung für vergewaltigte Frauen«* in Mainz Anfang der 80er Jahre unterstützt. Der 1983 als Bd. 141 seiner Schriftenreihe veröffentlichte Abschlußbericht analysiert die Abläufe, die Frauen zu Opfern sexueller Gewalt machen, und entwickelt Konzeptionen, wie man den Betroffenen besser helfen und die zuständigen Stellen besser informieren kann.

Zu einer Vergewaltigung kommt es sowohl in alltäglichen Situationen des Kennenlernens als auch bei enger Bekanntschaft. Aggressionen und Gewalttat sind für die Opfer nicht vorhersehbar. Eine vergewaltigte Frau, die den Täter kennt, hat besondere Hemmungen, die Tat anzuzeigen, und auch erhebliche Schwierigkeiten, als glaubwürdig angesehen zu werden.

In Freiburg fördert das Bundesministerium für Frauen und Jugend zur Zeit ein Modellprojekt *»Anlauf- und Beratungsstelle für Opfer von sexueller Gewalt«*, bei dem auch besondere Therapieformen für vergewaltigte Frauen erprobt werden.

Die Situation vergewaltigter Frauen vor Gericht ist durch die Gegenüberstellung mit dem Täter und die oft demütigende Befragung durch dessen Anwalt außerordentlich belastend. Der Persönlichkeitsschutz dieser Frauen im Strafverfahren und ihre Verfahrensrechte wurden durch das seit 1. April 1987 geltende *Gesetz zur Verbesserung des Schutzes von Opfern von Straftaten* erheblich verbessert: das gilt insbesondere für das Recht zur Beanstandung von Fragen, auf Beiziehung eines Rechtsanwalts als Zeugenbeistand (evtl. unter Bewilligung von Prozeßkostenhilfe), auf Zulassung einer Person ihres Vertrauens bei Vernehmungen, auf Ausschluß der Öffentlichkeit unter bestimmten Voraussetzungen sowie die sich aus einer Zulassung als Nebenklägerin ergebenden umfangreichen prozessualen Rechte. Wesentliche Vorarbeiten hierfür wurden im Januar 1984 auf dem

»Kongreß Gewalt gegen Frauen« geleistet, der vom Bundesministerium für Jugend, Familie, Frauen und Gesundheit durchgeführt wurde. In diesem Zusammenhang ist auch zu erwähnen, daß in vielen Bundesländern Sonderstaatsanwaltschaften für Opfer von sexueller Gewalt eingerichtet wurden und daß in Bayern seit dem 1. Oktober 1987 Frauenbeauftragte bei der bayerischen Polizei tätig sind.

§ 177 des Strafgesetzbuches (StGB) erfaßt nur die außereheliche Vergewaltigung. Es handelt sich dabei um ein Verbrechen mit einer Freiheitsstrafe von in der Regel nicht unter zwei Jahren. Eine *eheliche Vergewaltigung* fällt dagegen nur unter die Straftaten der Nötigung und Körperverletzung (§§ 223, 240 StGB); beide Straftaten sind Vergehen mit einem niedrigeren Strafrahmen als Verbrechen. Eine strafrechtliche Gleichbehandlung der ehelichen und der außerehelichen Vergewaltigung, für die sich bisher keine mehrheitsfähige Konzeption im Deutschen Bundestag gefunden hat, wird weiter angestrebt.

Schon Kinder sind von *sexueller Gewalt innerhalb und außerhalb der Familie* betroffen. Für sie gibt es noch zuwenig spezielle Hilfsangebote in erreichbarer Nähe. Hilflosigkeit und Unwissenheit gegenüber den Problemen sexuell mißbrauchter Kinder sind noch immer groß.

Daher fördert das Bundesministerium für Frauen und Jugend ein Modellprojekt in Berlin, das Konzepte entwickelte, wie man *Mißbrauch von Kindern verhindern und den Betroffenen helfen* kann. Im Rahmen dieses Projekts werden Fachkräfte beraten und die Öffentlichkeit sensibilisiert. Der Abschlußbericht erschien Ende 1992 in der Schriftenreihe des Bundesministeriums.

Beim Bundesministerium für Familie und Senioren werden weitere Modellprojekte gefördert:

- Sexuelle Ausbeutung von Mädchen im sozialen Nahbe-

reich – unterschiedliche Zugangsvoraussetzungen für Prävention und Intervention in Stadt und Land – im Saarland;
- Weiterqualifizierung von Laienhelfern und Fachkräften in der Kinderschutzarbeit;
- Sexueller Mißbrauch von Kindern und Jugendlichen – Möglichkeiten der Intervention und Prävention.

Durch den *Videomarkt für Kinderpornographie* hat sich in den letzten Jahren eine neue Form sexuellen Mißbrauchs von Kindern entwickelt. Videofilme, die vielfach von nahen Verwandten authentisch aufgenommen werden, zeigen oft kaum vorstellbare Perversionen des sexuellen Mißbrauchs von Kindern. Durch eine Verschärfung des Strafrechts soll entsprechend einem Gesetzentwurf der Bundesregierung dieses Übel zukünftig noch wirksamer bekämpft werden können. Zur Ergänzung des § 176 StGB, der den mit der Herstellung solcher Produkte verbundenen sexuellen Mißbrauch von Kindern bereits mit Freiheitsstrafen bis zu zehn Jahren bedroht, ist vorgesehen, den Strafrahmen für die Veröffentlichung und Verbreitung entsprechender Pornographika erheblich zu erhöhen. Ferner sieht der Gesetzentwurf die Bestrafung des Besitzes von kinderpornographischen Darstellungen und deren zwingende Einziehung vor. Über den Gesetzentwurf hinaus wird sich die Bundesregierung dafür einsetzen, daß alle Mittel ausgeschöpft werden, um den Schutz von Kindern gegen sexuellen Mißbrauch durch Erwachsene zu verbessern, eine wirkungsvollere Strafverfolgung der Täter zu ermöglichen und das Leid der betroffenen Kinder zu erkennen und zu lindern.
Mehr oder weniger tabuisiert war bisher auch das Thema der *sexuellen Belästigung am Arbeitsplatz*. Die sexuelle Belästigung kann von verbalen Annäherungen über »kollegiale« Umarmungen bis zu intimen Berührungen und der Androhung von beruflichen Nachteilen bei Verweigerung oder Meldung reichen. Nur

in den seltensten Fällen findet sich jemand, der gegen den Belästiger wirksam vorgeht. Im Frühjahr 1991 veröffentlichte das Bundesministerium für Frauen und Jugend als Band 260 seiner Schriftenreihe den Abschlußbericht zu dem ersten bundesweiten Forschungsvorhaben über diese Thematik. Die Untersuchung umfaßte neben der Befragung von rd. 2000 weiblichen Beschäftigten Intensivinterviews und Betriebsbefragungen in mehreren Betrieben – einschließlich dreier Krankenhäuser – in unterschiedlichen Regionen. Danach haben 72 % der befragten Frauen an ihrem Arbeitsplatz Vorkommnisse erlebt und sie als sexuelle Belästigung empfunden. Es sind Initiativen von Arbeitgebern und Gewerkschaften erforderlich, um die Diskriminierung von Frauen durch sexuelle Belästigung am Arbeitsplatz zu verhindern. Hilfestellung in dieser Richtung bietet eine Muster-Betriebsvereinbarung im Abschlußbericht.

Das Bundesministerium für Frauen und Jugend hat 1992 hausinterne *Grundsätze zur sexuellen Belästigung am Arbeitsplatz* in Kraft gesetzt und den anderen Ministerien empfohlen, ähnlich zu verfahren.

Im Jahre 1987 veröffentlichte das Bundesfrauenministerium eine Literatur-Studie über die *»Ursachen der Gewalt gegen Frauen«*, in der die wissenschaftlichen Publikationen zu verschiedenen Gewalttheorien aufgearbeitet und Möglichkeiten zur Verminderung von Gewalt gegen Frauen aufgezeigt wurden *(Bd. 212 der Schriftenreihe des Bundesministeriums für Jugend, Familie, Frauen und Gesundheit)*.

Ende 1989 ist ein Forschungsvorhaben zur *Erstellung eines Fortbildungslehrgangs für Polizeibeamte* zu dem Thema *»Gewalt gegen Frauen«* angelaufen. Die Frage der Verhaltensänderung von *gewalttätigen Männern* spielt dabei eine große Rolle. In Deutschland gibt es bereits eine Reihe von Selbsthilfegruppen betroffener Männer. Das Bundesministerium für Frauen und

Jugend fördert seit Herbst 1989 eine Untersuchung zur besseren Beratung von gewalttätigen Männern.

Gewalt gegen Frauen ist auch der *Menschenhandel* mit ausländischen Mädchen und Frauen einschließlich des Prostitutionstourismus, der Zwangsprostitution und fragwürdiger Praktiken des Heiratshandels. Ein weiterer Aspekt sind *Menschenrechtsverletzungen* an Frauen. Die Bundesregierung beantwortete zu beiden Themen 1988 Große Anfragen von Abgeordneten des Deutschen Bundestages (BT-Drs. 11/3250 und 11/3580). Auf dieser Grundlage verabschiedete der Bundestag im Oktober 1990 zwei Entschließungen mit Forderungen zur Bekämpfung des Menschenhandels und der Menschenrechtsverletzung und zum besseren Schutz der betroffenen Frauen und Mädchen.

Das Bundesministerium für Frauen und Jugend fördert mehrere Projekte zu diesen Themen. Seit 1988 läuft unter Beteiligung des Landes Baden-Württemberg das Modell einer *Anlauf- und Beratungsstelle in Stuttgart* für ausländische Mädchen und Frauen, die als Opfer des Menschenhandels nach Deutschland gekommen sind. Im Auftrag des Ministeriums verfaßte die *agisra* (Arbeitsgemeinschaft gegen internationale und rassistische Ausbeutung) eine *Bestandsaufnahme zum Frauenhandel und Prostitutionstourismus*, die 1990 erschien. Hieran schließt ein qualitatives Forschungsvorhaben zu diesem Thema an, um die Grundlagen für politische Maßnahmen zu verbessern. Die Ergebnisse werden 1992 in der Schriftenreihe des Ministeriums veröffentlicht. Das Ministerium förderte Informationsbroschüren für Thailand und die Philippinen in den Landessprachen, um die Frauen auf die Gefahren des Menschenhandels hinzuweisen. Zur Zeit steht im Deutschen Bundestag die Novellierung des § 181 Strafgesetzbuch (Förderung der Prostitution, Menschenhandel) an, um den Schutz insbesondere ausländischer Mädchen und Frauen vor der Gefahr der Zwangsprostitution und des Menschenhandels weiter auszubauen. Parallel zur Novellierung des Strafrechts bemüht sich das Bundesministerium für Frauen und Jugend, die Situation der betroffenen Frauen zu verbessern.

Schriftenreihe des Bundesministeriums für Frauen und Jugend
Diese Bände sind in begrenzter Auflage direkt beim
Bundesministerium für Frauen und Jugend
Broschürenstelle
Postfach 20 02 00, 53107 Bonn

oder über den Buchhandel
beim Kohlhammer Verlag erhältlich.

Teubner u. a., Vergewaltigung als soziales Problem – Notruf und Beratung für vergewaltigte Frauen, Band Nr. 141
Bergdoll u. a., Frauenhaus im ländlichen Raum, Band Nr. 198
Neubauer u. a., Gewalt gegen Frauen: Ursachen und Interventionsmöglichkeiten, Band Nr. 212
Terlinden/Dörhöfer, Verbesserung der Wohnsituation von mißhandelten Frauen und ihren Kindern nach dem Verlassen des Frauenhauses, Band Nr. 213
Holzbecher u. a., Sexuelle Belästigung am Arbeitsplatz, Band Nr. 260

Entnommen aus:
Frauen in der Bundesrepublik Deutschland,
Bundesministerium für Frauen und Jugend,
53107 Bonn, dort erhältlich.

Gewalt gegen Frauen hat viele Gesichter

Informationen von Frauen für Frauen
Entnommen aus:
Material zu einer Kampagne »Gewalt gegen Frauen«
Hrsg.: Bundesministerium für Frauen und Jugend
53107 Bonn, dort erhältlich.

Gewalt ist durch nichts zu rechtfertigen

Gewalt gegen Frauen hat viele Gesichter. Die Beschwichtigung »Stell dich nicht so an« bei vermeintlich harmlosen Zwischenfällen ist fehl am Platz. Gewalt beginnt dort, wo die Opfer gedemütigt, erniedrigt, verletzt zurückbleiben. Gewalt gegen Frauen ist das, was Frauen als Gewalt empfinden. Nur sie können ermessen, was Anmache, Beleidigung, Prügel oder Vergewaltigung auslösen und anrichten.

Gewalt gegen Frauen ist ein Problem unserer Gesellschaft. Auch wenn die Schuld oft den Opfern zugeschoben wird: »Das hast du sicher provoziert.« Und sogar die Opfer die Ursache bei sich selber suchen: »Ich hätte die Einladung in die Wohnung nicht annehmen sollen.« Kontaktfreude rechtfertigt keine Vergewaltigung. Ein Minirock rechtfertigt keine sexuelle Anzüglichkeit. Ein Streit rechtfertigt nicht die Schläge ins Gesicht. Nichts rechtfertigt Gewalt.

Nicht nur auf leeren Straßen und verlassenen U-Bahnhöfen sind Frauen bedroht. Im Gegenteil: Unter Ausschluß der Öffentlichkeit, in Ehen und Partnerschaften wird besonders häufig und besonders brutal zugeschlagen. Dabei kommt Gewalt auch in den besten Familien vor. Die Täter sind Männer, denen man so etwas nicht zutrauen würde – der hilfsbereite Nachbar, der charmante Kollege, der sozial engagierte Bekannte. Sie schlagen, stellen bloß und vergewaltigen, weil sie Macht demonstrieren wollen oder weil sie nicht gelernt haben, Konflikte anders zu lösen.

Die häusliche Gewaltspirale

Viele Betroffene hoffen lange Zeit, daß sich die Situation wieder zum Besseren wenden wird. Doch meistens trügt diese Hoffnung. Die Paare sind, ohne daß es ihnen bewußt ist, in einem Teufelskreis gefangen. Oft fängt alles ganz harmlos an. Viel zu spät merken sie, daß schon lange vor dem ersten »Ausrutscher« etwas nicht in Ordnung war.

Phase 1:
Die Erfahrung zeigt, daß oft bestimmte Verhaltensweisen der erste Schritt in der Gewaltspirale sind:

- »Laß es uns doch zu Hause gemütlich machen«, sagt er jedesmal, wenn sie die Freundin treffen will. Immer häufiger sagt sie ihre Verabredungen ab.
- Er ist schnell eifersüchtig, vermutet überall Rivalen. Sie tut ihm den Gefallen und kommt nach der Arbeit immer direkt nach Hause.
- Er mag ihre Familie nicht leiden. Zuerst fährt sie alleine hin, dann immer seltener.

Mehr und mehr kontrolliert er ihr Leben, und sie entfremdet sich von Familie, Freunden und Bekannten.

Phase 2:
Er bittet nicht mehr, er fordert. Er kritisiert alles – und vergreift sich dabei immer öfter in Ton wie Wortwahl.

- Ob es um den Haushalt geht (»Du kannst eben einfach nicht

kochen«) oder um die Erziehung der Kinder (»Selbst bei denen kannst du dich nicht durchsetzen«) – nichts kann sie ihm recht machen.

- Er bemängelt ihr Äußeres (»Du gehst aus dem Leim«) oder zielt auf die Intimsphäre (»Was Langweiligeres im Bett ist mir noch nie begegnet«).
- Er will verletzen, trampelt systematisch auf ihren Gefühlen herum und versucht, sie kleinzumachen. Sie wehrt sich nicht. Die Demütigungen zeigen Wirkung. Bald kann sie sich selbst nicht mehr leiden.

Phase 3:
Vielleicht hat es nicht einmal besonders weh getan. Trotzdem ist der erste Schlag ein Schock. Er bekommt einen Wutanfall, weil sie doch einmal später nach Hause kommt. Oder ihm »rutscht die Hand aus« – weil sie »Widerworte« gegeben hat.

Phase 4:
Spätestens am nächsten Morgen tut ihm der »Ausrutscher« leid.

- Er wird sich schämen, mit Blumen um Verzeihung bitten: »Das passiert nie wieder. Ich war außer mir.«
- Er versucht zu erklären, warum er eigentlich keine Schuld trägt: Der Ärger mit dem Chef, die Frechheiten der Kinder, und dann mußte sie auch gerade dieses Thema anschneiden …
- Er zeigt sich von seiner besten Seite. Man versteht sich wieder besser, ist sogar eine Zeitlang glücklich.

Dennoch: Ein Tabu ist gebrochen.
Die Erfahrung zeigt: Die meisten Männer, die einmal zugeschlagen haben, werden das wieder tun. Wenn sie niemand daran hindert. Die Gewaltspirale, einmal in Gang, wird sich weiterdre-

hen. Wieder und wieder wird er Besserung geloben – und dann doch wieder zuschlagen, aus immer nichtigeren Anlässen, mit immer weniger Hemmungen.

Gefangen im Kreislauf der Gewalt

Warum Frauen sogar massive Gewalt über Jahre hinweg ertragen, können Außenstehende oft nicht begreifen. Der betroffenen Frau aber erscheint die Situation oft ausweglos, weil

- er droht, ihr die Kinder wegzunehmen.
- sie in finanzieller Abhängigkeit von ihrem Mann lebt.
- die Gewalt Alltag geworden ist.
- sie auf Besserung hofft. Wie verfahren die Situation ist, will sie sich nicht eingestehen.
- sie sich immer noch für ein harmonisches Familienleben verantwortlich fühlt. So gibt sie sich die Schuld, wenn gestritten wird.
- sie glaubt, persönlich versagt zu haben. Sie schämt sich, selbst mit einer engen Freundin darüber zu sprechen.

Eine britische Studie:
Durchschnittlich sieben Jahre lang ertragen Frauen ihre gewalttätigen Männer, ehe sie Hilfe in Anspruch nehmen.

Wege aus der Gewalt

Gewalt in der Ehe oder der Partnerschaft ist ein Teufelskreis. Je länger Sie die Schläge und Demütigungen ertragen, desto schwieriger wird es, zu einer harmonischen Partnerschaft zurückzufinden. Die Hoffnung, »Das geht schon wieder vorbei«, ist trügerisch. Ein Mann, der einmal geschlagen hat, wird immer wieder schlagen. Wenn Sie sich nicht wehren.

- Erkennen Sie die Gefahr, wenn seine Eifersuchtsanfälle sich häufen, wenn alles nach seinem Willen gehen muß. Trauen Sie Ihrem Gefühl. Es wird Ihnen sagen, daß mit Ihrer Partnerschaft etwas nicht mehr in Ordnung ist.
- Immer nur Nachgeben ist keine Lösung. Versuchen Sie, sich in Streitfragen zu behaupten. Lassen Sie sich nicht von Ihren Freunden/innen, Bekannten, Kollegen/innen, von Ihrer Familie isolieren. Ihr Leben besteht aus mehr als nur der Ehe oder der Beziehung.
- Lassen Sie sich nicht erniedrigen. Wenn er ständig nur Ihre Schwächen heraushebt (»Hast du schon wieder zugenommen?«), dann hat das System: Er will Sie kleinkriegen.
- Wenn er gewalttätig wird: Versuchen Sie nicht aus Scham oder Angst, alleine damit fertig zu werden. Vertrauen Sie sich einer Freundin, einer Kollegin, seiner oder Ihrer Familie an. Wenden Sie sich an eine Frauenberatungsstelle.
- Sagen Sie ihm, daß Sie beim nächsten Mal die Polizei rufen werden. Und seien Sie so konsequent, das auch zu tun. Lassen Sie den Vorfall unbedingt von den Beamten/innen protokollieren. Er soll beim nächsten Mal nicht sagen können, so etwas sei noch nie passiert. Erwägen Sie, Anzeige zu erstatten, und nehmen Sie sich eine Rechtsanwältin.
- Verlangen Sie von ihm, daß er professionelle Hilfe sucht. Private Ursachenforschung (»Was hat ihn nur so gereizt?«)

hilft nicht weiter. Er muß lernen, Konflikte ohne Gewalttätigkeit zu lösen. Machen Sie sich keine Illusionen: Wenn der Kreislauf der Gewalt einmal geschlossen ist, haben Sie ohne professionelle Hilfe (z. B. Eheberatung) keine Chance mehr.

- Scheiden tut weh. Wenn es aber keine Aussicht auf Besserung gibt, wenn Sie sogar um Ihr Leben fürchten, dann hilft nur noch eines: Sie müssen fliehen. Wenn Sie nicht bei Freunden/innen oder Verwandten unterkommen können: Fragen Sie eine Frauenberatungsstelle oder die Polizei, ob es in Ihrer Nähe ein Frauenhaus gibt, in dem Sie vorübergehend Zuflucht finden können. Auch wenn Ihnen das heute unmöglich erscheint: Sie werden Ihr Leben wieder in den Griff bekommen.

Hilfe Dritter

Gewalt ist keine Privatsache, helfen Sie mit:

Sehen Sie nicht weg,

- wenn Frauen belästigt oder angegriffen werden. Dabei müssen Sie sich nicht selbst gefährden, indem Sie sich etwa zwischen Täter und Opfer stellen. Aber bieten Sie Ihre Hilfe an – zur Not aus sicherer Entfernung. Damit signalisieren Sie Opfer und Täter, daß Gewalt keine Privatsache ist. Holen Sie Hilfe.

Sehen Sie nicht weg,

- wenn Ihre Freundin, die Nachbarin oder Kollegin zu Hause mißhandelt wird. Achten Sie auf Alarmzeichen. Hinter Sonnenbrillen und langärmeliger Kleidung können sich ein blaues Auge, Prellungen oder Schlimmeres verbergen. Auch verändertes Verhalten, Kontaktscheu, Alkohol- oder Tablettenmißbrauch können Folgen von Mißhandlung sein. Signalisieren Sie, daß Sie ansprechbar sind. Bieten Sie Ihre Hilfe an, aber rechnen Sie damit, daß sich die mißhandelte Frau nicht sofort offenbart.

Hören Sie nicht weg,

- wenn die Frau andeutet, daß in ihrer Ehe oder Beziehung etwas nicht in Ordnung ist. Reagieren Sie nicht mit Vorhaltungen (»Das mußte ja so kommen«) oder mit dem Vorwurf »Warum läßt du dir auch immer so viel gefallen«. Auf der anderen Seite: Überhäufen Sie die Frau nicht mit gutgemeinten Handlungsanweisungen. Gehen Sie behutsam vor. Hören Sie geduldig zu, und weisen Sie auf die Möglichkeit professioneller Hilfe hin.

Beratung und Hilfe

Wenn Sie Hilfe benötigen oder sich einmal aussprechen möchten, wenden Sie sich an:

- Ehe-, Partnerschafts- oder Familienberatungsstellen
- Frauenberatungsstellen
- Ihre Kirchengemeinde
- städtische Einrichtungen
- die Frauenbeauftragte Ihres Betriebes
- die städtische oder kommunale Gleichstellungsbeauftragte
- eine Polizeidienststelle (Polizistin)
- eine Rechtsanwältin
- Ihre Vertrauensärztin
- eine Psychologin

Beratungs- und Hilfsangebote dieser Art gibt es in jeder Stadt oder Gemeinde.

Polizeiliche Kriminalstatistik 1992

Hrsg.: Bundeskriminalamt, Kriminalistisches Institut (KI 12)
65173 Wiesbaden
Straftaten gegen die sexuelle Selbstbestimmung
(entnommen aus:
Polizeiliche Kriminalstatistik 1992)

Die überfallartig durch Einzeltäter begangene Vergewaltigung weist mit über der Hälfte den weitaus höchsten Versuchsanteil auf. Bei der Tatortverteilung waren – bezogen auf den Bevölkerungsanteil – bei allen aufgeführten Sexualdelikten die kleinen Gemeinden und Städte bis 20 000 Einwohner deutlich unterrepräsentiert. Bei sexuellem Mißbrauch von Kindern weisen sie den höchsten Anteil auf. Großstädte ab 500 000 Einwohner zeigten bei Vergewaltigung, Städte zwischen 20 000 und 100 000 Einwohner bei sexueller Nötigung und exhibitionistischen Handlungen und Erregung öffentlichen Ärgernisses den höchsten Anteil. Dies könnte auch auf ein unterschiedliches Anzeigeverhalten in großen und kleinen Städten zurückzuführen sein.

Bekanntgewordene Fälle

Bereich: *Bundesgebiet insgesamt*
Tabelle: *01*

Straftaten(gruppen)	erfaßte Fälle	davon: Versuche	Auf-klärungsqu[ote]
		in%	in%
Straftaten gegen die sexuelle Selbstbestimmung darunter:	44 326	12,4	63,3
Vergewaltigung	6 280	36,4	70,5
darunter:			
überfallartig (Einzeltäter)	1 429	59,7	48,8
überfallartig (durch Gruppen)	171	36,3	31,6
durch Gruppen	179	16,8	72,6
Sexuelle Nötigung	4 861	25,6	57,0
Sexueller Mißbrauch von Kindern (§ 176 StGB)	16 442	10,8	61,9
Exhibitionistische Handlungen und Erregung öffentlichen Ärgernisses	10 315	0,0	46,1

mit Schußwaffe		Tatortverteilung in %			
gedroht	geschossen	bis 20 T Einwohner	20T–100T	100T–500T	500 T u. mehr
in%		42,2*	25,6*	16,2*	16,0*
0,4	0,0	26,4	27,7	22,3	25,1
1,8	0,2	25,1	24,6	19,8	29,5
2,4	0,3	25,2	26,2	22,1	26,2
2,3	0,0	22,2	26,9	18,7	31,6
3,4	0,0	29,1	27,4	24,0	17,9
1,0	0,1	25,1	28,2	21,4	24,8
0,1	0,0	28,6	28,5	20,6	22,0
0,0	0,0	25,3	31,6	21,4	21,5

* prozentualer Anteil dieser Gemeindegrößenklasse an der Wohnbevölkerung am 1.1.1992

Geschlechts- und Altersstruktur der Tatverdächtigen

Bereich: *Bundesgebiet insgesamt*
Tabelle: *20*

Straftat	Tatverdächtige insgesamt	Geschlecht	
		männl.	weib
		in%	
Straftaten gegen die sexuelle Selbstbestimmung darunter:	22 318	93,8	6,2
Vergewaltigung	4 559	99,4	0,6
darunter: überfallartig (Einzeltäter)	591	99,8	0,2
überfallartig (durch Gruppen)	112	98,2	1,8
durch Gruppen	320	99,4	0,6
Sexuelle Nötigung	2 827	98,6	1,4
Sexueller Mißbrauch von Kindern (§ 176 StGB)	7 649	97,4	2,6
Exhibitionistische Handlungen und Erregung öffentl. Ärgernisses	3 214	99,1	0,9

Kinder bis unter 14 Jahre	Jugendl. 14 bis unter 18 Jahre	Heranw. 18 bis unter 21 Jahre	Erwachsene 21 und älter	*Jungerw. 21 bis unter 25 Jahre*
		in%		
2,1	7,0	6,9	84,0	*11,6*
0,5	6,2	10,4	82,9	*17,3*
0,3	5,1	11,0	83,6	*19,5*
5,4	13,4	16,1	65,2	*25,9*
2,8	18,4	17,2		*20,9*
3,6	12,5	8,7	75,2	*11,4*
4,2	9,4	5,4	81,0	*8,9*
0,3	4,5	5,6	89,5	*12,5*

Bei Straftaten gegen die sexuelle Selbstbestimmung wurden weit überwiegend männliche Erwachsene ab 21 Jahren als Tatverdächtige ermittelt.

Opfer nach Alter und Geschlecht

Bereich: *alte Bundesländer einschl. Gesamt-Berlin*
Tabelle: *91 (liegt für die neuen Bundesländer nicht vor)*

Straftat		Opfer insgesamt	Geschlecht	
			männl.	weib
			in%	
Vergewaltigung	vollendet	3 412		100,
	versucht	2 193		100,
darunter: überfallartig (Einzeltäter)	vollendet	519		100,
	versucht	819		100,
überfallartig (durch Gruppen)	vollendet	99		100,
	versucht	60		100,
durch Gruppen	vollendet	128		100,
	versucht	28		100,
Sexuelle Nötigung	vollendet	3 131	7,3	92,
	versucht	1 187	5,4	94,
Sexueller Mißbrauch von Kindern (§176 StGB)	vollendet	16 381	23,4	76,
	versucht	1 894	29,5	70,

Alter					
Kinder		Jugendliche	Heranwachsende	Erwachsene	
is 6	6–14	14–18	18–21	21–60	60 und älter
in%					
,3	3,3	19,9	15,1	60,2	1,2
,0	2,2	14,2	14,5	66,5	2,5
,2	2,7	14,5	13,3	66,9	2,5
,1	2,1	12,3	14,5	68,5	2,5
,0	1,0	13,1	21,2	64,6	0,0
,0	3,3	18,3	13,3	65,0	0,0
,0	4,7	23,4	17,2	54,7	0,0
,0	0,0	57,1	3,6	39,3	0,0
,4	5,1	24,3	14,2	53,2	2,6
,1	2,5	24,5	13,5	56,2	3,2
,1	90,9				
,6	94,4				

Bei vollendeten Vergewaltigungen waren Jugendliche bezogen auf ihren Bevölkerungsanteil am häufigsten Opfer. Noch höher lagen die Anteile jugendlicher Opfer bei sexueller Nötigung.

Weibliche Opfer-Tatverdächtigen-Beziehung[1]

Bereich: *alte Bundesländer inkl. Gesamt-Berlin*

Straftaten(gruppen)		Opfer weiblich
Mord	vollendet	287
	versucht	208
	insgesamt	495
Totschlag und Tötung auf Verlangen	vollendet	140
	versucht	517
	insgesamt	657
Vergewaltigung	vollendet	3 412
	versucht	2 193
	insgesamt	5 605
sexuelle Nötigung	vollendet	2 902
	versucht	1 123
	insgesamt	4 025
sexueller Mißbrauch von Kindern	vollendet	12 546
	versucht	1 336
	insgesamt	13 882
Raub, räuberische Erpressung und räuberischer Angriff auf Kraftfahrer	vollendet	15 282
	versucht	3 508
	insgesamt	18 790

Opfer- Tatverdächtigen-Beziehung					
rwandt-schaft*	Bekannt-schaft	Lands-mann**	flüchtige	keine	ungeklärt
			Vorbeziehung		
		in%			
29,6	39,7	0,3	9,8	8,4	12,2
34,6	29,8	1,0	7,7	21,6	5,3
31,7	35,6	0,6	8,9	13,9	9,3
59,3	27,9	1,4	0,7	6,4	4,3
43,3	33,8	1,4	3,3	12,4	5,8
46,7	32,6	1,4	2,7	11,1	5,5
7,0	37,6	1,6	20,6	25,8	7,4
2,3	19,6	0,9	15,9	50,1	11,2
5,2	30,5	1,3	18,8	35,3	8,9
4,4	21,1	0,6	12,1	52,3	9,5
0,9	11,7	0,7	8,5	63,4	14,8
3,4	18,5	0,6	11,1	55,4	11,0
8,7	17,1	0,2	5,8	58,4	9,8
1,8	7,8	0,3	4,8	72,9	12,4
8,0	16,2	0,2	5,7	59,8	10,1
1,0	3,5	0,2	3,0	72,7	19,6
1,5	3,2	0,3	3,2	72,7	19,1
1,1	3,5	0,2	3,0	72,7	19,5

Straftaten(gruppen)		Opfer weibli
darunter: Raubüberfälle in Wohnungen	vollendet	69
	versucht	17
	insgesamt	87
Gefährliche und schwere Körperverletzung sowie Vergiftung	vollendet	1753
	versucht	1 28
	insgesamt	18 81
Mißhandlung von Kindern	vollendet	65

Mädchen und Frauen fallen besonders bei Totschlag, aber auch bei Mord sowie bei gefährlicher und schwerer Körperverletzung meist Verwandten oder Bekannten zum Opfer. Bei sexueller Nötigung, sexuellem Mißbrauch von Kindern und bei Raub überwiegen dagegen die angezeigten Fälle fehlender Vorbeziehungen eindeutig. Eine Folge des Anzeigeverhaltens könnte es sein, daß die Anteile enger Vorbeziehungen bei den vollendeten Fällen bei Vergewaltigung, sexueller Nötigung und sexuellem Mißbrauch von Kindern deutlich höher als bei den versuchten liegen.

Opfer- Tatverdächtigen-Beziehung					
rwandt- chaft*	Bekannt- schaft	Lands- mann**	flüchtige	keine	ungeklärt
			Vorbeziehung		
in%					
8,2	21,7	1,7	9,2	43,1	16,1
12,3	12,8	1,7	8,9	48,6	15,6
9,0	19,9	1,7	9,1	44,2	16,0
20,3	32,3	2,4	8,2	25,6	11,1
18,5	26,8	0,9	8,1	29,8	16,0
20,2	31,9	2,3	8,2	25,9	11,5
82,3	13,2	0,6	0,8	1,1	2,1

[1] Vorrang hat stets die engste Beziehung.

* alle Angehörigen gemäß § 11 Abs. 1 Nr. 1 StGB (also einschl. Verschwägerte, Verlobte, Geschiedene, Pflegeeltern, und -kinder)

** nur bei Ausländern: gleiche Nationalität, aber nicht Verwandtschaft oder Bekanntschaft

Häufigkeitszahlen in den Bundesländern

Vergewaltigung

Bundesland	erfaßte Fä
	1992
Baden-Württemberg	707
Bayern	787
Berlin *(bis einschl. 1990 nur West-Berlin)*	461
Bremen	134
Hamburg	318
Hessen	467
Niedersachsen	650
Nordrhein-Westfalen	1 438
Rheinland-Pfalz	301
Saarland	65
Schleswig-Holstein	240
alte Bundesländer *(ab 91 einschl. Gesamt-Berlin)*	5 568
Brandenburg	125
Mecklenburg-Vorpommern	130
Sachsen	181
Sachsen-Anhalt	179
Thüringen	97
neue Bundesländer	712
Bundesgebiet insgesamt	6 280

Häufigkeitszahl*					
992	1991	1990	1989	1988	1987
7,1	7,7	6,7	7,1	7,4	7,7
6,8	6,0	6,1	6,4	6,8	6,7
.3,4	14,9	15,7	15,2	17,0	17,0
.9,6	25,5	23,0	19,4	22,1	25,2
.9,1	18,6	17,0	15,2	17,8	19,8
8,0	8,2	8,5	8,9	9,3	8,8
8,7	8,9	9,5	8,2	9,5	9,0
8,2	7,7	7,5	7,3	7,4	7,7
7,9	7,4	7,4	7,3	8,1	7,4
6,0	7,1	6,7	4,9	6,2	7,0
9,1	7,1	8,5	10,3	9,0	9,8
8,5	8,4	8,2	8,0	8,5	8,6
4,9					
6,9					
3,9					
6,3					
3,8					
4,9					
7,8					

*Häufigkeitszahl: Fälle pro 100 000 Einwohner

Erfaßte Fälle, Aufklärung und Fallentwicklung der Straftaten(gruppen)

Durch organisatorische, erfassungs- und programmtechnische Probleme in den neuen Bundesländern sind die Werte für das Berichtsjahr 1991 zu niedrig ausgefallen, so daß sie keine brauch

Straftaten(gruppen)	Bund insgesam	
	erf. Fälle	A(
	1992	19
2	3	4
Straftaten gegen die sexuelle Selbstbestimmung	**44 326**	**63,**
Unter Gewaltanwendung oder Ausnutzen eines Abhängigkeitsverhältnisses (§§ 174, 174a, 174b, 177, 178 StGB)	12 470	68
darunter: Vergewaltigung § 177 StGB	6 280	70
darunter: überfallartig (Einzeltäter)	1 429	48
überfallartig (durch Gruppen)	171	31
durch Gruppen	179	72
Sexuelle Nötigung (§ 178 StGB)	4 861	57
Homosexuelle Handlungen (§175 StGB)	497**	91
sonstiger sexueller Mißbrauch (§§ 176, 179, 182, 183, 183a StGB)	27 637	56
darunter: sexueller Mißbrauch von Kindern (§ 176 StGB)	16 442	61
exhibitionistische Handlungen und Erregung öffentlichen Ärgernisses (§§ 183, 183a StGB)	10 315	46
Ausnutzen sexueller Neigung (§§ 180, 180a, 181, 181a, 184, 184a, 184b StGB)	3 722	93
darunter: Förderung sexueller Handlungen Minderjähriger oder der Prostitution (§§ 180, 180a StGB)	596	95
Zuhälterei (§ 181a StGB)	402	95

bare Basis für einen Vergleich mit den Daten des Berichtsjahres 1992 bilden. Die nachfolgende Tabelle enthält folgende Angaben: *Spalte 3–4:* erfaßte Fälle und Aufklärungsquote 1992 in der Bundesrepublik Deutschland (inkl. der neuen Bundesländer) *Spalte 5–7:* erfaßte Fälle 1992 und 1991 mit Steigerungsrate für die alten Bundesländer (inkl. Gesamt-Berlin).

alte Bundesländer inkl. Ges.-Berlin		
erfaßte Fälle		Steigerungsrate in%
1992	1991	
5	6	7
39 392	**38 799**	**1,5**
10 804	10 189	6,0
5 568	5 454	2,1
1 348	1 386	-2,7
158	167	-5,4
155	126	23,0
4 231	3 851	9,9
463	437	5,9
24 544	23 243	5,6
14 440	13 196	9,4
9 319	9 268	0,6
3 581	4 930	-27,4
551	571	-3,5
388	571	-32,0

Straftaten(gruppen)	Bund insgesamt	
	erf. Fälle	AQ
	1992	1992
2	3	4
Verbreitung pornographischer Erzeugnisse (§ 184 StGB)	1 377	89,0
darunter: an Personen unter 18 Jahren (§ 184 Abs. 1 Ziff. 1,2,5 StGB)	305	91,1
Menschenhandel (§ 181 StGB)	177	91,5
Mißhandlung von Schutzbefohlenen (§ 223b StGB)	2 282	97,9
darunter: Mißhandlung von Kindern	1 732	97,7
(vorsätzliche leichte) Körperverletzung (§ 223 StGB)	169 494	87,5

alte Bundesländer inkl. Ges.-Berlin		
erfaßte Fälle		Steigerungsrate in%
1992	1991	
5	6	7
1 304	1 659	-21,4
282	339	-16,8
171	143	19,6
1 886	1 808	4,3
1 420	1 339	6,0
139 333	134 750	3,4

* Durch Erfassungsfehler in den neuen Bundesländern ist die Fallzahl zu hoch (103 Fälle) und die Aufklärungsquote zu niedrig.
Die entsprechenden §§ sind im Gebiet der ehemaligen DDR nicht anzuwenden.

** Durch Erfassungsfehler in den neuen Bundesländern ist die Fallzahl zu hoch (34 Fälle).
Der § 175 StGB ist im Gebiet der ehemaligen DDR nicht anzuwenden.

München – ein Beispiel

Beauftragte für Frauenfragen
Christine Steinherr

Vergewaltigungen (einschließlich Versuche)
Tatorte im Bereich der Stadt München

	1988	1989	1990	1991	1992	1993
Anzahl der Fälle:	156	162	157	173	171	143
davon						
– U-/ S-Bahnbereich	3	1	5	6	7	1
– Tiefgaragen	*	2	2	1	3	4
– Englischer Garten	1	1	3	2	1	3
– Olympiapark	0	4	5	1	0	0
– Nymphenburger Park	0	0	0	0	0	0
– Ostpark	0	0	0	0	0	0
– Südpark	0	0	0	0	0	0
– Westpark	0	0	0	0	0	1
– sonst. Anlagen	0	0	0	0	0	1

Sexuelle Nötigungen (einschließlich Versuche)
Tatorte im Bereich der Stadt München

	1988	1989	1990	1991	1992	1993
Anzahl der Fälle:	78	69	80	84	98	103
davon						
– U-/ S-Bahnbereich	10	5	6	7	5	8
– Tiefgaragen	*	1	2	0	1	1

* = nicht ausgewertet

Sexuelle Nötigung im Bereich der Stadt München

	1990		1991		1992		1993	
	m	w	m	w	m	w	m	w
Vorbeziehungen:								
– Verwandtschaft	0	2	0	3	1	2	0	2
– Bekanntschaft	5	8	0	9	1	9	2	17
– Landsmann	0	0	0	1	0	0	0	3
– flücht. Vorbez.	3	8	2	9	2	11	1	4
– keine	6	47	2	44	6	47	5	43
– ungeklärt	2	6	0	14	0	20	1	16
Opfer gesamt:	**16**	**71**	**4**	**80**	**10**	**89**	**9**	**95**

Vergewaltigungen im Bereich der Stadt München

	1990	1991	1992	1993
Vorbeziehungen:				
– Verwandtschaft	3	4	5	5
– Bekanntschaft	54	50	47	43
– Landsmann	1	4	1	3
– flücht. Vorbez.	31	32	47	27
– keine	59	54	40	46
– ungeklärt	10	29	32	20
Opfer gesamt: weiblich	**158**	**173**	**172**	**144**

Informationen zu sexuellen Gewalttaten

... wie groß ist das Risiko?

Die Angst vieler Frauen und Mädchen, vergewaltigt zu werden, steht in keinem Verhältnis zu ihrer tatsächlichen Gefährdung. Das Risiko, Opfer einer sexuellen Gewalttat zu werden, ist nicht sehr groß. Insbesondere nicht an den Orten, vor denen die meisten Frauen Angst haben:

Dunkle Gegenden, Parks, Tiefgaragen oder öffentliche Verkehrsmittel.

Nach polizeilicher Erfahrung kann eine Frau unabhängig von ihrem Aufenthaltsort, ihrem Alter, ihrem Aussehen, ihrer Kleidung oder ihrem Verhalten angegriffen werden.
Deshalb können wir Ihnen keine allgemeingültigen Ratschläge und schon gar keine Patentrezepte für die »richtige« Abwehr sexueller Gewalttaten geben.

... welche Situationen können gefährlich sein?

Bei etwa zwei Drittel aller angezeigten Vergewaltigungen kannten sich Täter und Opfer bereits vor der Tat mehr oder weniger gut; denn es gibt immer wieder Männer, die glauben, »RECHTE« daraus ableiten zu können, wenn

- eine Frau sich von einem Mann nach Hause bringen läßt,
- sie ihn »auf einen Kaffee« mitnimmt,
- sie sich einladen läßt,
- bereits Zärtlichkeiten ausgetauscht wurden.

Sie haben zu jedem Zeitpunkt das Recht, entschieden und deutlich »nein« zu sagen; je frühzeitiger und klarer Sie das tun, um so seltener wird es zu Mißverständnissen kommen.
Auch in engen Beziehungen kann es zu Gewalttaten kommen, insbesondere dann, wenn eine Trennung beabsichtigt ist. Deshalb sollten Sie vor allem bei der »letzten Aussprache« eine Person Ihres Vertrauens hinzuziehen.

... sich wehren oder nicht?

Ob und welche Form der Gegenwehr möglich ist, müssen Sie selbst entscheiden. Diese Entscheidung hängt z. B. davon ab, ob Sie

- gefaßt genug sind, den Täter durch Reden und Fragen abzulenken,
- in der Lage sind, sich körperlich zur Wehr zu setzen,
- Hilfe erwarten können, z. B. durch Schreien,
- eine Fluchtmöglichkeit sehen und sich auch zutrauen, diese zu nutzen.

Wenn Sie sich zur Wehr setzen, dann mit allen Ihnen zur Verfügung stehenden Kräften und Mitteln.
Speziell für Frauen gibt es Selbstbehauptungs- und Selbstverteidigungskurse, in denen sie sich in Rollenspielen mit solchen Situationen auseinandersetzen können.

Rufen Sie in jedem Falle
sofort die Polizei über

NOTRUFNUMMER 110

Wir sind für Sie
Tag und Nacht erreichbar.

... was passiert bei der Anzeigeerstattung?

- Beratung
- Kurze Tatschilderung bei der Schutzpolizei
- Ausführliche Vernehmung durch die Kriminalpolizei, soweit möglich bzw. gewünscht, durch eine Kriminalbeamtin. Die Art der Straftat macht es erforderlich, daß Ihnen möglicherweise auch unangenehme Fragen gestellt werden müssen. Bei der Vernehmung kann eine Person Ihres Vertrauens bzw. eine Anwältin oder ein Anwalt anwesend sein.
- Ärztliche Untersuchung (zur Beweissicherung)

Wir haben Verständnis für Ihre psychische Belastung nach der Tat.
Trotzdem bitten wir Sie, den Sachverhalt sofort bei der Polizei anzuzeigen. Sie verbessern damit die Chancen, den Täter zu ermitteln, und schützen sich und mögliche weitere Opfer.
Sollten Sie sich nicht zu einer sofortigen Anzeige entschließen können, bitten wir Sie, in jedem Falle

- Beweisstücke (z. B. Bekleidung, Wäsche oder andere Gegenstände, mit denen der Täter in Berührung gekommen ist) aufzubewahren und nicht zu verändern (auch nicht waschen)
- Notizen über den Tathergang zu machen.

… an wen können Sie sich wenden?

- Notruf 110
- jede Polizeiinspektion
- Anonyme tel. Beratung

Herausgeber:
Polizeipräsidium München,
Ettstraße 2,
80333 München

Informationen zu Gewalt in der Familie/Partnerschaft

Polizeipräsidium München
Beauftragte für Frauenfragen

Viele sind betroffen ...

Die **alltägliche Gewalt** gegen Frauen und Kinder findet nicht nur im öffentlichen Bereich, sondern auch im **sozialen Nahraum** statt.
Die häufigsten Erscheinungsformen sind

- Körperverletzung,
- Bedrohung,
- sexueller Mißbrauch.

Die **Ursachen** der Gewalt sind auf mehrere Faktoren zurückzuführen.
In Zusammenhang stehen häufig

- Alkohol,
- Gewalterfahrung als Kind,
- mangelnde Fähigkeit, Konflikte friedlich zu lösen.

... und schweigen!

Gewalt in der Familie und Partnerschaft wird oft

- verheimlicht,
- geleugnet,
- bagatellisiert,
- gerechtfertigt.

Körperliche und sexuelle Gewalt ist immer Unrecht und auch in der Familie strafbar.
Gewalt im sozialen Nahfeld findet in allen Gesellschaftsschichten und jedem Lebensalter statt.
Ständig wiederholte Gewalt eskaliert häufig und birgt die Gefahr von größerem Körperschaden und lang anhaltenden psychischen Belastungen. Sie zerstört die Grundlage für menschliches Zusammenleben.

... Sie auch?

Sie können **selbst vorbeugen**, wenn Sie über erlittene Gewalt nicht mehr schweigen und sich einer **Person Ihres Vertrauens** zuwenden.
Solange Betroffene mit der Gewaltproblematik alleine bleiben, wird sich an der Gewaltausübung – und der Wiederholungsgefahr – nichts ändern.
Sie können aber auch **anderen helfen**, wenn Sie **Mitwisser** von Gewalt in anderen Familien sind.
Informieren Sie sich als

- Opfer oder
- Mitwisser

bei

- der **Beauftragten für Frauenfragen der Polizei** über rechtliche Möglichkeiten zur Anzeigeerstattung

oder

- den **Familienberatungsstellen** über Hilfsmöglichkeiten.

... Anzeigeerstattung

Eine **sofortige** Anzeige kann von größerem Beweiswert sein. Wichtig sind:

- Aussage des Opfers oder/und Anzeigeerstatters
- Strafantrag des Opfers (wenn erforderlich)
- sonstige Beweise (soweit vorhanden; z. B. ärztliches Attest, Fotos, Zeugenaussagen)

Sollten Sie sich nicht sofort zur Anzeige entschließen können, ist zweckmäßig:

- Notizen über den Vorfall fertigen
- bei Verletzungen einen Arzt aufsuchen
- Fotos von Verletzungen fertigen
- in jedem Fall mit einer Beratungsstelle in Verbindung setzen

... an wen können Sie sich wenden?

Zur Anzeige:
Jede Polizeidienststelle

Zur Beratung:
Polizeipräsidium München
Beauftragte für Frauenfragen
Telefon 0 89 / 2 14-77 77
Persönliche Beratung nach
telefonischer Vereinbarung.

Notfälle:
Jede Polizeidienststelle
oder
Notruf »110«

Herausgeber:
Polizeipräsidium München,
Ettstraße 2,
80333 München

Frauenhilfe München

Nachfolgende Statistiken sind aus dem Jahresbericht 1991/1992 entnommen. Dieser ist erhältlich bei Frauenhilfe München, Postfach 40 06 40, 80706 München.

Vergleichbare Jahresberichte werden auch von den Frauenhäusern in anderen Städten erstellt und sind dort erhältlich.
Von der Gleichstellungsstelle für Frauen der Landeshauptstadt München, mit Sitz im Rathaus, sind herausgegeben worden:
Dr. Lilli Kurowski, *Was kostet uns die Männergewalt.* Rechtliche Untersuchung zur Lage von Frauen in Gewaltverhältnissen unter besonderer Berücksichtigung der Wohnsituation.
Dokumentation, *Schlagzeile Vergewaltigung* – die Vermarktung sexueller Gewaltdelikte in den Medien.
Diese beiden Veröffentlichungen sind im Rathaus München bei der Gleichstellungsstelle erhältlich.
Vergleichbare Untersuchungen und Dokumentationen wurden in den Gleichstellungsstellen anderer Städte und Gemeinden durchgeführt und sind dort erhältlich.

Statistik 1991/92

Belegung der Frauenhilfe 1991/1992
Stand zum 1. Januar, 0.00 Uhr

	1991	**1992**
Frauen	38	43
Kinder	67	56
davon Jungen	*37*	*30*
davon Mädchen	*30*	*26*

Ein- und Auszüge

(Die Zahlen liegen u. U. etwas höher als die Zahl der hier anwesenden Frauen, da einige Frauen mehr als einmal hier waren.)

	1991 Einzüge	**1991** Auszüge	**1992** Einzüge	**1992** Auszüge
Januar	20	18	7	5
Februar	10	13	15	16
März	13	9	15	18
April	14	13	19	14
Mai	7	7	13	16
Juni	9	8	18	17
Juli	8	9	19	21
August	11	12	20	19
September	13	17	14	15
Oktober	16	10	21	19
November	7	8	12	11
Dezember	11	10	14	16
Summe	*139*	*134*	*187*	*187*

Stand am 31. Dezember, 24.00 Uhr

	1991	**1992**
Frauen	43	43
Kinder	58	60
davon Jungen	*28*	*41*
davon Mädchen	*30*	*19*

Stundenweiser Aufenthalt

In der Statistik 1991 nicht enthalten sind 13 Frauen, die sich nur stundenweise (d. h. zwischen 1/2 und 6 Stunden) in der Frauenhilfe aufhielten.
In der Statistik 1992 nicht enthalten sind 12 Frauen, die sich nur stundenweise (zwischen 1/2 und 24 Stunden) in der Frauenhilfe aufhielten.

Sozialstatistik 1991/1992

A = Frauen, die zum **31.12.1991** in der Frauenhilfe wohnten: insgesamt 43 Frauen, von denen 7 schon zu Beginn dieses Jahres hier waren.

B = Frauen, die während des Jahres **1991** ausgezogen sind: insgesamt 132 Frauen; 26 von ihnen zogen 1990, vier 1989 und eine 1988 ein.

C = Frauen, die zum **31.12.1992** in der Frauenhilfe wohnten: insgesamt 43 Frauen, von denen 9 bereits im Vorjahr einzogen.

D = Frauen, die während des Jahres **1992** ausgezogen sind: insgesamt 187 Frauen.

Soziale und biographische Daten der Frauen

Familienstand beim Einzug	1991 A	B	ges.	%	1992 C	D	ges.	%
ledig	4	13	17	9,7	2	20	22	9,6
verheiratet	35	103	138	78,9	37	145	182	79,1
geschieden/getrennt	4	15	19	10,9	4	21	25	10,9
verwitwet	–	1	1	0,6	–	1	1	0,4
Alter der Frauen	**A**	**B**	**ges.**	**%**	**C**	**D**	**ges.**	**%**
18–20 Jahre	–	2	2	1,1	–	7	7	3,0
21–30 Jahre	10	57	67	38,3	15	58	73	31,7
31–40 Jahre	20	51	71	40,6	18	78	96	41,7
41–50 Jahre	9	19	28	16,0	8	35	43	18,7
51–60 Jahre	4	3	7	4,0	2	8	10	4,3
über 60 Jahre		*nicht erfaßt*			–	1	1	0,4

Nationalität	1991 A	B	ges.	%	1992 C	D	ges.	%
Deutsche	24	75	99	56,2	17	95	112	48,7
ehem. Jugoslawien	3	14	17	9,7	6	28	34	14,8
Polinnen u. a. osteuropäische Länder	3	13	16	9,1	5	15	20	8,7
andere europäische Länder	3	9	12	6,8	6	13	19	8,3
Türkinnen	9	11	20	9,7	6	26	32	13,9
Süd- und Nordamerika	1	3	4	2,3	2	1	3	1,3

	1991				1992			
Nationalität	**A**	**B**	**ges.**	**%**	**C**	**D**	**ges.**	**%**
Asiatinnen	–	5	5	2,8	–	2	2	0,9
Afrikane-rinnen	–	2	2	1,1	–	3	3	1,3
Naher Osten	–	–	–	0,0	1	4	5	2,2
Australien/ Pazifik	–	1	1	0,6	–	–	–	0,0

Grund der Aufnahme (Mehrfachnennung)

	A	**B**	**ges.**	**%**	**C**	**D**	**ges.**	**%**
körperliche Mißhandlung	32	101	133	76,0	38	157	195	84,8
psychische Mißhand-lung/Be-drohung	36	108	144	82,3	38	149	187	81,3
körp./sex./ psych. Miß-handlung der Kinder	11	32	43	24,6	11	23	34	14,8
sonstige Gründe	–	2	2	1,1	–	–	–	0,0

Dauer des Aufenthalts

	A	**B**	**ges.**	**%**	**C**	**D**	**ges.**	**%**
bis 24 Std.		7		5,3	–	–	12	
bis 3 Tage		14		10,6	1	17	18	7,8
bis 7 Tage		*nicht erfaßt*			2	36	38	16,5
bis 14 Tage		21		15,9	2	21	23	10,0
bis 1 Monat		20		15,2	2	32	34	14,8
bis 3 Monate		27		20,5	13	43	56	24,3
bis 6 Monate		13		9,8	8	13	21	9,1
bis 12 Monate		16		12,1	5	13	18	7,8
über 12 Monate		14		10,6	10	12	22	9,6

Wiederholter Aufenthalt

	A	B	ges.	%	C	D	ges.	%
zum 2. Mal	3	14	17	9,7	10	13	23	10,0
zum 3. Mal	–	1	1	0,6	–	2	2	0,9
zum 4. Mal	–	2	2	1,1	–	1	1	0,4
(zum Vergleich: zum 1. Mal	*40*	*115*	*155*	*88,6*	*33*	*171*	*204*	*88,7)*

Kinder in der Frauenhilfe

Zahl der Kinder pro Frau

	A	B	ges.	%	C	D	ges.	%
keine Kinder	4	17	21	12,0	5	66	71	30,9
1 Kind	12	63	75	42,9	15	69	84	36,5
2 Kinder	19	33	52	29,7	18	41	59	25,7
3 Kinder	6	15	21	12,0	5	7	12	5,2
4 und mehr Kinder	2	4	6	3,4	–	4	4	1,7

Alter der Kinder

	m	w	ges.	%	C	D	ges.	%
bis 3 Jahre (Vorschule)	40	46	86	39,3	23	54	77	30,8
4–6 Jahre (Kinderg.)	28	25	53	24,2	18	41	59	23,6
7–12 Jahre (Schulkinder)	21	32	53	24,2	17	59	76	30,4
13–18 Jahre (Jugendl.)	20	7	26	12,4	8	30	38	15,2
Summe	*109*	*110*	*219*	*100,0*	*66*	*184*	*250*	*100,0*

Wohnsituation nach dem Auszug

	1991		1992	
Art der »neuen« Wohnung		%		%
Rückkehr in alte Wohnung, zum Mann	55	41,7	73	39,0
Rückkehr in alte Wohnung, der Mann ist ausgezogen	7	5,3	21	11,2
neue eigene Wohnung, Sozialwohnung	23	17,4	18	9,6
neue eigene Wohnung, freifinanz. Wohnung	11	8,3	11	5,9
Wohnen bei Bekannten, Verwandten, (neuem) Freund	7	5,3	18	9,6
Heim, Pension, anderes FH, Sonstiges	16	12,1	17	9,1
unbekannt verzogen	13	9,8	29	15,5
Summe	*132*	*100,0*	*187*	*100,0*

Neue Wohnmöglichkeit vermittelt durch ...		%		%
Wohnungsamt	23	32,9	17	9,1
Bekannte, Verwandte	11	15,7	21	11,2
Zeitung, Makler	2	2,9	5	2,7
Sonstiges/keine Angaben	34	48,6	51	27,3
Summe	*70*	*100,0*	*94*	*100,0*
(zum Vergleich: Rückkehr in alte Wohnung	*62*		*93)*	

Allgemeiner Deutscher Fahrrad-Club

Auszug einer Fragebogen-Auswertung. Durchgeführt vom ADFC, Ortsverein München, im Jahre 1992/93, Anzahl der Fragebögen: 696.

Fühlen Sie sich als Frau beim Radfahren abends oder nachts gefährdet (z. B. in einsamen, schlecht beleuchteten Straßen)?

287	41,2%	ja, weil: *Angst vor Überfällen,* *Angst vor Unfällen wegen schlechter Sicht*
360	51,7%	nein: *teils unsicher, aber keine Angst,* *Radeln besser als Zufußgehen*

Alp(t)räume
(von Eicke Knauer)

Arbeitsteilung und räumliche Trennung

In den westlichen Industrieländern besteht eine Teilung zwischen Erwerbstätigkeit und Reproduktionsarbeit. Erstere wird in der Regel von Männern, letztere von Frauen erledigt. Diese alleinige Zuständigkeit der Frauen für die Reproduktionsarbeit (Kinderbetreuung, Führung des Haushaltes, Bereitstellen von Dienstleistungen an den Ehemann) beinhaltet auch eine eindeutige Zuweisung der Frauen zu bestimmten Orten – auf die privaten Räume wie Wohnung, Haus und Garten. Der erwerbstätige Mann hingegen hält sich die meiste Zeit in den Zentren des öffentlichen Lebens, in Geschäftshäusern, Fabriken, Bahnhöfen, Flughäfen, Straßen und Kongreßzentren auf.
Tagsüber gehören Frauen im öffentlichen Raum zum Bild: einkaufen, die Kinder zur Schule bringen, Erwerbstätigkeit. (Immerhin ist ein Großteil der Schweizer Frauen erwerbstätig.) Spätestens aber bei einbrechender Dunkelheit werden die öffentlichen Räume zu Männerdomänen: Stadtplätze, Bahnhofshallen, Kneipen, Straßen, Sportstadien. Männer können sich jederzeit aufhalten, wo immer sie wollen – auch ohne bestimmten Zweck. Eine Frau, die herumlungert oder alleine ein Bier trinkt, wird viel skeptischer betrachtet als ein Mann, der dasselbe tut.
Zu dieser geschlechtsspezifischen Trennung der räumlichen Nutzung, Männer ›öffentlich‹, Frauen ›privat‹, kommt die Angst der Frauen vor Männergewalt (Anmache bis zur Vergewaltigung, Entreißdiebstähle usw.) hinzu. Dadurch sind Frauen in ihrer Bewegungsfreiheit erheblich eingeschränkt. Sei es nun durch fehlende Akzeptanz – »was will denn die hier so ganz

alleine« – oder durch Unsicherheit und vor allem nachts, die Angst vor Gewalt. Die Angst vor Gewalt ist so stark präsent, daß sie von vielen Frauen nicht in Frage gestellt, sondern als Konstante hingenommen wird. Die Angst kann so dominierend werden, daß Frauen die unterschiedlichsten Strategien entwikkeln, wenn sie sich im öffentlichen Raum bewegen: Umwege, ein teures Taxi, oder im schlimmsten Fall gehen sie abends gar nicht mehr alleine aus.

Raum haben – Macht haben

In Holland und Deutschland werden seit einigen Jahren Analysen und Maßnahmenkataloge von feministischen Planerinnen, Architektinnen usw. zum Thema »Sicherheit im öffentlichen Raum« erarbeitet.

Die Chancengleichheit für Frauen und Männer bei der Aneignung des öffentliches Raumes wurde bis anhin in der Schweiz noch wenig thematisiert.

Im Dezember 1989 fand am Interkantonalen Technikum in Rapperswil eine Tagung mit dem Titel »Wenn der Planer eine Frau ist« statt. In der letzten Zeit entstehen an verschiedenen Orten unterschiedliche Aktivitäten: Im Februar 1992 war ein zweitägiges Seminar am ORL-Institut der ETH den »Weiblichen und männlichen Aspekten in der Stadtplanung« gewidmet. Die GBI hat im Herbst 1992 in Bern eine Veranstaltungsreihe »Frau – Architektur – Planung« organisiert. In verschiedenen Städten werden Vereine und Interessensgruppen ins Leben gerufen (Bern, Basel, Zürich), und da und dort erscheinen Publikationen (z. B. Information Raumplanung 1/ 92, RPA Bern, VCS Zeitung 11/92, Fußgängerzeitung 12/92). Auch im Bereich der Forschung tut sich etwas, wenig allerdings.

Die »Frauenlobby Städtebau«, ein Verein mit Architektinnen

und Planerinnen aus Zürich, hat sich in den letzten Jahren intensiv mit dem Thema »Angst im öffentlichen Raum« auseinandergesetzt. In ihrer Studie »Frau – Angst – Stadt – Raum« befragten sie Frauen aus drei Zürcher Stadtquartieren, in welchen Stadträumen sie sich wohl und in welchen sie sich unwohl fühlen.

Im wesentlichen werden aus den diversen Studien folgende planerische und bauliche Maßnahmen zur Verminderung von Gewalt abgeleitet:

- Der öffentliche Raum muß belebter werden. Das heißt Nutzungsdurchmischungen (Wohnen/Arbeiten), Publikumsnutzungen und Ausrichtung der Wohnungen auf die Straße
- Direkte, übersichtliche, nachts gut beleuchtete Fußgänger(innen)- und Veloachsen, sicherer öffentlicher Verkehr
- Eine Außenraumgestaltung, die es erschwert, daß sich Täter verstecken können
- Keine ungenutzten Flächen
- Mitarbeit von Frauen auf allen Stufen und bei allen planerischen und baulichen Vorhaben

Es wurde auch festgestellt, daß ein markanter Unterschied des Wohlbefindens im öffentlichen Raum zwischen Tag und Nacht besteht: Räume, die tagsüber als unsicher empfunden werden (z. B. verkehrsreiche Straßen), gelten nachts als noch einigermaßen sicher, weil sie belebt sind. Umgekehrt werden Räume, die tagsüber gerne aufgesucht werden (z. B. öffentliche Grünanlagen) nachts gemieden, da sie einsam und dunkel sind.

Auszug aus: Themenheft 10, Juni 1993. *Alp(t)räume*
von Eicke Knauer. Informationsschrift der
Metron Planung AG, Schweiz, Brugg. Erhalten vom ADFC.

Wichtige Hinweise:

Die Telefonnummern der Jugendämter, Ehe- und Familienberatungsstellen, Kinderschutzbund, der Erziehungsberatungsstellen und von Pro Familia finden Sie in den örtlichen Fernsprechbüchern.
Die Telefonnummern und Adressen von Notrufgruppen und Beratungsstellen sind in den Tageszeitungen, Stadtzeitungen, in örtlichen Fernsprechbüchern (unter Notruf für Frauen, Frauenhilfe, Frauen helfen Frauen u. ä.) zu finden.
Ebenso helfen weiter die Frauenbeauftragten der Gleichstellungsstellen bei den Regierungen der Länder und in größeren Städten; die Beauftragte für Frauenfragen bei der Polizei; Frauenzentren und diverse Fraueninitiativen (Frauencafé, Frauenbuchladen etc.).

Private Hilfsorganisationen:

WEISSER RING

Gemeinnütziger Verein zur Unterstützung von Kriminalitätsopfern und zur Verhütung von Straftaten e. V.

0130-3499 – Kostenfreier Notruf

für Kriminalitätsopfer rund um die Uhr

Kriminalitätsopfer können rund um die Uhr telefonisch die Hilfe des WEISSEN RINGS anfordern. Mit der Einrichtung eines zentralen Opfer-Notrufs hat der gemeinnützige Verein sein Hilfsangebot weiter verstärkt. Der Telefonanschluß 0130-3499 kann aus jedem Ort und zu jeder Tages- und Nachtzeit gebührenfrei angewählt werden. Das Telefon ist rund um die Uhr besetzt.

Die Notruf-Nummer (0130-3499) des WEISSEN RINGS sollte sich jeder Bürger sofort notieren.

Allgemeines Informationsmaterial und die Broschüre Opferrechte/Opferpflichten sind erhältlich bei: WEISSER RING, Bundesgeschäftsstelle, 55059 Mainz, Postfach 26 13 55

Hanauer Hilfe

Beratung für Opfer und Zeugen von Straftaten e.V.
Salzstr. 11, 63450 Hanau,
Tel. (0 61 81) 2 48 71/ 2 20 26

Opferhilfe

Hilfe für Opfer von Straftaten e.V.
Hamburger Str. 101, 28205 Bremen,
Tel. (04 21) 49 07 06/ 40 02 85

Frauenbeauftragte und Gleichstellungsstellen der Länder

Ministerium für Arbeit, Gesundheit, Familie und Sozialordnung Baden-Württemberg

Leitstelle für Frauenfragen
Rotebühlstraße 50
Postfach 10 34 43
70173 Stuttgart
Tel.: 07 11/ 66 73 70 92

Bayerisches Staatsministerium für Arbeit und Sozialordnung
Leitstelle für die Gleichberechtigung von Frauen und Männern

Winzererstraße 9
80797 München
Tel.: 0 89/ 12 61 14 10–12
(Publikation: Politik für Frauen in Bayern)

Senatorin für Arbeit und Frauen

Rathaus Schöneberg
Storkower Straße 134
10407 Berlin
Tel. 0 30/ 7 83 20 64
(Publikation: Frauenrundbrief)

Minister für Arbeit, Soziales, Gesundheit und Frauen des Landes Brandenburg

Heinrich-Mann-Allee 107
14473 Potsdam
Tel.: 00 37 33/ 3 67 58

Bremische Zentralstelle für die Verwirklichung der Gleichberechtigung der Frau
Schmidtstraße 9
28203 Bremen
Tel.: 04 21/ 49 63-1 33/ 3 46/ 1 83
(Publikation: Informationen für Frauen)

Senat der Freien und Hansestadt Hamburg Senatsamt für die Gleichstellung der Frau
Rathausmarkt
Postfach 10 55 20
20038 Hamburg
Tel.: 0 40/ 36 8 21 01

Ministerium für Frauen und Arbeit
Dostojewskistraße 4
65187 Wiesbaden
Tel.: 06 11/ 32 28 22
(Publikation: Hessisches Fraueninfo)

Ministerium für Arbeit, Gesundheit und Soziales des Landes Mecklenburg-Vorpommern
Abteilung Frauenpolitik
Werderstraße 124
19055 Schwerin

Niedersächsisches Frauenministerium
Schiffgraben 44
30175 Hannover
Tel.: 05 11/ 12 01

Ministerium für die Gleichstellung
von Frau und Mann

Breite Straße 27
40213 Düsseldorf
Tel.: 02 11/ 8 37 14 15
(Publikation: Wir Frauen in NRW)

Leitstelle für Frauenfragen
bei der Staatskanzlei des Landes Rheinland-Pfalz

Peter-Altmeier-Allee1
Postfach 31 80
55116 Mainz
Tel.: 0 61 31/ 16 46 03

Landesregierung Sachsen
Parlamentarische Staatssekretärin
für die Gleichstellung von Mann und Frau

Rathaus
01067 Dresden
Tel.: 00 37 51/ 5 98 20

Staatskanzlei des Landes Sachsen-Anhalt

Palais am Fürstenwall
Hegelstraße 42
39104 Magdeburg

Die Frauenministerin des Landes
Schleswig-Holstein

Beselerallee 41
24105 Kiel
Tel.: 04 31/ 5 96-31 00/ 25 80

Staatskanzlei des Landes Thüringen
Landesfrauenbeauftragte
Johann-Sebastian-Bach-Straße 1
99096 Erfurt

Literaturhinweise

Adams, Caren/Fay, Jennifer, *Ohne falsche Scham. Wie Sie Ihr Kind vor sexuellem Mißbrauch schützen können*, Reinbek bei Hamburg 1989.

Anke, Mario/Seißelberg, Klaus, *Wehr Dich! Das Sicherheitsbuch für Frauen*, Stuttgart 1993.

Arapakis, Maria, *SoftPower!*, New York 1990.

Baer, Jean, *How to Be an Assertive (Not Aggressive) Woman*, New York 1976.

Baker Miller, Jean, *Toward a New Psychology of Woman*, Boston 1986.

Bart, Pauline/O'Brien, Patricia, H., *Stopping Rape: Successful Survival Strategies*, Elmsford, New York 1985.

Baurmann, M./Schädler, W., *Das Opfer nach der Straftat – seine Erwartungen und Perspektiven*. Herausgegeben vom Bundeskriminalamt, Wiesbaden 1991.
Bestellungen sind zu richten an: Kriminalistisch-kriminologische Forschungsgruppe im Bundeskriminalamt, Referat KI 11, Postfach 1820, 65173 Wiesbaden.

Benard, Cheryl/Schlaffer, Edith, *Der Mann auf der Straße. Über das merkwürdige Verhalten von Männern in ganz alltäglichen Situationen*, Reinbek bei Hamburg 1980.

Branden, Nathaniel, *Ich liebe mich auch. Selbstvertrauen lernen*, Reinbek bei Hamburg 1989.

Brownmiller, Susan, *Gegen unseren Willen – Vergewaltigung und Männerherrschaft*, Frankfurt 1992.

Caignon, Denise/Groves, Gail (Hrsg.), *Her Wits About Her: Self-Defense Success Stories by Women*, New York 1987.

Covey, Stephen, *Die sieben Wege zur Effektivität. Ein Konzept zur*

Meisterung Ihres beruflichen und privaten Lebens, Frankfurt 1993.

Delacoste, Frederique/Neweman, Felice (Hrsg.), *Fight Back: Feminist Resistance to Male Violence*, Minneapolis 1981.

Dowling, Colette, *Der Cinderella-Komplex – Die heimliche Angst der Frauen vor der Unabhängigkeit*, Frankfurt 1991.

Frauen-Adreßbuch Deutschland, 3000 Adressen von Frauenverbänden, Initiativen und Beratungsstellen für Frauen, München 1994.

Herle, Ulrike, *Selbstverteidigung beginnt im Kopf*, München 1994.

Howard, Lena/Howard, Marie, *Sexual Assault: How to Defend Yourself*, Hollywood, Florida 1990.

Gordon, Margaret, T., *The Female Fear*, New York 1989.

Ifftner, A./Bopp P., W./Schacht, A., *Selbstverteidigung für Frauen – richtig und effektiv*, Berlin 1993.

Kamen, Paula, *Feminist Fatale*, New York 1991.

Nadel, Laurie, *Sixth Sense*, New York 1990.

Neiderbach, Shelley, *Invisible Wounds: Crime Victims Speak*, New York 1986.

Parrot, Andrea, *Acquaintance Rape and Sexual Assault Prevention Training Manual*, Department of Human Service Studies, Ithaka, New York 1990.

Plogstedt, S./Degen, B., *Nein heißt nein! DGB-Ratgeber gegen sexuelle Belästigung am Arbeitsplatz*, München 1992.

Powell, Elizabeth, *Talking Back to Sexual Pressure*, Minneapolis 1991.

Seligman, Martin, E. P., *Pessimisten küßt man nicht – Optimismus kann man lernen*, München 1993.

Semigran, Candice, *One-minute Self-esteem: Caring for Yourself and Others*, New York 1988.

Smith, Manuel, J., *Sage Nein ohne Skrupel. Die neue Methode zur Steigerung von Selbstsicherheit und Selbstbehauptung*, o. O. 1993.

Smith, Susan, *Fear or Freedom*, Racine, Wisconsin 1986.
Steinem, Gloria, *Was heißt schon emanzipiert*, Hamburg 1993.
Tanenbaum, Joe/Erdman, R. J., *Mann und Frau oder der große Unterschied*, Bergisch Gladbach 1993.
Warshaw, Robin, *I Never Called It Rape*, New York 1988.
Wörnle, Stefan, *Selbstverteidigung für Frauen*, München 1993.